Klaus Buchner
Diktatur der Märkte

Klaus Buchner

Diktatur der Märkte

Aufbruch in die sozio-ökologische Wende

Tectum Verlag

Klaus Buchner
Diktatur der Märkte
Aufbruch in die sozio-ökologische Wende

© Tectum – ein Verlag in der Nomos Verlagsgesellschaft, Baden-Baden 2018
ISBN 978-3-8288-4161-1
E-PDF 978-3-8288-7026-0
E-Pub 978-3-8288-7027-7

Umschlaggestaltung: Tectum Verlag, unter Verwendung des Bildes
240264190 von Javen | www.shutterstock.com

Druck und Bindung: FINIDR, Český Těšín
Printed in the Czech Republic

Besuchen Sie uns im Internet:
www.tectum-verlag.de

Bibliografische Informationen der Deutschen Nationalbibliothek
Die Deutsche Nationalbibliothek verzeichnet diese Publikation
in der Deutschen Nationalbibliografie; detaillierte bibliografische
Angaben sind im Internet über http://dnb.d-nb.de abrufbar.

*Dieses Buch ist einer Freundin und ihren Kolleginnen gewidmet,
die mehrfach behinderte Jugendliche betreuen und dabei auch
schwere körperliche Arbeit leisten.*

*Weil ihr Verdienst zu gering ist, werden sie später von ihrer Rente
nicht leben können. Sie werden auf unser Sozialsystem angewiesen
sein. Wie ist es möglich, dass ein Teil unserer Bevölkerung immer
ärmer wird, wo doch unsere gesamte Wirtschaftsleistung ständig
neue Rekorde bricht?*

Inhalt

1. **Warum dieses Buch?** 1

2. **Unser Finanzsystem oder: Wer profitierte**
   von der Bankenkrise? 3

   Woher kommt unser Geld? 3

   Die wunderbare Geldvermehrung 7

   Wie man aus faulen Krediten „gutes" Geld macht 10

   Abschaffung wichtiger Regeln. 12

   Das Kartenhaus stürzt ein 14

   Die Profiteure der Krise 15

   Goldman Sachs. 19

   Neue Regeln für die Zukunft? 23

3. **Die Europäische Union** 26

   Entstehung der Europäischen Gemeinschaft. 26

   Der Verfassungsentwurf und der Vertrag von Lissabon 30

   Die Struktur der EU 33

   Wie kann die EU demokratischer werden? 37

   Die EU als neoliberaler Wirtschaftsraum 38

   Lobbyarbeit und Drehtüren 39

   Wir brauchen strengere Regeln 45

   Der Euro. 45

   Ist der Euro zu retten? 48

   Griechenland – die soziale und ökologische Katastrophe 48

4. **Schrankenloser Kapitalismus und seine Denkfabriken** 55

   Die Idee des Neoliberalismus 55

   European Round Table of Industrialists 58

   Das Council on Foreign Relations 62

Andere wichtige Denkfabriken 70

Wozu brauchen wir Staaten? 74

US-Spionage und deutsche Konzerne 80

Andere Länder 82

Freihandelsabkommen der neuen Generation 83

Einfluss auf die Medien 94

Unsere Aufgabe *104*

5. Hunger und Armut in der Welt 105

Unter- und Mangelernährung 105

Diese Hungerkatastrophe müsste nicht sein *106*

Freihandelsabkommen mit Entwicklungsländern 107

Zehn Regeln für Handelsverträge *110*

Entwicklungshilfe 112

Die drei K: Klimawandel, Krieg, Korruption 113

Agrarkonzerne 115

Spekulationen... 121

Flüchtlingsströme 123

Flüchtlingspolitik und das Beispiel von Mecheln *125*

Armut bei uns? 128

Vorbild Schweiz für eine soziale Mindestsicherung *132*

6. Überwachung 133

Neue Möglichkeiten... 133

Von der Wiege bis zur Bahre 143

Bekämpfung von Terrorismus und Unruhen 148

7. *Was tun?* *152*

Dank 161

Empfohlene Literatur 162

Anmerkungen 164

1. Warum dieses Buch?

Es gärt in Europa. Am 17. September 2016 gingen in Deutschland 320.000 Bürger auf die Straße und demonstrierten gegen die „Freihandels"-Abkommen CETA, TTIP und TiSA. Sie zeigten ihren Unmut gegen die deutsche Bundesregierung und die Europäische Kommission, die diese Abkommen gegen den ausdrücklichen Willen der Bevölkerung durchsetzen wollten. Die Demonstrationen hatten aber nur geringen Erfolg, ebenso wenig wie eine EU-Bürgerinitiative zu diesem Thema, die drei Millionen Bürger unterschrieben, die die EU-Kommission aber nicht einmal annahm. Wenige Monate zuvor stimmten die Briten für ihren Austritt aus der EU, und auch in Österreich wurden Stimmen laut, die Ähnliches forderten. Immer wieder hört man das Wort „Wutbürger", auch wegen des Unvermögens der EU, eine Lösung für die Verteilung der Flüchtlinge und für die Krisen in Griechenland und in den anderen südeuropäischen Ländern zu finden.

Ein weiteres Problem, das von den Regierungen nicht gelöst wird, beschäftigt viele Menschen: der Hunger in der Welt. Gandhi sagte einmal: *„Die Welt hat genug für jedermanns Bedürfnisse, aber nicht für jedermanns Gier."* Tatsächlich erzeugt die Gier der Industrienationen und vor allem die einiger weniger Menschen diesen Hunger. Es ist ein Skandal, dass das Vermögen von einem einzigen Prozent der Weltbevölkerung größer ist als das der restlichen 99 Prozent[1] und dass dieses eine Prozent seinen Besitz immer weiter vergrößert.[2] Und wer sehr viel Geld hat, will meist auch die Politik bestimmen. Die Folge: Überall in der Welt öffnet sich die Schere zwischen Arm und Reich immer weiter, zugleich geht die politische Macht Stück für Stück von unseren Parlamenten auf undemokratische „Governance"-Strukturen[3] über. Schon 1999 meinte David Rockefeller: *„Aber die andere Seite der Medaille ist, dass jemand an die Stelle* *der Regierung treten muss, und Unternehmen scheinen für mich der logische Ersatz dafür zu sein.*"[4] Ähnlich äußerte sich auch der damalige Bundesfinanzminister Wolfgang Schäuble, der unsere demokratischen Regierungen als „Rückfall in vergangene Jahrhunderte" bezeichnet.[5]

Dieses Buch will die Hintergründe dieser doch gravierenden Situation, in der wir uns befinden, aufzeigen und dabei auch Ross und Reiter nennen. Das sind vor allem unser Finanzsystem und die internationalen Konzerne, die die Märkte immer mehr beherrschen. Vorgestellt werden aber auch Organisationen und Denkfabriken („Think-Tanks"), die großen Einfluss auf unsere Regierungen haben. Zu all diesen Themen gibt es schon viele sehr gute Bücher[6]. Aber kaum jemand hat genügend Zeit, sie alle zu lesen. Daher scheint eine kurze, leicht verständliche Übersicht über die wichtigsten Entwicklungen[7] angebracht. Dieses Wissen ist nötig, um die gegenwärtigen Veränderungen zu stoppen, die nicht nur unseren Wohlstand und unser Sozialsystem, sondern vor allem auch unsere Demokratie bedrohen. Wir müssen uns der Gefahr bewusst werden, diese Entwicklung aufhalten und für eine gerechtere und friedlichere Welt kämpfen. Dazu formuliert dieses Buch Ziele, die auch im Druck besonders hervorgehoben werden. Denn wer in der Demokratie schläft, wird in der Diktatur aufwachen.

2. Unser Finanzsystem oder: Wer profitierte von der Bankenkrise?

Was ist ein Einbruch in eine Bank
gegen die Gründung einer Bank?

Bertolt Brecht

Woher kommt unser Geld?

Geld ist zunächst ein Tauschmittel. Dafür könnte man ebenso gut Perlen oder Muscheln verwenden, so, wie es andere Kulturen getan haben. Das wirft aber sofort die Frage auf: Woher kommt das Geld? Anders gefragt: Wer darf es „erschaffen", und wer bekommt das so geschaffene Geld?

Die meisten unserer Mitbürger glauben, es sei der Staat oder wenigstens eine staatlich kontrollierte Stelle, die entscheidet, wie viel Geld im Umlauf ist. Früher war dies auch tatsächlich der Fall. Aber wer weiß schon, dass die US-amerikanische „Federal Reserve Bank", die heute den Geldfluss in großen Teilen der Welt beeinflusst, ein rein privates Unternehmen ist? Wer weiß, dass die Europäische Zentralbank zwar den Staaten gehört, die den Euro verwenden, aber einen Mann an ihrer Spitze hat, der eng mit dem privaten Finanzinstitut Goldman Sachs verbunden ist?[8]

Noch bis in die 1970er-Jahre galt im größten Teil der westlichen Welt der Gold- bzw. Silberstandard. Das bedeutet, dass die Regierung eines Landes einen fixen Umrechnungskurs seiner Währung in Gold bzw. Silber garantierte. Im Prinzip durfte jedes Land nur so viel Geld ausgeben, wie es an diesen Edelmetallen besaß. Ein Problem des Goldstandards ist, dass dabei der Wirtschaft manchmal nicht genügend Geld zur Verfügung steht, das sie für Investitionen braucht. So erholten sich einige Länder wie Deutschland und die USA von der Wirtschaftskrise in den 1930er-Jahren erst, nachdem sie den Goldstandard vorübergehend aufgegeben hatten. Später brachte vor allem der Vietnamkrieg einen unersättlichen Bedarf an Geld in den USA, und der amerikanische Präsident Nixon zog die Notbremse: Am 15. August 1971 verkündete er in einer Fernsehansprache, der Goldstandard und damit die Konvertierbarkeit des Dollars in Gold[9] werde aufgegeben. Im Rückblick war von einem „Nixon-Schock" die Rede.

Heute gründet sich in den meisten Ländern die Währung nicht mehr auf feste Werte wie Gold. Der Staat garantiert also nicht mehr, das ausgegebene Geld zu einem festen Kurs in Gold, Silber oder irgendetwas anderes umzutauschen. Der Wert einer Währung basiert einzig und allein auf dem Vertrauen, das man in sie hat. Mit anderen Worten: Ein Euro oder ein Dollar ist genau so viel wert, wie jemand bereit ist, dafür herzugeben. Das verleitet natürlich dazu, dass die Zentralbanken so viel Geld drucken, wie sie es für nützlich halten. Geld erschaffen dürfen aber nicht nur die Zentralbanken; jede Bank, die Kredite ausgibt, kann das. Wie das in der Praxis geschieht, zeigt folgendes Beispiel:[10]

Herr Huber will sein Haus sanieren und nimmt dafür einen Kredit von 100.000 Euro auf. Die Bank schreibt ihm dieses Geld auf seinem Konto gut. Damit bezahlt Herr Huber die Firmen, die die Sanierung durchführen; diese verwenden das Geld für die Materialien, die Löhne ihrer Angestellten usw. Das heißt, das Geld des Kredits gelangt in den allgemeinen Wirtschaftskreislauf. Vor der Kreditvergabe hat es gar nicht existiert; es entsteht meist erst in dem Moment, wenn es Herrn Hubers Konto gutgeschrieben wird. Dafür gibt es mehrere Möglichkeiten:

1. Die Bank verfügt über das Geld für den Kredit, z. B. aus den Sparguthaben ihrer Kunden. Dann könnte sie theoretisch Herrn Huber dieses Geld überweisen. Praktisch wird sie das aber nicht tun, weil sie mit dem Geld „Besseres" machen kann, z. B. damit spekulieren, um den daraus entstehenden Profit selbst einzustreichen.

2. Die Bank von Herrn Huber hat 1 Prozent der Kreditsumme[11], also 1.000 Euro, als Eigenkapital. (Natürlich hat jede Bank immer 1.000 Euro zur Verfügung. Bei den Summen, mit denen Banken oft arbeiten, wird das aber nicht immer für 1 Prozent zutreffen.) Dann darf sie nach unseren Bankgesetzen den Kredit an Herrn Huber seinem Konto gutschreiben – einfach so, ohne einen Gegenwert. Die 100.000 Euro minus 1.000 Euro = 99.000 Euro werden also „erschaffen".

3. Hat die Bank von Herrn Huber keine 1.000 Euro Eigenkapital, kann sie diese bei der Europäischen Zentralbank (EZB) oder bei einer anderen Bank als Kredit aufnehmen (sofern sie dort den ihr gewährten Kreditrahmen nicht überzieht). Nimmt sie es bei der Zentralbank auf, muss sie dafür nur den sogenannten „Leitzins" bezahlen. Man beachte: Dieser Leitzins ist wesentlich niedriger als der Zinssatz, den sie von Herrn Huber für den Kredit bekommt. Außerdem zahlt die Bank diesen niedrigen Zins nur für 1.000 Euro, während Herr Huber seinen Zins für 100.000 Euro zahlen muss. Ein gutes Geschäft für die Bank!

Mit der Rückzahlung eines Kredits verschwindet das verliehene Geld wieder aus den Bilanzen der Bank.[12] Es wird also „vernichtet".

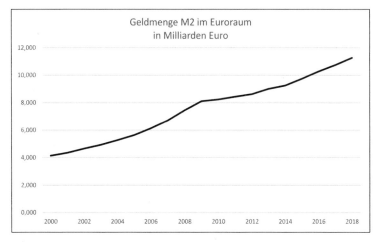

Bild 1:   Geldmenge M2 der Europäischen Zentralbank in Milliarden Euro.
          Die Angaben beziehen sich auf den Januar des jeweiligen Jahres.

Beachte: Von 2000 bis 2018 hat sich die Geldmenge fast verdreifacht (genauer: Faktor 2,72)! Dabei enthält M2 keine Gelder aus Spekulationsgeschäften wie Derivate oder ABS. Diese sind ein Vielfaches der hier gezeigte Geldmenge M2.

Erklärung: Die Geldmenge M2 enthält alles Bargeld im Umlauf (d.h. außerhalb des Bankensystems), den Zentralgeldbestand der Kreditinstitute, die Sichteinlagen der Nichtbanken, sowie die Spareinlagen und Termingeldeinlagen mit vereinbarter Laufzeit bis zu zwei Jahren

(Vereinfachte Darstellung des Wikipedia-Artikels https://de.wikipedia.org/wiki/Geldmenge aufgerufen am 30.3.2018. Dort findet man auch die Zahlenangaben zu Bild 1)

Sie haben richtig gelesen: Unser Geld wird durch Kredite erzeugt. Es ist aber nur ein sehr kleiner Teil unseres Geldes, das auf diese Weise durch Kredite an Privatpersonen hervorgebracht wird. Draghi, der Chef der Europäischen Zentralbank, hat wiederholt Hunderte von Milliarden Euro „gedruckt", also erschaffen, um südeuropäische Staaten und damit den Euro selbst zu retten (vgl. dazu auch Bild 1). Am meisten Geld entsteht jedoch, wenn die Banken es für sich selbst schöpfen. Wenn jemand Banknoten fälscht, wird er als Betrüger verurteilt. Aber die Banken drucken ja keine Geldscheine, sie schreiben sich die Beträge nur auf ihren Konten gut. Das können sie nach dem oben beschriebenen Muster machen, wenn sie gewisse Regeln einhalten.[13] Was sie mit diesem Geld tun können, zeigen folgende Beispiele:

Die wunderbare Geldvermehrung

Mit der Kredit- und Hypothekenvergabe begnügt sich heute keine Bank mehr, denn die Rendite für das Eigenkapital der Bank wäre viel zu gering. Schließlich richten sich ja die Boni der Top-Manager nach dem Gewinn der Bank. Deshalb wurden in den letzten zwei bis drei Jahrzehnten viele neue Geschäftstricks erfunden, vornehm „Finanzinstrumente" genannt. Früher waren die meisten von ihnen verboten, weil sie im normalen Leben schlicht als Betrug bezeichnet würden. Den Finanzinstituten gelang es jedoch, die Politiker davon zu überzeugen, solche „unnötigen" gesetzlichen Beschränkungen fallen zu lassen. Das Problem dabei ist nur, dass unser Geld zwar von den Banken erschaffen und verwaltet wird, dass es aber unser aller Geld ist, das unsere Wirtschaft und unseren Wohlstand bestimmt. Verspekuliert sich eine Bank im großen Stil, muss sie fast immer mit Steuergeldern gerettet werden, schließlich drohen beim Konkurs einer großen Bank alle in ihr angelegten Gelder für Renten, Pensionen, Investitionen usw. verloren zu gehen – es wären also sehr viele Bürger und Wirtschaftsunternehmen empfindlich geschädigt. Diese Banken sind einfach „zu groß, um zu scheitern". Sie haben es geschafft, so viel Geld zu verwalten, dass sie jedes riskante Geschäft eingehen und dabei doch sicher sein können, im Notfall vom Steuerzahler gerettet zu werden.

Das ließe sich sehr einfach verhindern, wenn es den Banken, die Gelder von Kunden verwalten, verboten wäre zu spekulieren. Ein solches Verbot, das sogenannte „Trennbanksystem" (oder „Glass-Steagall-Gesetz"), gab es früher in den USA;[14] es wurde jedoch am 12.

November 1999 von US-Präsident Clinton aufgehoben. Ohne diesen Schritt hätte die Finanzkrise von 2008 keine derart gravierenden Auswirkungen gehabt, ohne ihn wäre es nicht in dieser Form zur Insolvenz von Lehman Brothers gekommem, einer Bank, die 2008 unter der unglaublichen Schuldenlast von mehr als 600 Milliarden US-Dollar zusammenbrach.[15]

Ein Finanzinstrument, mit dem sehr viel Geld verdient wird, sind die „Derivate". Die Idee dahinter ist einfach: Wenn beispielsweise ein Bauer Weizen anbauen will, so weiß er nicht, wie hoch der Preis dafür zur Zeit der Ernte sein wird: Möglicherweise gibt es irgendwo auf der Erde Missernten, die ihn in die Höhe treiben, er kann aber auch tief sinken, wenn aus irgendwelchen Gründen ein Überangebot auf dem Markt herrscht. Deshalb verkauft der Bauer seinen Weizen, bevor er ihn überhaupt erzeugt hat, zu einem vereinbarten Festpreis. Damit trägt der Käufer das Risiko. Derivate sind also eine Art Wette, bei der jemand eine Ware zu einem Festpreis kauft und später zu einem vorher festgelegten Termin (in unserem Beispiel nach der Ernte) erwirbt und zu dem dann gültigen Preis wieder verkauft – oder auch nur verkaufen kann.[16] Diese Wetten gibt es auch anders herum: Jemand vereinbart, dass er ein bestimmtes Produkt zu einem festgelegten Zeitpunkt kauft, wenn es einen vereinbarten Preis über- oder unterschreitet.

Wetten kann man so ziemlich auf alles. Das geht sogar so weit, dass die Commerzbank selbst „Zertifikate" verkaufte, die darauf spekulierten, dass der Wert ihrer eigenen Aktie unter einen Euro, also ins Bodenlose fallen würde.[17] Im Klartext: Die bereits angeschlagene Bank lädt zur Spekulation auf ihren eigenen Untergang ein,[18] nur, um noch ein paar Euro für die Wette einzunehmen. Das Problem mit dem Handel von Derivaten ist, dass er mit der realen Wirtschaft kaum noch etwas zu tun hat, weil es sich um Wetten handelt. Das Volumen ist unvorstellbar: 2013 waren es 640 Billionen Dollar, also fast zweihundert Mal so viel wie das deutsche Bruttosozialprodukt[19] und nicht ganz das Zehnfache des globalen Bruttoinlandsproduktes. Es ist durchaus denkbar, dass durch ein unvorhergesehenes Ereignis wie eine Finanzkrise viele Wetten gleichzeitig gewonnen oder verloren werden. Dann aber wird es äußerst schwierig, das Geld dafür aufzubringen. Warren Buffett, ein weltbekannter Investment-Manager, schrieb schon 2003, also noch lange vor der Bankenkrise: *„Unserer Ansicht nach sind Derivate finanzielle Massenvernichtungswaffen, und sie bergen Gefahren, die im Augenblick zwar verborgen, potenziell jedoch todbringend sind."*[20]

Die Derivate sind an sich schon etwas Verrücktes. Noch irrsinniger ist aber, dass der Handel mit ihnen meist von Computern durchgeführt wird, und zwar im Takt von Tausendstelsekunden. Auch das ließe sich leicht stoppen, wenn man wieder eine Börsen-Umsatzsteuer (Transaktionssteuer) einführen würde, die für jede Transaktion nur einen kleinen Bruchteil eines Prozents betragen müsste. Auch wenn die Börsenumsatzsteuer noch so klein wäre, kämen doch bei Tausenden von Transaktionen beträchtliche Summen zusammen, die diesen Handel, der nichts mehr mit der Realwirtschaft zu tun hat und keinen ökonomischen Mehrwert für die Gesellschaft bringt, unrentabel machen würden. Diese Steuer wurde in Deutschland unter der Kohl-Regierung abgeschafft, wie wir noch sehen werden. Zu ihrer Wiedereinführung können sich unsere Politiker trotz aller guten Argumente nicht durchringen; die Börsenmanager haben sie zu sehr im Griff.

Wie man aus faulen Krediten „gutes" Geld macht

Die größte Katastrophe, die wir seit etwa zehn Jahren erleben,
sind in der Tat die nicht realen Finanztransaktionsgeschäfte,
die kein Mensch mehr versteht, noch nicht einmal die,
die diese Transaktionen vornehmen.

Jürgen Heraeus 2011 im Handelsblatt[21]

Ein weiteres Finanzinstrument, das 2008 die weltweite Finanzkrise befeuert hat: Die Verbriefung fauler Kredite. In den USA wurden durch die extrem niedrigen Zinsen viele Menschen angeregt, sich Immobilien zu kaufen. Das entsprach dem Ziel von Präsident George W. Bush, wonach möglichst alle Amerikaner Hausbesitzer werden sollten. Dabei erhielten auch solche Kunden Kredite, von denen eigentlich klar war, dass sie auf Dauer weder für die Zinsen noch für die Rückzahlungen aufkommen konnten. Und wenn sie nicht einmal die übliche Anzahlung für eine Immobilie leisten konnten, bekamen sie selbst dafür noch einen Kredit. Um mit solch fragwürdigen Geschäften trotzdem einen Gewinn zu erwirtschaften können, geben die Finanzinstitute das Risiko einfach weiter: Die Bank, die die Kredite ausgegeben hat, verkauft ihre Kreditforderungen an eine „Finanzierungsgesellschaft". Das bedeutet, dass der Bankkunde, der sich gerade ein Haus gekauft hat, plötzlich nicht mehr mit seiner Bank, sondern mit einer ganz anderen Gesellschaft verhandeln muss. Diese pfändet zahlungsunfähige Kunden meist gnadenlos. Die übrigen Kredite werden zu Tausenden in Wertpapiere („Asset Backed Securities", ABS) zusammengefasst und weiterverkauft. Der Trick dabei ist, dass der Käufer der ABS meist keine Ahnung davon hat, welche Kredite sich hinter seinen Papieren verstecken. Damit ist die Bank des Kreditnehmers das Risiko los und kann mit den Gebühren für die Ausgabe neuer fauler Kredite weiter Geld verdienen. Die Finanzierungsgesellschaft wiederum treibt von den Kreditnehmern die Zinsen ein und gibt diese ganz oder nur teilweise an die Käufer der ABS weiter. Wenn zu viele der faulen Kredite nicht bedient werden und so die Finanzierungsgesellschaft die Zinsen an die ABS-Käufer nicht bezahlen kann, droht Letzteren ein Wertverlust bis hin zum Totalausfall. Trotzdem wurden die ABS von den Ratingagenturen – das sind gewinnorientierte Privatunternehmen, die sich auf die Bewertung von Wertpapieren spezialisiert haben – meist mit der Bestnote AAA bewertet und damit als sichere Geldanlagen bezeichnet. Die letzte Finanzkrise führte daher in den Medien zu einem – freilich kurzen – Aufschrei, die Ratingagenturen standen für eine gewisse Zeit in der Kritik. Es wurden auch Strafen verhängt; so musste Moody's 864 Millionen Dollar zahlen.[22] Das hat allerdings nicht verhindert, dass sich der Wert von Moody's seit 2008 fast verdreifacht hat.[23]

Auch in Deutschland kam bei den Banken Goldgräberstimmung auf, als die fragwürdigen „Finanzinstrumente" erfunden wurden, mit denen sich die Gewinne enorm steigern ließen. Nach der Schätzung von Werner Taiber (WestLB) betrugen die faulen Kredite, die Ende 2005 allein in den deutschen Banken lagerten, annähernd 300 Milliarden Euro, davon in den öffentlich-rechtlichen Banken 60 bis 100 Milliarden Euro.[24] In den USA sprach man von „stupid German money", stürzten sich doch gerade viele deutsche Banken auf die US-amerikanischen ABS. Für einen Teil davon musste bei der Bankenrettung 2008/09 letztlich der Steuerzahler aufkommen. Schlimmer war, dass Banken, die zu viele dieser faulen Kredite besaßen, selbst nicht mehr als kreditwürdig galten. War ihr Eigenkapital aufgebraucht, konnten sie keine Kredite mehr vergeben. Dadurch gingen zahlreiche Unternehmen in Konkurs, und viele der dort Beschäftigten wurden arbeitslos. All dies führte 2009 zu einer folgenschweren Rezession.

Abschaffung wichtiger Regeln

Um die neuen Finanzinstrumente wie ABS überhaupt nutzen zu können, mussten die Gesetze geändert werden. In den USA war es Präsident Clinton, der es den Banken erlaubte, mit den Einlagen ihrer Kunden zu spekulieren und den Gewinn daraus selbst einzustreichen. Im Vorfeld hatten die größten transnationalen Banken und Konzerne in den 1990er-Jahren ihre Kräfte gebündelt, 5 Milliarden Dollar investiert und 3.000 Mitarbeiter für Öffentlichkeits- und Lobbyarbeiten eingestellt. Damit gelang es ihnen, die Regierung zur Abschaffung der Gesetze zu bewegen, die solche Finanzgeschäfte verboten hatten.[25] Auch alle Bundesregierungen seit Bundeskanzler Kohl lockerten Schritt für Schritt die Regeln. Es war also nicht so wichtig, welche der Farbkombination aus Schwarz, Rot, Grün und Gelb gerade am Ruder war – was die eine Regierung nicht machte, ging bei der anderen dann doch noch durch. Aber der Reihe nach:

Am 22. Februar 1990 schaffte die Regierung Kohl die Börsenumsatzsteuer ab, die für jede Transaktion einen winzig kleinen Prozentsatz[26] an Steuern verlangte. Dadurch machte die Regierung den sogenannten „Hochfrequenzhandel" möglich, bei dem Computer innerhalb von Bruchteilen einer Sekunde Wertpapiere kaufen und wieder verkaufen. Später hat man ohne Erfolg versucht, diese Steuer als „Finanztransaktionssteuer" wiedereinzuführen.

Die rot-grüne Bundesregierung von Kanzler Schröder ließ bestimmte „Hedgefonds" in Deutschland zu, die zu sehr vielen Firmenpleiten führten. Das entsprechende Gesetz wurde zwischen Januar und August 2003 formuliert. Genau zu dieser Zeit saß eine Mitarbeiterin des „Bundesverbands Investment und Asset Management" als Leihbeamtin in der Abteilung „Nationale und Internationale Finanzmarkt- und Währungspolitik" des Bundesfinanzministeriums, die weiterhin von diesem Lobbyverband bezahlt wurde. Gleichzeitig arbeitete dort auch ein Mitarbeiter der Deutschen Börse.[27] Da ist es nicht verwunderlich, dass das damals ausgearbeitete Gesetz

neben der Zulassung von Hedgefonds auch noch erhebliche Steuer-
erleichterungen für Börsengeschäfte gewährte.

Außerdem beschloss Bundeskanzler Gerhard Schröder mit seinen Ministern Clement und Eichel am 16. Februar 2003, die erste
„Bad Bank" zu gründen, in die die gesamten Schrott-Immobilien-
kredite der Hypovereinsbank ausgelagert wurden. Die Rettung allein
dieser einen Bad Bank mit dem Namen Hypo Real Estate (HRE) kos-
tete den Steuerzahler nur im Jahr 2008 mehr als 30 Milliarden Euro
und darüber hinaus noch Garantien in Höhe von 145 Milliarden
Euro.[28] Damit war aber der Durst der HRE nach Geld noch lange
nicht gestillt. Weitere Rettungen mit Steuergeldern folgten 2009 und
2010. Ein pikantes Detail: Zunächst musste die Hypovereinsbank als
„Mutter" der HRE alle Risiken tragen. Aber nur ein Tag nach Ablauf
dieser Frist stellte man plötzlich fest, dass die HRE praktisch pleite
war; am 2. Oktober 2008 musste sie vom Staat mit unseren Steuergeldern gerettet werden.

Nach Rot-Grün machte Schwarz-Rot im gleichen Stil weiter. Bereits
im Koalitionsvertrag von 2005 wurde die Abschaffung vieler „unnö-
tiger" Beschränkungen für die Finanzwirtschaft beschlossen, um
den Börsenplatz Deutschland zu stärken. Außerdem wurde die Aus-
weitung des Verbriefungsmarkts vereinbart, also jenes Bereichs der
Finanzgeschäfte, der sich genau solche Produkte wie ABS ausdachte
und damit handelte. Dabei war damals schon klar, dass die neuen
Finanzinstrumente zu einem globalen Crash führen können. Die
Bundesregierung ging sogar so weit, die Verordnung der EU von
2002[29] nicht umzusetzen[30], die unter anderem verlangt, dass Unternehmen ihre Briefkastenfirmen in die Bilanzen mit einbeziehen und
dass ihr Vermögen marktgerecht bewertet wird. Das erfolgte in
Deutschland erst 2009, als es bereits zu spät war. Wenigstens einige
Folgen der Finanzkrise hätten, wäre die Bundesregierung dem pünkt-
licher nachgekommen, abgemildert werden können.

Das Kartenhaus stürzt ein

Im Jahr 2008 stürzte schließlich das Kartenhaus ein. Als in den USA die Immobilienpreise sanken und die Zinsen für die Kredite wieder stiegen, konnten viele der Hausbesitzer sie nicht mehr bezahlen. Wegen der praktisch 100-prozentigen Kreditfinanzierung brachte selbst die Verpfändung solcher Immobilien nur einen Teil des Kredits wieder ein. Banken, die zu viele der neuen Finanzinstrumente mit faulen Krediten wie die genannten ABS besaßen, erlitten so große Verluste, dass ihr Eigenkapital aufgebraucht war und sie zahlungsunfähig wurden. Sie waren nicht mehr in der Lage, Kredite auszugeben, die die Wirtschaft dringend benötigt hätte. Der DAX sank in ein tiefes Loch. Um Schlimmeres zu verhindern, stellte die Bundesregierung 480 Milliarden Euro an Steuergeldern zur Verfügung,[31] also durchschnittlich 6.000 Euro von jedem Bundesbürger, egal ob Säugling oder Greis. Wie viel davon tatsächlich abgerufen wurde, ist mir nicht bekannt. Auf jeden Fall handelt es sich um eine gewaltige Umverteilung von Geld der Bevölkerung hin zu den Banken und ihren Besitzern.

Eigentlich sollte man in einer Demokratie erwarten, dass das Parlament und damit auch die Bürger über die Verwendung solcher Summen Bescheid wissen. Die 480 Milliarden für die Bankenrettung waren damals immerhin fast das Doppelte des Bundeshaushalts. Trotzdem bleibt vieles im Dunklen. Der Bundestag beschloss nämlich, das Geld dem staatlichen „Sonderfonds Finanzmarktstabilisierung" SoFFin zu übertragen, der als „Sondervermögen" des Bundes nicht den üblichen Haushaltsregeln unterlag.[32] Welche Banken wie viel Geld erhielten, entschied allein der SoFFin. Nicht einmal die Mitglieder des Haushaltsausschusses im Bundestag hatten irgendwelche Mitspracherechte. Sie erfuhren zwar, welche Bank wann wie viel Geld bekam, waren aber zum Stillschweigen über alles verpflichtet, was sie gesehen und gehört hatten. Eine demokratische Kontrolle war damit nicht möglich – obwohl doch gerade das Haushaltsrecht oft als das „Königsrecht" des Parlaments bezeichnet wird.

Nicht nur in Deutschland musste der Steuerzahler für die Bankenrettung aufkommen: Im Oktober 2008 genehmigte das Repräsentantenhaus der USA ein Rettungspaket von 700 Milliarden Dollar; im selben Monat stellte Großbritannien 500 Milliarden Pfund zur Verfügung, und schon ein Jahr zuvor hatte die EZB mehr als 200 Milliarden Euro bereitgestellt.[33] Auch andere Länder wie die Schweiz mussten kräftig zahlen.

Für die Bevölkerung war die Bankenkrise verheerend. Die Finanzierungsgesellschaften, an die die Kreditforderungen weiterverkauft worden waren, pfändeten die zahlungsunfähigen Hausbesitzer gnadenlos. Dadurch verloren in den USA seit 2007 rund 10 Millionen Menschen ihre Häuser.[34] Weltweit gingen in den Jahren 2008 und 2009 fast 34 Millionen Arbeitsplätze verloren,[35] und der Handel brach um 12 Prozent ein.[36] Der DAX stand Anfang 2008 noch bei 8.046 Punkten; am 6. März 2009 waren es nur noch 3.666 Punkte.[37] Die deutschen Anleger verloren innerhalb kurzer Zeit 140 Milliarden Euro.[38]

Die Profiteure der Krise

Bevor die Banken gerettet werden mussten, machten sie mit ihren dubiosen „Finanzinstrumenten", unter anderem mit Schrottpapieren und dem Verkauf von faulen Krediten (ABS), enorme Gewinne. Als sie durch diese Geschäfte in Schwierigkeiten gerieten, musste dann aber der Staat mit unseren Steuergeldern helfen. Die Gewinne waren nämlich zu diesem Zeitpunkt bereits an die Manager und die Aktionäre der Banken ausbezahlt, und niemand kam auf die Idee, wenigstens die Manager haftbar zu machen. Zwar war nicht alles Geld für die Bankenrettung verloren; immerhin bekam der Staat in einigen Fällen Anteile an den geretteten Banken, und in anderen wurden stattliche Beträge zurückbezahlt, als die Banken wieder Gewinn machten. Trotzdem gilt auch hier das Prinzip, dass die Gewinne der Banken privatisiert werden, für ihre Verluste aber zumindest teilweise die Steuerzahler, also wir alle, aufkommen müssen.

Noch skandalöser wird die Bankenrettung, wenn man sich die Gehälter und Boni der beteiligten Manager anschaut, die sie auch dann noch erhielten, nachdem sie ihre Bank in den Ruin getrieben hatten. Hier nur einige Beispiele:[39] Stefan Ortseifen brachte als Chef der „IKB Deutsche Industriebank AG" diese 2007 in den Konkurs. Noch ein Jahr zuvor erhielt er 1 Million Euro Jahresbonus zusätzlich zu seinem Gehalt. Kurze Zeit später ermittelte der Staatsanwalt gegen ihn wegen Untreue und wegen des Verstoßes gegen das Wertpapierhandelsgesetz. Er wurde zu einer Bewährungsstrafe und zu 100.000 Euro Strafe verurteilt[40]. Letztere konnte er bequem aus seinen Boni bezahlen. HRE-Vorstandsvorsitzender Georg Funke, der seine Bank ebenfalls an die Wand gefahren hat, verdiente 2007 1,9 Millionen Euro – offenbar zahlt es sich aus, wenn man eine Bank in den Bankrott führt. Deutsche-Bank-Chef Ackermann verdiente im Jahr 2008 zwar nur 1,4 Millionen Euro, dafür erhielt er aber im Jahr darauf ein Gehalt von 1,3 Millionen, zusammen mit den Boni waren es fast 9,6 Millionen. Dabei musste die Deutsche Bank allein im letzten Quartal 2008 einen Verlust von 4,8 Milliarden Euro verzeichnen.[41]

Auch in den anderen großen deutschen Banken wurde gut verdient. Trotzdem war das im Vergleich zu manchen amerikanischen Banken eher bescheiden: Im Jahr 2006 wurden an der Wall Street insgesamt 33,9 Milliarden Dollar nur an Boni ausbezahlt. Dabei sahen sich erfolglose Banker besonders belohnt: O'Neal, Chef der Investmentbank Merryl Lynch, wurde 2007 gefeuert und bekam eine Abfindung von 161,5 Millionen Dollar. Im Jahr zuvor hatte er „nur" 48 Millionen Dollar verdient.[42] Richard Fuld führte Lehman Brothers in den Konkurs; 2007, im Jahr zuvor, verdiente er noch 47,7 Millionen Dollar. Der bestbezahlte Banker des Jahres war aber Lloyd Blankfein. Er erhielt 2007 bei Goldman Sachs 68 Millionen Dollar, und im Krisenjahr 2008 waren es immer noch 40,95 Millionen. Natürlich lässt sich noch mehr verdienen, wenn man selbst Finanzunternehmer ist. Stephen Schwarzman gründete zusammen mit G. Peterson die Investmentfirma Blackstone und nahm 2008 etwa 702 Millionen Dollar ein.

Bei diesen Zahlen darf man nicht vergessen, dass 2008 sehr viele Kleinanleger ihr Geld verloren haben – nicht nur durch die Pleite von Lehman Brothers, sondern auch durch Finanzinstrumente, die sich letztlich für sie als wertlos erwiesen. Außerdem flossen viele Milliarden an Steuergeldern in die Bankenrettung. Gerade in diesem Jahr haben aber einige wenige Personen ungeheuer viel Geld verdient.

Es wäre nicht wert, das alles aufzuschreiben, wenn der Verdienst dieser Manager inzwischen auf ein vernünftiges Maß beschränkt worden wäre. Dass es nicht so weit kommt und das kranke Bankensystem so bleibt, wie es ist, dafür sorgen allerdings schon die Lobbyisten. Der Kreislauf funktioniert nach wie vor: Erfolgreiche Banker werden im „Nebenberuf" Professoren an angesehenen Universitäten oder halten zumindest Vorlesungen. Sie bringen den Studenten bei, dass das jetzige System das einzig richtige sei. Die Verantwortlichen in den Regierungen sind aber gerade die guten Absolventen solcher Universitäten, die also den Unterricht erfolgreicher Manager besonders verinnerlicht haben. Außerdem spenden die großen Finanzinstitute großzügig an die Universitäten, die wegen der mangelhaften Finanzierung durch den Staat auf diese Gelder angewiesen sind. Noch wichtiger ist, dass Spenden und Sponsoring-Gelder direkt an die politischen Parteien fließen. (Eine Ausnahme ist die Ökologisch-Demokratische Partei ÖDP, die seit Beginn ihres Bestehens ein Verbot von Spenden und Sponsoring in ihrer Finanzordnung bzw. im Programm festgeschrieben hat). Deshalb wird sich nur etwas ändern, wenn keine Partei mehr Gelder von Firmen annehmen darf oder wenn die etablierten Parteien abgewählt werden.

Am dreistesten aber war die schwarz-rote Bundesregierung, als sie Gesetze zur Regulierung des Finanzmarkts von einer Anwaltskanzlei formulieren ließ, die vor allem für Geldinstitute arbeitete. Es ist zwar normal, dass man bei der Ausarbeitung eines Gesetzes alle betroffenen Seiten hört. Aber die Formulierung von Gesetzen muss auf jeden Fall in den Ministerien oder in den Fraktionen des Bundestags geschehen, sind sie doch allen Bürgern und nicht nur einer Interessengruppe verpflichtet. Von einer Kanzlei, die von ihren Mandanten, hier aus der Finanzwirtschaft, abhängt, kann man nicht erwarten, dass sie die dringend nötigen Reformen einführt, um dem Treiben der Finanzinstitute Grenzen zu setzen. Die Bundesregierung hat aber in der Finanzkrise das „Finanzmarktstabilisierungsgesetz" auf den Weg gebracht, das komplett von der Frankfurter Kanzlei Freshfields Bruckhaus Deringer ausgearbeitet wurde. Der „Focus" schreibt dazu: *„Zwar betont Steinbrück* [Anm.: der damalige Finanzminister], *seine Leute hätten die Formulierungshilfen der Anwälte gecheckt. Tatsächlich aber erhielten die Mitglieder der Bundesregierung sowie die Spitzen der Koalition im Oktober 2008 aus dem Finanzministerium einen Entwurf für die Rechtsverordnung zur Bankenrettung, an dem zuletzt die Freshfields-Anwälte Gunnar Schuster und Alexander Glos gearbeitet hatten. Letzterer ist ein Sohn des damaligen Bundeswirtschaftsministers Michael Glos (CSU). Bis zur Verabschiedung der Eilverordnung am darauffolgenden Montag um 8.30 Uhr wurde – von wem auch immer – nur noch sehr wenig geändert."*[43] Auch an zwei weiteren Gesetzen, die bestimmt nicht zum Nachteil der Finanzwelt abgefasst waren, war die Kanzlei Freshfields beteiligt[44]. Diesen fremden Sachverstand ließ sich das Ministerium im Jahr 2008 immerhin fast 1,8 Millionen Euro kosten, obwohl die Juristen im Finanzministerium sicher in der Lage gewesen wären, selbst einen Entwurf für diese Gesetze auszuarbeiten. Dazu sagte Linke-Chef Bernd Riexinger später der Mitteldeutschen Zeitung: *„Stattdessen geht man ausgerechnet zu Bankenlobbyisten, um sich ein Bankenrettungsgesetz schreiben zu lassen. Das riecht bestenfalls nach Verschwendung von Steuergeld und schlimmstenfalls nach Betrug."*[45] So wundert es niemanden, dass die Finanzkrise Deutschland derart heftig getroffen hat; schließlich hatten seit mehr als zehn Jahren alle Bundesregierungen nach der Pfeife der immer gierigeren Banken getanzt, die ihr Risiko zum guten Teil auf den Steuerzahler abwälzen konnten.

Goldman Sachs

Wer extrem viel Geld hat, will meistens auch politische Macht. Heute beherrschen einige wenige Finanzimperien große und kleine Staaten. Dabei soll keineswegs abgestritten werden, dass diese Gruppen manchmal von einem aggressiven Nationalismus geprägt sind, wie später noch gezeigt wird. Meist genügt es den Finanzinstituten, wenn sie die Wirtschaft, insbesondere die Finanzwirtschaft, die Medien und weitgehend auch die Außenpolitik in ihrem Sinn beeinflussen – so, wie das früher bei vielen Kolonialmächten der Fall war. Mit der Finanzpolitik werden natürlich auch die Rahmenbedingungen für das Sozialwesen und die Umweltgesetze festgelegt.

Ein Beispiel dafür ist die US-amerikanische Finanzgruppe Goldman Sachs[46]. Mit einem Vermögen von 700 Milliarden Euro[47] tätigt sie nicht nur Geschäfte unvorstellbaren Ausmaßes, sondern platziert auch ganz offen ihre Leute an die Schaltstellen der Politik[48]. Sie war es, die wesentlich zur Krise von Griechenland beigetragen hat, indem sie die Schulden dieses Landes bei der Einführung des Euro durch Tricks verschleierte.[49] So ist Griechenland heute Mitglied der Eurozone, obwohl es die Euro-Kriterien nie erfüllt hat. Insofern ist es kein Zufall, dass ausgerechnet Loukas Papadimos als Finanzfachmann und „Retter aus der Not" im November 2011 zum griechischen Ministerpräsidenten berufen wurde. Er war von 1994 bis 2002 Chef der griechischen Zentralbank und hat zusammen mit Goldman Sachs die Verschleierung des griechischen Haushaltsdefizits zu verantworten. Als Ministerpräsident verordnete er seinem Land einen brutalen Sparkurs, um die angehobenen Zinsen für die Staatsschulden aufzubringen und damit die Banken zu bedienen. Und Mario Monti, der am 14. November 2011 Italiens Regierungschef wurde, war „Internationaler Berater" von Goldman Sachs. Weder Papadimos noch Monti hatten sich zuvor als Spitzenkandidaten einer Partei allgemeinen Wahlen gestellt.[50] Wen wundert es da noch, dass auch Mario Draghi, seit dem 1. November 2011 Chef der Europäischen Zentralbank (EZB), ebenfalls eine hohe Position bei Goldman Sachs innehatte: Von 2002 bis 2005 war er Vizepräsident dieser Firma in London, und seine Abteilung hatte die Jahre zuvor Griechenland geholfen, bei der Einführung des Euro die Staatsschulden zu verschleiern[51]. Unter Draghis Leitung kündigte die EZB dann auch an, entgegen ihren Statuten faule Kredite gefährdeter Eurostaaten in unbegrenzter Menge aufzukaufen.[52] Die Gelder, die die EZB dafür zahlt, gehen direkt an Goldman Sachs und die anderen Banken, die die Kredite vorher erworben haben. Das zeigt, wie stark Goldman Sachs in die Eurokrise verwickelt ist und wie dabei Verträge und elementare demokratische Regeln missachtet werden.

Mit seiner Niedrigzinspolitik erreicht Draghi zwar, dass die europäischen Staaten weiterhin die Verbindlichkeiten für ihre Verschuldungen zahlen können und damit nicht insolvent werden. Das würde nämlich die EZB in ernste Schwierigkeiten bringen, weil die an Länder in Zahlungsschwierigkeiten vergebenen faulen Kredite, die die EZB aufgekauft hat, dann endgültig verloren wären. Mit seiner Politik schafft Draghi aber auch eine neue Immobilienblase und verhindert gleichzeitig die längst überfälligen Reformen: Statt weiterhin auf Pump zu leben, müssten die Euroländer ihre Wirtschaft sanieren und ihren Haushalt in Ordnung bringen. Außerdem müssten die Regeln für die Banken so verschärft werden, dass die geschilderten Exzesse nicht mehr möglich sind. Aber all das ist nicht im Sinn von Goldman Sachs und den anderen Großbanken.

Hier ist auch Petros Christodoulou zu nennen. Gegen ihn strengt die US-amerikanische Notenbank eine Untersuchung an, weil er als früherer Mitarbeiter von Goldman Sachs 2009 zusammen mit dieser Firma die Zweckgesellschaft Titlos gegründet hat, um die griechischen Staatsschulden auf die griechische Zentralbank zu übertragen[53].

Die Liste der „Goldmänner", die in Europa bedeutende politische Positionen innehaben oder hatten, ist allerdings zu lang, um sie hier aufzuführen. Einige der wichtigsten seien jedoch genannt:[54]

Otmar Issing saß im Direktorium der Deutschen Bundesbank, danach im Direktorium der EZB, seit 2008 berät er die Bundesregierung – neben seiner Tätigkeit als gut bezahlter internationaler Berater von Goldman Sachs.

Antonio Borges war geschäftsführender Stellvertretender Direktor von Goldman Sachs International, später geschäftsführender Direktor der Goldman Sachs Group und danach Europadirektor des Internationalen Währungsfonds IWF. Außerdem beriet er die EU bei den Plänen zur Einrichtung einer „Ökonomischen und Finanziellen Union" (Economic and Monetary Union).

Der Ire Peter Sutherland, einst Präsident von Goldman Sachs International, war danach EU-Kommissar und einer der Architekten des irischen Rettungsschirms.

Auf die deutsche Politik hatte Alexander Dibelius großen Einfluss. Er war damals Deutschland-Chef von Goldman Sachs und häufiger Gesprächspartner von Angela Merkel.[55]

Schließlich ist noch Jörg Kukies zu nennen. Er ist seit 19. März 2018 als Staatssekretär im deutschen Wirtschaftsministerium zuständig für die Europapolitik und die Finanzmarktpolitik, vorher war er zusammen mit Wolfgang Fink Chef von Goldmann Sachs in Deutschland und Österreich.[56]

Wichtiger als Europa sind für Goldman Sachs natürlich die USA, speziell das Finanzministerium und die Federal Reserve Bank. Das prominenteste Beispiel dafür ist Henry M. Paulson, besser bekannt als „Hank". Er begann seine Karriere als stellvertretender US-Verteidigungsminister. Ab 1974 arbeitete er bei Goldman Sachs. 1999 wurde er dessen Chef mit einem Jahresverdienst von etwa 35 Millionen Dollar; insgesamt wird sein Vermögen auf etwa 700 Millionen

Dollar geschätzt[57]. Nachdem er 2006 Finanzminister wurde, rettete er die US-Finanz-„Industrie" mit 700 Milliarden Dollar aus öffentlichen Geldern[58]. Das war 2008. Aber schon 2009 und 2010 konnten die Finanzinstitute Morgan Stanley und Goldman Sachs ihren Managern wieder Erfolgsprämien im Milliardenbereich zahlen. Weitere wichtige „Goldmänner" waren John C. Whitehead, der 38 Jahre lang „Chairman" dieser Firma und unter Ronald Reagan von 1985 bis 1989 stellvertretender Außenminister der USA war, sowie Robert Rubin, der als Finanzminister unter Bill Clinton die „Märkte" von einschränkenden Regeln wie dem Trennbankensystem[59] „befreite". Diese Deregulierung war eine der Voraussetzungen für die Finanzkrise 2008. Hier muss auch Jon Corzine erwähnt werden. Bis 1999 Geschäftsführer bei Goldman Sachs, wurde er später Senator und Gouverneur von New Jersey.[60] Schließlich sei noch Robert Zoellick genannt, zuerst Goldman-Sachs-Berater, dann leitender Angestellter dieser Firma war, später von 2001 bis 2005 United States Trade Representative, von 2005 bis 2006 Deputy Secretary of State und schließlich von 2007 bis 2012 Präsident der Weltbank.[61]

Mit der Amtseinführung Donald Trumps hat sich der Einfluss des Finanzinstituts noch vergrößert: Gary Cohn, bisher „Chief Operating Officer" von Goldman, wurde Vorsitzender des mächtigen „National Economic Council" und damit einer der wichtigsten Finanzstrategen an Trumps Seite. Er hatte Trumps Schwiegersohn Jared Kushner seit vielen Jahren Kredite für Immobilienprojekte besorgt. Goldman Sachs war begeistert und zahlte an Cohn zur Belohnung 285 Millionen Dollar als „Abfindung". Schon kurz nach seiner Amtseinführung berief Trump weitere frühere Mitarbeiter dieser Firma auf Führungsposten, allen voran Steven Mnuchin als Finanzminister, Stephen Bannon als seinen Wirtschaftsberater und Chefstrategen und Dina Powell als Wirtschaftsberaterin.[62]

Dabei geht es nicht nur um Macht, sondern auch um sehr gute Geschäfte: Goldman Sachs hat seine Leute nicht nur an den Schaltstellen der Politik; es berät auch viele europäische Regierungen. So gab es Anfang November 2011 in London Gespräche mit dem spanischen Wirtschaftsminister José Manuel Campa, und Goldman Sachs unterbreitete Vorschläge für weitere Sparmaßnahmen in Spanien. Mit solchem Insiderwissen riet die Firma ihren Kunden, gegen den Euro zu spekulieren und Finanzprodukte zu kaufen, die aus dem schwachen Euro hohe Gewinne erzielen.[63] In den USA werden solche Praktiken schwer bestraft. Abgesehen davon wird sich mit diesen Leuten an den wichtigsten Schaltstellen der Macht zumindest kurzfristig nichts ändern.

Neue Regeln für die Zukunft?

Aus der Bankenkrise wollte man nichts lernen. Heute hat der Handel allein mit Finanzderivaten ein tägliches Volumen von etwa 2.000 Milliarden US-Dollar. Gerade die Tatsache, dass die Banken mit Summen handeln, die um ein Vielfaches größer sind als das weltweite Bruttoinlandsprodukt, zeigt deutlich, in welchem Ausmaß unser Finanzsystem auf Wetten und Spekulationen aufbaut. Mit dem Handel von realen Waren hat es kaum noch etwas zu tun. Korrekturen sind dringend erforderlich; vielleicht muss dieses System in Zukunft sogar durch ein anderes ersetzt werden. Eine der wichtigsten Reformen war früher das Glass-Steagall-Gesetz von 1933. Es unterschied zwischen Geschäftsbanken für das Einlagen- und Kreditgeschäft und Investmentbanken für das Wertpapiergeschäft. Jede Bank musste sich entscheiden, in welchem dieser beiden Bereiche sie tätig sein wollte. Damit wurde verhindert, dass die Einlagen der Kunden zum Beispiel auf Sparkonten verloren gingen, wenn sich ihre Bank verzockte. Bill Clinton hob das Gesetz 1999 auf, was die weitere Entwicklung auf den Finanzmärkten entscheidend vorantrieb. In Deutschland wurde zwar nach der Finanzkrise 2008/2009 ein solches Trennbankengesetz eingeführt, wegen unklarer Formulierungen schützt es jedoch die Bankkunden nicht wirklich.

Präsident Obama reagierte auf die Bankenkrise mit dem sogenannten „Dodd-Frank Act", der die ausufernden Tätigkeiten der Banken einschränken sollte.[64] Man wird abwarten müssen, welche Teile davon die Präsidentschaft von Donald Trump überstehen werden.

Einen anderen Ansatz verfolgen die Verfechter des „Vollgelds". Sie wollen die Erschaffung von Geld regeln und damit das vorhandene Geld wieder in eine vernünftige Relation zur tatsächlich existierenden Wirtschaft setzen. Bisher konnten sie sich allerdings nirgendwo durchsetzen. Die BRICS-Staaten Brasilien, Russland, Indien, China und Südafrika versuchten einen Wirtschaftsraum aufzubauen, der vom Dollar und Euro weitgehend unabhängig ist. Auch das ist nicht gelungen. Einen völlig neuen Ansatz bieten Krypto-Währungen[65] wie Bitcoin und Ethereum. Das Besondere am Bitcoin ist, dass er nicht zentral gesteuert wird, sodass keine Zentralbank allein bestimmen kann, wie die Währung verändert oder „gedruckt" wird. Stattdessen bestimmen alle Benutzer gemeinsam. Eine Inflation ist ebenfalls nicht möglich, da die Anzahl der Bitcoins bereits jetzt festgelegt ist. Damit können die Exzesse der jetzigen Banken gar nicht erst entstehen. Allerdings steckt diese Technologie noch in den Kinderschuhen. Außerdem werden Bitcoins am Markt kaum verwendet, und infolge der fehlenden Gesetzgebung zieht die Währung viel Spekulation und kriminelle Energie auf sich. Darüber hinaus ist nicht unproblematisch, dass die Menge der Bitcoins beschränkt ist. Sollte die Währung jemals die Grundlage einer Wirtschaft werden, würde vermutlich schon bald nicht genügend Geld zur Verfügung stehen – so, wie dies früher beim Goldstandard der Fall war.

Die naheliegende Lösung der Probleme wäre, einfach die Regeln zu verschärfen bzw. die alten Gesetze wieder in Kraft zu setzen: Das Trennbankensystem, die Finanztransaktionssteuer (oder Börsenumsatzsteuer), strengere Regeln für fragwürdige Finanzprodukte und für die Bilanzen, sowie eine bessere Risikoabsicherung vor allem für Großbanken.

Das alles wäre dringend nötig; aber wegen der Finanzmacht der Banken und wegen einiger einflussreicher Organisationen von Superreichen ist es extrem schwer, hier irgendwelche Fortschritte zu erzielen. Auch die Freihandelsabkommen machen es praktisch unmöglich, neue Regeln einzuführen, wie unten im Zusammenhang mit den Schiedsgerichten noch gezeigt wird. Sogar die Regeln[66] für die ABS (asset backed securities), die wesentlich zum Entstehen der Finanzkrise von 2008/09 beigetragen haben, können wegen JEFTA (Freihandelsabkommen EU–Japan) jetzt noch weiter gelockert werden.[67] Auch andere Bereiche der Finanzwirtschaft, wie die Rechtsform der Banken, hat die EU-Kommission im JEFTA-Abkommen liberalisiert.[68] Das bedeutet, dass JEFTA und weitere, ähnliche Freihandelsabkommen eine neue Bankenkrise wahrscheinlicher machen. Dabei werden wieder einige wenige Top-Manager enorme Gewinne machen, selbst wenn sie ihre Bank an die Wand fahren. Die Steuerzahler werden dagegen wieder etliche Banken „retten" müssen. Am schlimmsten trifft es bei einer solchen Krise die Beschäftigten der Firmen, die keine Kredite mehr bekommen und dadurch pleitegehen. Hier zeigt sich, für welche Interessen die EU-Kommission wirklich arbeitet. Man darf gespannt sein, wie lange sich die Bevölkerung das noch gefallen lässt.

Wir haben gesehen, dass einige sehr wenige Menschen ungeheuren Reichtum anhäufen. Er wird teilweise durch Geschäfte erzeugt, die mit der realen Wirtschaft nichts zu tun haben; zum Teil wird das Geld aber auch direkt der Bevölkerung abgenommen – durch Steuern, die in die Begleichung von Staatsschulden fließen, durch Schiedsgerichtsverfahren oder einfach durch das Absenken des allgemeinen Lebensstandards. Werfen wir in den folgenden Kapitel einen genaueren Blick auf einige Aspekte, die damit in Zusammenhang stehen.

3. Die Europäische Union

Die europäische Einigung hat uns Frieden auf dem Kontinent gebracht und außerdem viele Annehmlichkeiten, einigen Ländern sogar wirtschaftliche Vorteile. Auch genießen wir alle die Reisefreiheit und die Bequemlichkeit, in vielen Ländern kein Geld mehr wechseln zu müssen. Wenn in diesem Kapitel die EU kritisiert wird, so gilt das der momentan existierenden Form der Europäischen Union. Dass hier etwas nicht in Ordnung ist, zeigen nicht nur der Brexit, sondern auch die finanziellen Probleme einiger Mitgliedsstaaten und die europafeindlichen Tendenzen in einigen anderen Ländern. Nur eine vorbehaltlose Analyse der Ursachen kann hier Abhilfe schaffen und die EU-Skepsis stoppen.

Entstehung der Europäischen Gemeinschaft

Der Gedanke an eine Einigung Europas reicht bis ins frühe 19. Jahrhundert zurück. Damals wollte Napoleon mit seinen Eroberungszügen ein vereintes Europa unter seiner Herrschaft errichten. Als Reaktion darauf erschienen zur Zeit des Wiener Kongresses Karl Christian Krauses „Entwurf eines europäischen Staatenbundes"[69] und eine Schrift des Grafen Claude Henri de Saint-Simon und seines Schülers Augustin Thierry,[70] die sogar dem Kongress überreicht wurde. Beide Abhandlungen gingen davon aus, dass die Souveränität der europäischen Staaten nicht angetastet werden solle. Trotzdem war die Zeit für solche Gedanken noch nicht reif; zu groß war die Rivalität der europäischen Großmächte.

In den Jahren des Umbruchs 1832 und 1848/49 kamen weitere bedeutende Beiträge aus dem italienischen Risorgimento, von Johann

Georg August Wirth und von Victor Hugo[71] als Präsident des Pariser Weltfriedenskongresses von 1849. Aber erst 1923 entstand vor dem Hintergrund der Erfahrungen des Ersten Weltkriegs die Paneuropa-Union, die ein „Vereinigtes Europa" als neuen Staat zum Ziel hatte. Sie existiert heute noch, hat aber keine politische Bedeutung mehr. Während des Zweiten Weltkriegs wurde die Sehnsucht nach einem geeinten Europa besonders stark. Der erste konkrete Schritt in diese Richtung war 1944 der Beschluss der Exilregierungen der Niederlande, Belgiens und Luxemburgs, eine Zollunion zu errichten, die schließlich 1948 verwirklicht wurde. Gleichzeitig strebten die drei Staaten eine Wirtschaftsunion und eine enge militärische Zusammenarbeit an. Im selben Jahr 1948 beschlossen auch Frankreich und Italien eine Zollunion. Nach dem Zweiten Weltkrieg versprach ein vereintes Europa dauerhaften Frieden zwischen den ehemaligen Kriegsgegnern. In Westeuropa spielten aber auch wirtschaftliche Gründe eine Rolle. Der Wiederaufbau ließ sich in einem größeren Wirtschaftsraum leichter vorantreiben. Diesen Gedanken förderten vor allem die USA, die in den nationalen Beschränkungen ein Hindernis für den Absatz ihrer Erzeugnisse sahen. Ihr erster Versuch, in Form der „International Trade Organization" ein internationales Freihandelsabkommen zu schließen, scheiterte. In einem zweiten Anlauf wurde aber bereits 1947 das „General Agreement on Tariffs and Trade" (GATT) geschaffen, das in der gesamten westlichen Welt eine liberale Wirtschaftsordnung durchsetzen sollte. Amerika unterstützte dabei auch alle Bestrebungen für ein starkes Westeuropa, das in wirtschaftlicher und militärischer Hinsicht ein Bollwerk gegen den Kommunismus bilden sollte.

Die Idee einer Freihandelszone in Zentraleuropa griff vor allem Frankreich auf. Eine der treibenden Kräfte war der französische Außenminister Robert Schuman. Auf seine Initiative hin wurde am 18. April 1951 die „Europäische Gemeinschaft für Kohle und Stahl", die sogenannte „Montanunion", gegründet, die die damals kriegswichtigen Materialien Kohle, Eisenerz und Schrott einer gemeinsamen Kontrolle und Verwertung unterzog. Die Mitglieder waren Frankreich, Deutschland, Italien, Belgien, Niederlande und Luxemburg. 1953 wurden die Verträge auf Eisen und Kommerzstahl, 1954 auch auf Edelstahl ausgedehnt.[72]

Das ausführende Organ war die „Hohe Behörde", die aus Vertretern der Mitgliedsstaaten bestand und als Vorläuferin der Europäischen Kommission gilt. Die psychologische Wirkung der Montanunion auf die Bevölkerung darf nicht unterschätzt werden: Während die früheren Aktivitäten für einen gemeinsamen Wirtschaftsraum vor allem von den USA ausgingen, unternahm jetzt Europa selbst den ersten Schritt für eine Zusammenarbeit in einem wichtigen Industriezweig.

Die nächsten Stationen auf dem Weg zur europäischen Einigung waren die „Europäische Wirtschaftsgemeinschaft" (EWG) und „EURATOM". Sie umfassten ebenso wie die Montanunion die sechs Länder Belgien, Deutschland, Frankreich, Italien, Luxemburg und die Niederlande. Beide Gemeinschaften wurden 1957 mit den Römischen Verträgen gegründet. Dass sie zusammen realisiert wurden, war kein Zufall, erhoffte sich doch Frankreich durch die Zusammenarbeit auf dem Gebiet der Kernenergie, auf dem sie unter den Vertragspartnern führend war, eine Schlüsselrolle; mit Blick auf eine Wirtschaftsgemeinschaft war es inzwischen hingegen eher skeptisch. Umgekehrt war das wirtschaftlich erstarkte Deutschland an der EWG interessiert, hatte aber ebenso wie die Niederlande Vorbehalte gegen die Atomgemeinschaft. Da beide Verträge zusammen verhandelt wurden, stimmten schließlich alle sechs Partner zu.

Die EWG sollte vor allem auch einen gemeinsamen Agrarmarkt schaffen. Sie legte fest, in welchen Regionen welche Art von Landwirtschaft zu fördern war. Die Älteren unter uns erinnern sich noch, dass es damals plötzlich französischen Käse und südeuropäische Weine zu erschwinglichen Preisen gab. Aber die Kosten für diesen gemeinsamen Agrarmarkt sind auch heute noch wegen der hohen

Subventionen eine der Hauptbelastungen für den EU-Haushalt. Außerdem wurde an vielen Orten die Diversität der Landwirtschaft eingeschränkt. Monokulturen entstanden.

Die drei Verträge über die Montanunion, die EWG und über EURATOM begründeten die Europäische Gemeinschaft (EG). In den Ländern, die später der EU beitraten, führte es wiederholt zu Unmut, auch den EURATOM-Vertrag unterschreiben zu müssen, sind sie doch damit an den Subventionen der Kernenergie beteiligt, auch wenn sie selbst keine Atomkraftwerke betreiben.

Oberstes Organ der EG war der „(Minister-)Rat", der sich aus je einem Fachminister der Mitgliedsstaaten bzw. dessen Vertretung zusammensetzte. Der Rat tagte also für die verschiedenen Fachbereiche in unterschiedlicher Besetzung. Die Kommission bildete die Exekutive. Jedes Mitgliedsland schlug einen (Belgien, Dänemark, Griechenland, Irland, Luxemburg, Niederlande) bzw. zwei EU-Kommissare vor (Deutschland, Frankreich, Großbritannien, Italien) vor, die dann im gegenseitigen Einvernehmen der Mitgliedsstaaten für vier Jahre ernannt wurden. 1974 kam der „Europäische Rat" hinzu, der aus den Regierungschefs der Mitgliedsländer bestand. Er gab die grundsätzlichen Impulse für die Politik und für die Weiterentwicklung der Gemeinschaft. Seit 1979 gibt es auch das „Europäische Parlament", das von den EG-Bürgern direkt gewählt wird, wenn auch mit sehr unterschiedlicher Gewichtung der Stimmen – es sollte ein Übergewicht der großen Staaten vermieden werden. All diese Organe bestehen heute noch. Der „Europäische Gerichtshof" schließlich wacht über die Einhaltung des Gemeinschaftsrechts.

Lange Zeit blieb es bei dem „Kerneuropa" mit nur sechs Mitgliedern. Erst 1973 traten Großbritannien, Irland und Dänemark der EG bei – ein wichtiger Schritt für den Friedensprozess in Nordirland. Griechenland folgte 1981, Spanien und Portugal 1986. 1995 kamen Finnland, Schweden und Österreich dazu. Die große „Osterweiterung" fand 2004 mit dem Beitritt von Estland, Lettland, Litauen, Polen, Tschechien, der Slowakei, Ungarn, Slowenien, Malta und

Zypern statt. Den vorläufigen Abschluss bildeten 2007 Rumänien und Bulgarien, sowie 2013 Kroatien.

Der nächste große Schritt bei der europäischen Einigung war der „Vertrag zur Errichtung der Europäischen Union" (EUV), besser bekannt als „Vertrag von Maastricht", der am 7. Februar 1992 unterzeichnet wurde und am 1. November 1993 in Kraft trat. Er übertrug wesentliche Souveränitätsrechte der Mitgliedsstaaten auf die Europäische Union (EU). Das betrifft vor allem die „Gemeinsame Außen- und Sicherheitspolitik" (GASP), die polizeiliche und justizielle Zusammenarbeit in Strafsachen und die Schaffung einer EU-Polizei (Europol). Gleichzeitig wurde eine gemeinsame Währung (der ECU, also noch nicht der Euro) eingeführt und die Gründung der Europäischen Zentralbank beschlossen. Die engere wirtschaftspolitische und finanzielle Zusammenarbeit führte schließlich 1997 zum „Vertrag von Amsterdam", der unter anderem Stabilität und Wachstum garantieren sollte und das sogenannte „Sozialprotokoll" in der EU verbindlich einführte.

Der Verfassungsentwurf und der Vertrag von Lissabon

Die Entscheidungsstrukturen in der EU waren auf die Mitgliedschaft einiger weniger Staaten ausgelegt. Vieles musste einstimmig beschlossen werden. Angesichts der großen „Osterweiterung" war es dann aber nötig, die Regeln elastischer zu gestalten. Dies geschah 2001 im „Vertrag von Nizza". Doch auch das konnte nur eine vorläufige Lösung sein. Eine grundlegende Überarbeitung der Verträge schien unverzichtbar. Außerdem wollte man abgesehen von EURATOM alle Verträge zur Gründung der EU zusammenfassen und so erreichen, dass die Union eine einheitliche „Verfassung" erhielt. Ferner sollten die Mitgliedsstaaten stärker in eine gemeinsame Außen- und Sicherheitspolitik eingebunden und der Einfluss der EU auf die Wirtschaft gestärkt werden. Deshalb hielt bereits die Erklärung Nr. 23 zum Vertrag von Nizza fest, die Verträge müssten überarbeitet und vor allem die demokratische Legitimation und die Transparenz der Union verbessert werden. So berief der Europäische Rat auf seiner Tagung in Laeken (Belgien) am 14. und 15. Dezember 2001 den „Konvent zur Zukunft Europas" ein. Er sollte den Entwurf für eine Verfassung ausarbeiten. Der Konvent bestand aus seinem Präsidenten Giscard d'Estaing, den Vizepräsidenten d'Amato und Dehaene, aus je einem Vertreter der Staats- oder Regierungschefs der Mitgliedsstaaten (15 Personen), je zwei Vertretern der Parlamente der Mitgliedsstaaten (also 30 Personen), 16 Mitgliedern des EU-Parlaments und zwei Vertretern der EU-Kommission. Die damaligen Beitrittskandidaten (Lettland, Litauen, Estland, Polen, Tschechien, Slowakei, Ungarn, Slowenien, Malta, Zypern, Rumänien, Bulgarien und die Türkei) nahmen ebenfalls mit je drei Vertretern als Beobachter teil.

Giscard d'Estaing übte seinen Vorsitz sehr strikt aus. Oft „übersah" er Wortmeldungen zu seinen Formulierungsvorschlägen. So konnte er manche Passagen des Verfassungsentwurfs ohne viele Gegenreden durchsetzen.[73] Er betonte stets den Unterschied des Konvents zu einem Parlament, das über seine Beschlüsse abstimmen muss.[74] Der damalige luxemburgische Premierminister und spätere Präsident der Europäischen Kommission, Jean Claude Juncker, urteilte: *„Der Verfassungskonvent ist angekündigt worden als die große Demokratie-Show – ich habe noch keine dunklere Dunkelkammer gesehen als diesen Konvent".*[75] Die Rolle von Giscard d'Estaing wurde jedoch nicht nur negativ gesehen. So meint beispielsweise Klaus Hänsch: *„Der Konvent wäre gescheitert, wenn das Präsidium sich nur als Koordinierungs- und Exekutionsorgan für die Wünsche aus dem Konvent verstanden hätte".*[76]

Der Konvent einigte sich schließlich ohne Abstimmung auf ein Dokument, das dem Europäischen Rat in seiner Tagung am 20. Juni 2003 in Thessaloniki vorgelegt wurde. Der deutsche Text umfasst mit allen Protokollen und Erklärungen, die Teile des Vertrags sind, 480 Seiten. Darin werden auch Dinge geregelt, die für eine Verfassung unüblich sind. So bestimmt das 36. Protokoll, dass *„Därme,*

Blasen und Mägen von anderen Tieren als Fischen, ganz oder geteilt" unter die Bestimmungen von Art. III-226 der Verfassung fallen.

Über die Ratifizierung wurden in Frankreich und in den Niederlanden Volksabstimmungen durchgeführt – und der Verfassungsvertrag in beiden Fällen abgelehnt.[77] Damit war er auch für die übrigen europäischen Länder gescheitert. In Frankreich hatte jeder Haushalt vor der Abstimmung ein Exemplar des Vertrags erhalten. Offenbar konnten die Bürger darin nachlesen, was sie vorher über die Mängel dieses Entwurfs gehört hatten; dass das der Grund für ihr „Nein" war, legten zumindest die Kurzinterviews der ARD am Abend nach der Volksabstimmung nahe. Die später aufgestellte Behauptung, die Ablehnung sei auf innenpolitische Differenzen zurückzuführen, konnte nicht bewiesen werden; vielmehr schienen die demokratischen Defizite des Entwurfs den Ausschlag gegeben zu haben.

Nach dem Scheitern des Verfassungsvertrags versuchten die Regierungschefs, vor allem die deutsche Kanzlerin Angela Merkel während ihrer Präsidentschaft im Europäischen Rat, einen Ersatz zu finden, der alle wesentlichen Punkte unverändert beibehielt. So wurde ein neuer Vertrag ausgearbeitet, der nicht mehr unter der Bezeichnung „Verfassung" daherkam und formal nur eine Änderung des EG- und des EU-Vertrags war. Damit ließ sich umgehen, in Frankreich und in den Niederlanden erneut Volksabstimmung durchführen zu müssen. Um den „Fehler" der französischen Regierung, den Verfassungsentwurf den Bürgern vor dem Referendum vorgelegt zu haben, nicht noch einmal zu begehen, enthielt der „Vertrag von Lissabon" schlicht nur die Änderungen der bisherigen Verträge – eine konsolidierte Fassung, in der die vielen Hundert Änderungen in den ursprünglichen Text eingearbeitet waren, stand nicht zur Verfügung. Um den Vertrag zu verstehen, musste man also gleichzeitig den EG- und den EU- Vertrag sowie den Vertrag von Lissabon hinzuziehen und diese Wort für Wort miteinander vergleichen. Dazu kam, dass die Nummerierung der Artikel kurz vor der Unterzeichnung am 13.

Dezember 2007 geändert und im Vertragstext selbst eine weitere Abänderung der Nummerierung festgelegt wurde. So ist es nicht verwunderlich, dass selbst die Bundestagsabgeordneten, die kurz danach über die Ratifizierung des Vertrags entscheiden mussten, vor der Abstimmung keine Gelegenheit hatten, ihn angemessen zu studieren. Das wurde in der Verhandlung einer Klage vor dem Bundesverfassungsgericht[78] ausdrücklich festgehalten.[79]

Die Struktur der EU

Das EU-Parlament wurde wie erwähnt erst 1979 eingeführt. Dazu mussten Kompetenzen, die vorher der Ministerrat oder die Kommission hatten, an das Parlament übertragen werden. Das war nicht einfach, wollten doch beide Institutionen nicht zu viel von ihrer Macht abgeben. Diese historische Entwicklung muss man kennen um zu verstehen, warum die EU nicht wie ein normaler demokratischer Staat organisiert ist.

Ein demokratischer Bundesstaat sollte zwei Kammern haben: eine, die von allen Bürgern der Mitgliedsländer mit gleichem Stimmgewicht gewählt wird, und eine zweite, in der die Länder vertreten sind. Hier müssen die kleinen Länder überproportional repräsentiert sein, damit sie nicht automatisch von den größeren überstimmt werden. In der Bundesrepublik sind das der Bundestag und der Bundesrat.

In der EU gibt es zwar ein Parlament und den Ministerrat, der die Funktion einer zweiten Kammer haben sollte. Trotzdem erfüllen beide diese Voraussetzungen nicht: Der Ministerrat hat gegenüber dem Parlament eine unverhältnismäßig große Macht. Außerdem wird in der Presse nur selten veröffentlicht, wer dort wie abgestimmt hat. Das führt dazu, dass manches in der EU beschlossen wird, was zu Hause in den Mitgliedsstaaten niemals durchgeboxt werden könnte (wie manche Überwachungspraktiken, die damals Wolfgang Schäuble angeregt hatte). Im eigenen Land beschwert man sich dann über

Brüssel und die Beschlüsse, an denen man aber selbst mitgewirkt hat.

Außer dem Ministerrat gibt es noch den Europäischen Rat[80], eine Zusammenkunft der Regierungschefs aller Mitgliedsstaaten, die die grundsätzliche Ausrichtung der EU-Politik festlegen. Der Vorsitz wechselt unter den Mitgliedsstaaten jedes halbe Jahr. Er ist das höchste Gremium der EU; das EU-Parlament hat nicht die Befugnis, seine Beschlüsse zu kritisieren oder abzuändern.

Bei der Wahl des Parlaments haben die Bürger kleiner Länder wie Luxemburg und Malta ein fast elf Mal so großes Gewicht wie deutsche Bürger. Man stelle sich vor, eine ähnliche Regel würde in Deutschland gelten und die Bürger von Bremen hätten bei der Bundestagswahl das elffache Gewicht im Vergleich zu den Bürgern aus Nordrhein-Westfalen. Sicher würde das als unsinnig und undemokratisch angesehen werden. Diese ungleiche Behandlung der EU-Bürger hat zu einer grotesken Situation geführt: Die Abgeordneten der Union und der SPD wollten 2013 für die EU-Wahl in Deutschland wieder eine 3-Prozent-Hürde einführen. Als das Bundesverfassungsgericht dies nicht zuließ, brachten sie 2016 ein entsprechendes europäisches Gesetz ein mit dem Ziel, dass 2019 sieben kleinere deutsche Parteien aus dem EU-Parlament verschwinden, die bis dahin dort vertreten waren. Darunter finden sich auch die Freien Wähler, deren Abgeordnete in der Wahl von 2014 mehr Stimmen auf sich vereinigen konnte, als der Staat Luxemburg überhaupt an Wählern hat. Luxemburg hat aber sechs Sitze im Parlament, die Freien Wähler sollen dagegen nicht mehr in das Parlament einziehen. Mit der 2-Prozent-Hürde, die die Union und die SPD in Deutschland über die europäische Gesetzgebung schließlich einführten, braucht eine deutsche Partei jetzt etwa zwanzig Mal so viele Stimmen um ins EU-Parlament zu kommen, als eine Partei in Malta oder Luxemburg. Das demokratische Prinzip „One man, one vote" wird damit in der EU auf den Kopf gestellt.

Abgesehen von dieser Problematik der Repräsentation hat das Europäische Parlament aber auch nicht die Macht, die eine Volksvertretung in einer Demokratie haben müsste. Für Grundsatzfragen wie „etwa die Zulassung oder das Verbot von Gentechnik" ist nur der Ministerrat zuständig; das Parlament hat hier kein Entscheidungsrecht.[81] Es darf keine Gesetze vorschlagen[82] und hat in wichtigen Bereichen wie Wirtschafts- und Finanzpolitik zu wenig Einfluss. In der Außen- und Verteidigungspolitik hat es überhaupt nichts zu sagen; es kann nicht einmal über Krieg und Frieden abstimmen.[83]

Das größte Demokratiedefizit in der EU ist aber die Tatsache, dass die Kommission nicht gewählt wird. Denn sie ist das wichtigste Gremium der EU, nämlich die „Regierung", und wegen ihres exklusiven Rechts, Gesetze vorzuschlagen,[84] auch ein wichtiger Teil der Gesetzgebung. Außerdem ist sie bei vielen Klagen wegen einer behaupteten Verletzung der EU-Verträge so etwas wie die erste Instanz bei Gerichtsverfahren. Nach der Staatslehre von Montesquieu ist eine solche Konzentration von Macht ein Zeichen von Despotismus.[85]

Der Kommissionspräsident wird zwischen den Regierungen der Mitgliedsstaaten ausgehandelt, wobei natürlich Lobbyisten der Wirtschaft nicht unbeteiligt bleiben. Vom Parlament wird der so bestimmte Präsident nur bestätigt. Und die Kommissare, die die Rolle der Minister innehaben, werden vom Präsidenten der Kommission und von den Regierungen der Mitgliedsländer erneut unter dem Einfluss der Wirtschaft bestimmt. Anschließend muss das Parlament die Kommission als Ganzes annehmen oder ablehnen.

Bei der Wahl des EU-Parlaments von 2014 vereinbarten die großen Fraktionen, dass der Spitzenkandidat der stärksten europäischen Partei als Präsident der Europäischen Kommission nominiert wurde. Falls das die Regel würde, bekäme die Kommission wenigstens etwas mehr an demokratischer Legitimierung.

Wegen des großen Einflusses der Lobbyisten sitzen in der Kommission überwiegend Vertreter neoliberaler Wirtschaftsphilosophien. Wie das Wirken des Neoliberalismus praktisch aussehen kann, zeigt die Kommission der Jahre 2014 bis 2019: Als Kommissionspräsident wurde Jean Claude Juncker bestimmt. Vorher war er achtzehn Jahre lang Minister bzw. Ministerpräsident von Luxemburg. In dieser Zeit verschaffte er einigen internationalen Konzernen wie McDonald's, Fiat, Amazon, Shire Pharmaceuticals und Skype die Möglichkeit, den größten Teil ihrer Steuern zu sparen. Aber nicht nur diese Firmen wurden begünstigt. Wie 2014 der „Luxleaks Skandal" gezeigt hat, kamen Hunderte von großen Konzernen in den Genuss solcher „Steuerregeln".[86] Außerdem hatte Juncker in dieser Zeit EU-Reformen zur Besteuerung von Firmen blockiert.[87]

In Junckers Kommission wurde Miguel Arias Cañete als Kommissar für Klimapolitik und Energie berufen. Dazu steht auf der Homepage der EU-Kommission, es sei seine Aufgabe, die EU im Bereich erneuerbarer Energien weltweit führend zu machen.[88] Dass Arias Cañete der geeignete Mann dafür ist, darf bezweifelt werden, hatte er doch in Spanien große Anteile an zwei Ölfirmen, die er vor seiner Berufung als EU-Kommissar noch rasch an seinen Schwager verkaufte.[89] Vorher wurden ihm schon Interessenkonflikte vorgeworfen, als er im EU-Parlament Vorsitzender des Ausschusses für Landwirtschaft und ländliche Entwicklung war.[90]

So etwas gibt es allerdings nicht nur in der EU. Ein Beispiel unter vielen ist die Berufung von Steven Mnuchin als Finanzminister der USA durch Donald Trump. In den USA ist er unter dem Spitznamen „Mr. Zwangsversteigerung" bekannt, hat er doch als Chef der Immobilienbank OneWest (zuvor IndyMac) und Geschäftspartner von Goldman Sachs Zehntausende Eigenheimbesitzer rücksichtslos und am Rande der Legalität aus ihren Häusern geworfen. Mit Mnuchin hat die Finanzlobby in der Regierung der USA erheblich an Macht und Einfluss gewonnen.[91]

Nun leben wir alle in irgendeiner Weise von der „Wirtschaft", und es wäre unsinnig, sie zu verteufeln. Aber so, wie eine Trennung von Staat und Kirche wichtig ist, muss auch der unmittelbare Einfluss der Wirtschaft auf die Regierung und die Gesetzgebung ausgeschlossen werden. Immerhin sind Regierung und Parlament für die gesamte Bevölkerung zuständig. Deshalb müssen auch in vielen Ländern die Minister und die Abgeordneten angeben, in welchen Vereinen sie

Mitglied und an welchen Firmen sie beteiligt sind; gibt es Interessenkonflikte, können sie ihr Amt nicht antreten. So versucht man sicherzustellen, dass sie nicht ihre Privatinteressen vertreten, sondern dem Gemeinwohl verpflichtet sind. Solche Vorschriften gibt es auch in der EU. Aber wie man am Fall Cañete sieht, helfen sie wenig.

Im Parlament einer Demokratie spielt die Opposition eine wichtige Rolle. Sie muss die Regierung kontrollieren und Fehlentscheidungen brandmarken. In der EU ist dagegen die Kommission, die die Rolle der Regierung hat, unangreifbar. Das Parlament kann zwar sein Missfallen über Entscheidungen der Kommission formulieren. Eine praktische Wirkung hat das aber nicht. Rein theoretisch kann es die Kommission en bloc abwählen. Das wäre am 14. Januar 1999 tatsächlich beinahe passiert, als eine ganze Reihe von Bestechungsskandalen bekannt wurde; schließlich trat die Kommission am 15. März freiwillig zurück.[92] Der Vorgang zeigt, wie wichtig hier die Kritik des Parlaments an einzelnen Handlungen der Kommission gewesen wäre. Damit hätte man ihrem Treiben schon viel früher ein Ende setzen können, ohne die ganze EU in ein Chaos zu stürzen. So aber fehlt dem EU-Parlament eine Opposition und damit ein wichtiges Element einer Demokratie.

Wie kann die EU demokratischer werden?

Eine demokratische EU müsste zwei Kammern haben. Eine davon ist das EU-Parlament, das vom Volk direkt gewählt wird. Es müsste alle Rechte eines Parlaments in einem demokratischen Staat haben, also auch das Recht, die Regierung zu wählen oder über Außen- und Sicherheitspolitik zu entscheiden. Erst mit diesen Funktionen gäbe es eine Opposition im eigentlichen Sinne. Bei der Wahl des EU-Parlaments müssten aber unbedingt alle EU-Bürger gleich behandelt werden. Es geht nicht, dass ein Luxemburger oder ein Bürger von Malta mehr als zehnmal so großen Einfluss auf die Politik hat wie ein Deutscher. Eventuell könnte man allerdings durchaus festlegen, dass jeder Mitgliedsstaat mindestens drei bis sechs Abgeordnete ins EU-Parlament schicken kann, auch wenn ihm seiner Größe nach weniger zustünden. Die zweite Kammer wiederum muss sicherstellen, dass die kleineren Länder zu Wort kommen, so, wie dies in jedem demokratischen Bundesstaat der Fall ist. In Deutschland bildet der Bundesrat die zweite Kammer. Der Europäische Rat und der Ministerrat erfüllen diese Bedingung nicht, denn sie haben weit mehr Macht, als ihnen als zweite Kammer in einer Demokratie zukäme.

Die EU als neoliberaler Wirtschaftsraum

Normalerweise verpflichtet die Verfassung eines Staates die Bürger auf bestimmte Grundwerte und regelt die Organisation der Staatsorgane. So prägen das deutsche Grundgesetz Aussagen wie „Die Würde des Menschen ist unantastbar"[93] und „Alle Macht geht vom Volke aus." Stattdessen ist im Vertrag von Lissabon eine der wesentlichen Aussagen, dass die Wirtschaftsform der EU auf eine „wettbewerbsfähige Marktwirtschaft" festgelegt wird, nicht auf eine Soziale Marktwirtschaft. Überhaupt: Was hat in einem solchen Vertrag eine Wirtschaftsform zu suchen? Die Wettbewerbsfähigkeit ist ein dominierendes Merkmal in den EU-Verträgen; sie wird erstaunlich oft erwähnt.[94] Besonders augenfällig ist, dass soziale Maßnahmen, die Beschäftigungspolitik und die Verbesserung der Lebens- und Arbeitsbedingungen „der Notwendigkeit, die Wettbewerbsfähigkeit der Wirtschaft der Union zu erhalten, Rechnung tragen" müssen.[95] Vermutlich gibt es nirgendwo in der Welt eine Verfassung, die in dieser Weise den Einfluss der Wirtschaft festlegt.

Im heute gültigen Vertrag von Lissabon werden für die Wirtschaft außer der Wettbewerbsfähigkeit noch folgende Ziele festgeschrieben: der freie Waren-[96] und Geldverkehr[97] sowie eine weitestgehende Privatisierung[98], was den Rückzug des Staates sogar aus wichtigen Bereichen der Daseinsvorsorge wie Wasserversorgung, Verkehr, öffentliche Verwaltung, höhere Bildung, Krankenfürsorge, Bau von Gefängnissen usw. bedeutet. Diese Privatisierung ist in der Vergangenheit die Bürger schon mehrmals teuer zu stehen gekommen, immerhin wollen die Firmen, die diese Dienste übernehmen, daran möglichst gut verdienen, während die öffentliche Hand keinen Gewinn erzielen muss, sondern nur die Versorgung sicherstellen soll. So hatte 1999 die Stadt Berlin ihr Wassernetz teilprivatisiert und beim Verkauf die Bedingung eingeführt, dass innerhalb der nächsten Jahre nur moderate Preissteigerungen für Frischwasser zulässig seien. Als diese Frist ausgelaufen war, stiegen die Preise derart, dass es zu Protesten der Bürger kam. Schließlich wurde in den Jahren 2012 und 2013 das gesamte Wassernetz wieder zurückgekauft – freilich weit überteuert. Das Ganze war für die Stadt und ihre Bürger ein schlechtes, für die andere Seite, die Privatwirtschaft, wahrscheinlich ein gutes Geschäft. Das Freihandelsabkommen JEFTA mit Japan verbietet es aber seit 2018 den Städten und Gemeinden, privatisierte Betriebe wieder zurückzukaufen, wenn sie in japanische Hände gelangt sind.[99] Mit ähnlichen Klauseln für andere Länder müssen wir auch in allen künftigen Freihandelsabkommen rechnen.

Lobbyarbeit und Drehtüren

Ein weiteres Problem ist – nicht nur in der EU – die „Drehtür": Nach ihrem Ausscheiden aus dem Amt wechseln manche Spitzenpolitiker zu Privatfirmen und nutzen dabei ihre persönlichen Beziehungen zu ihrer ehemaligen Dienststelle, um ihrer neuen Firma Vorteile zu verschaffen. Entsprechend schnell entstehen Gerüchte, dass ein Politiker noch vor seinem Ausscheiden Entscheidungen trifft, die für seine künftige Firma nützlich sind. Ein bekanntes Beispiel dafür, das für sehr viel öffentlichen Wirbel gesorgt hat, ist José Barroso, der bis 2014 Präsident der EU-Kommission war und im Juli 2016 Aufsichtsratsvorsitzender bei Goldman Sachs wurde.[100] Schon während seiner

Amtszeit hatte er inoffizielle Gespräche mit dieser Firma geführt.[101] Ein anderer bekannter Fall ist Günter Verheugen, von 1999 bis 2004 EU-Kommissar für Erweiterung und Europäische Nachbarschaftspolitik und anschließend bis 2010 Kommissar für Unternehmen und Industrie. Bereits 2011 gründete er in Potsdam die Beraterfirma „The European Experience Company", die *„kreative Lösungen sowie die richtige Strategie für Ihren Erfolg im Umgang mit europäischen Institutionen"* anbietet. Das war dann doch zu viel. Der EU-Ethikausschuss verbot ihm kurze Zeit später bis auf Weiteres jeglichen direkten Kontakt mit früheren Mitarbeitern. Genehmigt wurde ihm aber schon im gleichen Jahr die beratende Tätigkeit beim Bundesverband der Deutschen Volksbanken und Raiffeisenbanken, der Royal Bank of Scotland, beim PR-Unternehmen Fleishman-Hillard und einer türkischen Wirtschaftsvereinigung.[102] Etliche weitere Kommissare ließen sich hier aufzählen, die ebenfalls sehr schnell zu Privatfirmen gewechselt sind. Das hat immerhin bewirkt, dass Kommissionspräsident Juncker am 13.9.2017 eine Liste mit strengeren Regeln vorlegte, die für EU-Kommissare die Karenzzeit zwischen ihrem Ausscheiden aus der Kommission und einem neuen Job in der Privatwirtschaft von 18 Monaten auf zwei Jahre verlängert.[103] Es bleibt abzuwarten, ob das wirklich hilft. Man sieht also: Gerhard Schröder war nicht der einzige Fall, bei dem ein Spitzenpolitiker durch eine „Drehtür" seine politischen Kontakte für einen Konzern nutzbar gemacht hat.

Was wir in Europa, wenn auch offensichtlich etwas hilflos, als Missbrauch der politischen Macht verstehen – in den USA ist es gang und gäbe. Die Tatsache, dass wichtige Funktionäre zwischen Spitzenpositionen in der Wirtschaft und in der Politik hin und her wechseln, beeinflusst die Politik stark zum Vorteil der großen Konzerne. Konkrete Beispiele dazu haben wir im Zusammenhang mit Goldman Sachs gesehen. Aber auch in Deutschland wechseln Spitzenpolitiker oft sehr schnell in die Wirtschaft. Besonders pikant war das bei Torsten Albig (SPD), der von 2012 bis 2017 Ministerpräsidenten von Schleswig-Holstein war und schon einige Monate später als DHL-Lobbyist nach Brüssel ging – ausgerechnet als Lobbyist, als der er seine früheren Kontakte als Ministerpräsident gut gebrauchen kann. Und Hannelore Kraft (SPD), bis 2017 Ministerpräsidentin von Nordrhein-Westfalen, wechselte kurz nach ihrer Abwahl zum Bergwerkskonzern RAG AG, nachdem sie sich schon während ihrer Regierungszeit für die Zerstörung der Landschaft durch den Braunkohle-Tagebau eingesetzt hatte. Das sind nur zwei Beispiele aus dem Jahr 2017. In anderen Jahren war die Moral der Spitzenpolitiker nicht besser.

Die Lobbyorganisationen sind eine echte Gefahr für die Demokratie. Es gibt sie zwar in allen Hauptstädten der Welt und überall dort, wo politische Entscheidungen getroffen werden. Das Besondere in Brüssel ist, dass die EU-Kommission immer mehr Macht an sich zieht und dabei Bereiche reguliert, für die sie nicht genügend Fachleute hat. Deshalb ist sie auf die Zuarbeit von Experten angewiesen, die von außerhalb kommen. Sie veröffentlicht zwar die wichtigsten Themen, an denen sie arbeitet, im Internet,[104] damit alle Interessierten Bescheid wissen und theoretisch auch ihre Meinung dazu kundtun können. Praktisch haben aber fast nur berufsmäßige Lobbyisten eine Chance, weil sie ständigen Zugang zur Kommission haben und außerdem über das nötige Fachwissen verfügen. Auf etwa 31.000 Angestellte in der EU-Kommission (Hausmeister und Techniker eingeschlossen) kommen gut 15.000 Lobbyisten, davon etwa 12.000 aus der Wirtschaft, der Rest von Nichtregierungsorganisationen. Hinter den meisten Lobbyisten stehen ganze Arbeitsgruppen, in denen hoch qualifizierte Fachleute beschäftigt sind. Deshalb schätzt man, dass mindestens so viele Personen in den Lobbyorganisationen an den Gesetzestexten arbeiten wie in der Kommission. Wegen ihrer Fachkompetenz sind die Lobbyorganisationen meist in der Lage, ausgereifte Gesetzesentwürfe vorzulegen, die aber natürlich im Sinn ihrer Mitglieder sind.

Einige der einflussreichsten Lobbyorganisationen sind: BusinessEurope, DIGITALEUROPE, Bitcom, Bundesverband der Deutschen Industrie, VDMA (Verband Deutscher Maschinen- und Anlagenbau), Evonik und Syndicat des Industries Exportatrices de Produits

Stratégiques. Das ist aber nur eine kleine Auswahl. Daneben unterhalten alle größeren europäischen Firmen eigene Lobbyabteilungen. Eine halbwegs vollständige Liste würde den Rahmen dieses Buchs sprengen.

Die Lobbyisten arbeiten selbstverständlich nicht nur in der Kommission, sondern auch im Ministerrat und im EU-Parlament, das über die Entwürfe der Kommission gemeinsam mit dem Ministerrat abstimmen muss. Dabei können die Entwürfe durchaus noch verändert werden. Weil die Detailarbeit meist von den Assistenten der Abgeordneten geleistet wird, stehen sie besonders im Fokus der Firmenvertreter.

Natürlich soll man bei jedem Entwurf eines Gesetzes alle Betroffenen anhören, auch die aus der Wirtschaft. Häufig ist Gesetzgebung eine schwierige Balance zwischen allen Interessen. Auf keinen Fall darf es aber so weit kommen, dass der Einfluss einer Gruppe überwiegt oder sogar komplette Gesetze von ihr geschrieben werden, wie das in der EU-Kommission, aber auch im Deutschen Bundestag immer wieder vorkommt. Zwei Beispiele dazu, die den deutschen Steuerzahler viel Geld gekostet haben, wurden oben im Zusammenhang mit der Finanzkrise schon genannt.

Ein Beispiel aus dem EU-Parlament ist die sogenannte „Dual Use"-Verordnung, für die der Autor, selbst EU-Parlamentarier, Berichterstatter ist. Ursprünglich regelte sie nur den Export von Hard- und Software, die im Zusammenhang mit ABC-Waffen oder für Spionagezwecke verwendet werden konnten. Nachdem aber im „Arabischen Frühling" zahlreiche Demokraten und friedliche Demonstranten mit Hilfe von europäischer Abhör- und Spionagetechnik identifiziert, verhaftet und gefoltert wurden, wurde das EU-Parlament aktiv. Es bat die EU-Kommission mehrere Jahre lang, endlich einen Gesetzesentwurf vorzulegen, der den Export von Überwachungstechnik in autoritär regierte Länder einschränkt. (Wie oben bemerkt, können neue Gesetzesentwürfe nur von der EU-Kommission eingeleitet werden.) Mit großer Wahrscheinlichkeit ist die Untätigkeit der Kommission auf die Lobbyarbeit von Softwarefirmen zurückzuführen, schließlich handelt es sich um einen milliardenschweren Markt. Als dann dem EU-Parlament und dem Ministerrat endlich ein Entwurf vorlag, wollten die Lobbyisten mit den beteiligten Abgeordneten sprechen. Bei einigen hatten sie Erfolg: Eine große Fraktion wollte die gesamte Verordnung praktisch unwirksam machen, indem auf die Kontrolle verzichtet wird, in welchem Land die Produkte letztlich eingesetzt werden. Außerdem suchte sie die Möglichkeit zu verhindern, später neue technische Entwicklungen rasch in das Gesetz einzuarbeiten. Beides konnte zum Glück abgewendet werden. Interessant war, dass sich sogar einzelne Formulierungen einer Lobbyorganisation in mehreren dieser Anträge wiederfinden ließen.

Der Einfluss der transnationalen Konzerne ist bei den Abschlüssen der internationalen „Frei"-Handelsverträge besonders gravierend. Bekannt wurde das bei den Verhandlungen zum Transatlantischen Handels- und Investitionsabkommen TTIP mit den USA: 92 Prozent der Lobbykontakte der Europäischen Kommission fanden mit Vertretern privater Firmen statt, nur 4 Prozent mit Vertretern öffentlicher Interessen.[105] Schlimmer war, dass bei den Verhandlungsrunden zu TTIP die EU-Delegation[106] laufend mit Vertretern der Wirtschaft sprach und mit ihnen stets das weitere Vorgehen abstimmte. Das Parlament und die Bevölkerung durften dagegen nichts erfahren – außer einigen EU-Abgeordneten, die in einem Leseraum Unterlagen einsehen durften, dabei aber nur handschriftliche Notizen machen konnten und zu strengem Stillschweigen verpflichtet waren. Bei anderen Handelsabkommen war nicht einmal das möglich. Aber selbst mit dieser Geheimhaltung vermochte die Kommission die Proteste der Bürger gegen die Freihandelsabkommen nicht verhindern.

Auch die Verhandlungen zu CETA, TiSA und den „Frei"-Handelsverträgen mit Korea, Japan, Australien und Neuseeland verliefen nach diesem Muster. Dabei ist besonders Neuseeland kritisch, weil es auch dort eine Überproduktion von Milch gibt, die bei einer

Liberalisierung des Markts noch mehr deutsche Bauern in den Ruin treiben dürfte.

In der EU gibt es ein Lobbyregister, in das sich die Interessensvertreter von Firmen eintragen können, und das im Internet eingesehen werden kann. Problematisch dabei ist nur, dass die Registrierung freiwillig ist und dass sich die Lobbyisten unter dem Namen irgendeiner Tochtergesellschaft eines Konzerns melden können, sodass oft verborgen bleibt, für wen sie wirklich arbeiten. Der damalige Parlamentspräsident Martin Schulz wollte das ändern und gründete 2012 eine Arbeitsgruppe, die das Lobbyregister reformieren sollte. Im Oktober 2013 deckte „Der Spiegel" auf, warum dieser Arbeitskreis so wenig bewirkte: Sein Vorsitzender war der CDU-Abgeordnete Rainer Wieland, gleichzeitig auch Lobbyist einer Brüsseler Rechtsanwaltskanzlei.[107] Einige Abgeordnete des EU-Parlaments, darunter der Autor dieses Buchs, veröffentlichen deshalb auf ihrer Homepage alle Lobbykontakte mit Namen und Zeitpunkt.

Die Lobbyarbeit in Brüssel hat dabei, was nicht vergessen werden darf, auch sehr menschliche Züge, etwa wenn jeden Donnerstagabend Hunderte von jungen, kontaktfreudigen Lobbyisten mit den Assistentinnen und Assistenten der Abgeordneten zusammen vor dem EU-Parlament auf dem überfüllten Luxemburgplatz feiern.

Nun sind Lobbyismus und Drehtüren nicht nur in der EU, sondern auch in vielen Ländern und Regierungsapparaten durchaus üblich und ein großes Problem. Auch in Deutschland wurden, wie wir schon sahen, Gesetze von Lobbyvertretern beeinflusst oder sogar direkt von den betroffenen Firmen geschrieben. Die Situation in der EU ist aber insofern um einiges heikler, als in Europa allein die EU-Kommission internationale Handelsabkommen abschließen kann. Hier haben die Lobbyisten einen besonders großen Einfluss. Diese Abkommen greifen aber tief in die Rechtsprechung und in die demokratische Verfassung aller Mitgliedsländer ein. Außerdem sind in Deutschland viele neue Gesetze nur die Umsetzung von EU-Richtlinien in nationales Recht.[108]

Wir brauchen strengere Regeln

Der einzige Ausweg aus unserer „Lobbykratie" sind strenge Regeln, wie sie in der Ökologisch-Demokratischen Partei (ÖDP) gelten: Parteispenden und Sponsoring von Firmen sind dort verboten. Die Mandatsträger dürfen in keinem Aufsichtsrat oder in einer vergleichbaren Position sitzen.[109] Denn nach dem Gesetz sind Aufsichtsräte dazu verpflichtet, zum Vorteil ihrer Firma tätig zu werden. Das führt nicht selten zu Konflikten mit dem Interesse der Allgemeinheit und mit der gebotenen Neutralität; schließlich sind die Mandatsträger ja „Volksvertreter" und nicht „Firmenvertreter". Außerdem muss sichergestellt werden, dass Spitzenpolitiker nicht schon kurze Zeit nach ihrem Ausscheiden aus dem Amt eine Stelle in der Wirtschaft annehmen, in der sie ihr Insiderwissen und ihre Kontakte zum Vorteil ihrer neuen Firma und nicht selten zum Nachteil der Allgemeinheit nutzen.

Der Euro

Die Geburt des Euro geschah nicht aus finanzwirtschaftlicher oder ökonomischer Vernunft, sondern aus politischen Erwägungen: Gegen die deutsche Wiedervereinigung gab es erhebliche Widerstände von Frankreich und Großbritannien. Frankreich, das wie die übrigen drei großen Siegermächte seine Zustimmung geben musste, verlangte dafür, dass die D-Mark zugunsten einer einheitlichen europäischen Währung aufgegeben wird.[110] Denn zu dieser Zeit war der französische Franc recht schwach gegenüber der DM. Durch eine europäische Währung hoffte man, die französische Wirtschaft gegenüber der deutschen aufwerten zu können.

Bis Ende 2001 war diese gemeinsame Währung der EU-Länder der ECU. Die meisten Bürger nahmen das nicht wahr, denn es gab keine ECU-Münzen oder -Scheine. Diese Währung war eine Verrechnungseinheit, die internationale Geschäfte vereinfachte, die aber Schwankungen zu den nationalen Währungen in einem gewissen Rahmen zuließ. Das war nötig, weil sich die Wirtschaft in den einzelnen Ländern sehr unterschiedlich entwickelte und immer noch entwickelt. Der Wert einer Währung hat großen Einfluss auf die Wirtschaftskraft und das Sozialwesen eines Staates. Dabei sind zahlreiche Parameter zu beachten. So kann manchmal ein stockender Export durch eine Abwertung und ein Exportüberschuss durch eine Aufwertung überwunden werden. Solange es den ECU gab, boomte die Wirtschaft Italiens. Dabei störte es kaum, dass die italienische Lira gegenüber dem ECU laufend abgewertet wurde. Heute gibt es die Lira nicht mehr, und die italienische Wirtschaft hat erhebliche Schwierigkeiten.

Auch in den deutschen Bundesländern entwickelt sich die Wirtschaft unterschiedlich. Deshalb müssen die reicheren Bundesländer dauerhaft Ausgleichszahlungen an die ärmeren leisten. In dieser Größenordnung funktioniert das noch recht gut, auch wenn immer wieder Kritik am Länderfinanzausgleich innerhalb der BRD zu vernehmen ist. Wollten wir aber das Modell auf die ganze EU anwenden, müssten Bayern und Baden-Württemberg nicht nur den Löwenanteil des Ausgleichs für die deutschen Bundesländer, sondern zusammen mit einigen wenigen anderen Mitgliedsstaaten für alle schwächeren Staaten in Europa zahlen. Dass das nicht sinnvoll ist, liegt auf der Hand. Natürlich wäre es möglich, das angestrebte Niveau des Lebensstandards[111] so tief anzusetzen, dass mehr europäische Länder darüber liegen und zu Ausgleichszahlungen verpflichtet wären. Dagegen würde es aber sicher großen Widerstand geben.

Tatsächlich gibt es hier aber etwas Ähnliches, das auf den Namen „TARGET2" hört. Die Auslandsgeschäfte innerhalb der Eurozone laufen meist über die Europäische Zentralbank. Kauft beispielsweise eine griechische Firma Waren aus Deutschland, so zahlt sie das Geld dafür bei ihrer Bank ein. Diese überweist es an die griechische Notenbank. Dort stoppt der Geldfluss. Anstatt das Geld an die EZB zu überweisen, kann die Notenbank es bei der EZB als „Verbindlichkeit", also als eine Art Kredit anschreiben lassen. Die EZB leitet dann kein Geld an eine deutsche Bank weiter; stattdessen wird es der Deutschen Bundesbank nur auf ihr TARGET-Konto gutgeschrieben. Die Bundesbank überweist trotzdem den vollen Betrag an die Bank des deutschen Herstellers.[112] Letztlich bedeutet das, dass die Deutsche Bundesbank den Kaufpreis auslegt.

Bei den Salden, die auf diese Weise bei der EZB im TARGET-System auflaufen, handelt es sich um gewaltige Summen. Ende 2016 hatte die Deutsche Bundesbank ein Guthaben von 742 Milliarden Euro, Mitte 2018 waren es fast 1.000 Milliarden. Das ist deutlich mehr als das Doppelte des deutschen Bundeshaushalts. Dabei ist „Guthaben" ein schönes Wort für nicht bezahlte Schulden anderer Länder. Interessant ist, dass 2016 Luxemburg mit 167 Milliarden und die Niederlande mit 111 Milliarden Euro nach Deutschland die größten Gläubiger waren und dass nicht Griechenland und Portugal (je 72 Milliarden), sondern Italien (363 Milliarden) und Spanien (333 Milliarden) die größten Schuldner waren.[113]

Man muss sich klarmachen, was die knapp 1.000 Milliarden Euro Guthaben der Deutschen Bundesbank bei der EZB bedeuten: Auf jeden deutschen Bürger, also auch auf jeden Säugling, trifft ein Anteil von rund 12.000 Euro. Das ist Geld, das eigentlich in unseren Wirtschaftskreislauf gelangen müsste, aber vermutlich nie gelangen wird.

Beim TARGET-System handelt es sich also nicht wirklich um Ausgleichszahlungen der reicheren Länder im Euro-Raum an die ärmeren, sondern eher um Kredite. Weil aber diese Kredite in der nächsten Zeit sicher nicht zurückbezahlt werden können, sind sie doch etwas Ähnliches wie Ausgleichszahlungen. Es ist auch wichtig festzuhalten, dass die Deutsche Bundesbank diese TARGET-„Kredite" nicht aus ihrem Vermögen auszahlt, sondern dass sie das Geld hierfür in Form einer „Geldschöpfung" bekommt, wie sie in Kapitel 2 beschrieben worden ist.

Ist der Euro zu retten?

Der deutsche Exportüberschuss gegenüber vielen anderen Euroländern wird also zu einem großen Teil über „Kredite" der Bundesbank finanziert, die auf absehbare Zeit nicht zurückgezahlt werden. Das ist jedoch nicht nur ein Fehler des Euro, sondern auch der Bundesregierung, die den Überschuss in unserer Zahlungsbilanz durch höhere Löhne und bessere Sozialleistungen mildern könnte. Damit wäre nicht nur der deutschen Bevölkerung geholfen, sondern auch der Wirtschaft in einigen südeuropäischen Ländern. Allerdings würde das allein nicht ausreichen, um das Ungleichgewicht zwischen den nord- und den südeuropäischen Ländern auszugleichen. Dazu wäre eine Auf- bzw. Abwertung in den einzelnen Euroländern erforderlich, also eine Neuordnung unseres Geldsystems. Nach einer Idee von Wilhelm Hankel könnte das wie früher beim ECU geschehen, ohne dass die Euro-Münzen und -Scheine unbedingt wieder abgeschafft werden müssten. Man hätte dann zwei Währungen, den Euro für internationale Geschäfte und die jeweilige Landeswährung. Die Schweiz hat uns vorgemacht, wie das funktionieren kann. Dort ist zwar der Franken die übliche Währung. Man kann aber überall auch mit Euro zahlen.[114] Trotzdem ist es fraglich, ob sich eine solche Regelung in der EU durchsetzen lässt, weil manche Annehmlichkeiten wegfallen würden, die der Euro mit sich bringt.

Griechenland – die soziale und ökologische Katastrophe

Griechenland hat die Voraussetzungen für die Aufnahme in die Europäische Währungsunion nie erfüllt. Die Mitgliedschaft wurde durch eine Verschleierung der Bilanzen im griechischen Haushalt erreicht, und zwar durch ein Verstecken von Defiziten, was mithilfe des US-amerikanischen Geldinstituts Goldman Sachs geschah.[115] Obwohl das den maßgebenden Politikern bekannt gewesen sein musste, stimmten die Regierungen der Euro-Länder der Aufnahme Griechenlands zu. Das lässt sich sicher nicht mit einer übertriebenen Europa-Euphorie erklären, denn aufgrund der vereinbarten Regeln war es offensichtlich, dass gegen Griechenland sehr bald ein „Defizitverfahren" eröffnet würde und es damit in die Mühlen der „Troika" geraten würde, die aus der EU-Kommission, der Europäischen Zentralbank EZB und dem Internationalen Währungsfonds besteht. Erschwerend kam hinzu, dass bei der Umwandlung der griechischen Drachme in Euros ein zu hoher Wechselkurs festgelegt wurde, was die Waren aus dem europäischen Ausland plötzlich billig machte. Außerdem war der Zinssatz für Kredite sehr niedrig. Das führte dazu, dass vor allem das Militär Anschaffungen vornahm, die es sich eigentlich nicht leisten konnte. Ein nicht unbedeutender Profiteur war die deutsche Rüstungsindustrie.

Die Katastrophe ließ nicht lange auf sich warten. Die Importe schadeten der griechischen Wirtschaft. Und ein Teufelskreis begann: Als bekannt wurde, dass Griechenland überschuldet war, wurden die Staatsanleihen als unsicher bewertet. Damit stiegen die Zinsen, und neue Anleihen wurden teurer. Entsprechend musste das Land höhere Kredite aufnehmen, um auch die Zinsen bezahlen zu können. In der Folge stiegen die Schulden und die Zinsen noch weiter … und zwar von etwa 100 Prozent des BIP (Bruttoinlandsprodukt) im Jahr 2001 auf knapp 180 Prozent im Jahr 2014.[116] Dass Griechenland durch die Einführung des Euro in erhebliche Schwierigkeiten kommen würde, musste jedem klar sein, der nur ein wenig von der Materie verstand. Warum geschah es trotzdem? Warum reagierten die Verantwortlichen nicht, als sie erfuhren, dass Griechenland nicht einmal die Aufnahmekriterien für den Euro erfüllte?

Aber nicht nur für Griechenland wurde die Lage problematisch. Andere Krisenländer waren Irland, Portugal, Spanien und Italien. Um sie vor dem Staatsbankrott zu bewahren, beschlossen die Eurostaaten zunächst, Garantien für die Staatsanleihen zu geben. Dadurch sollten die vom Kapitalmarkt geforderten Zinssätze wieder sinken.

Das war ein Bruch der EU-Verträge,[117] weshalb der „Vertrag über die Arbeitsweise der Europäischen Union" am 16. Dezember 2010 in aller Eile geändert werden musste.

Es zeigte sich jedoch schon bald, dass Garantien allein nicht ausreichten. Noch im selben Jahr 2010 wurden der „Europäische Finanzstabilisierungsmechanismus" (EFSM) und die „Europäische Finanzstabilisierungsfazilität" (EFSF) geschaffen, die für Zahlungen und Garantien ein Gesamtvolumen von immerhin 780 Milliarden Euro hatten.[118] Aber selbst von dieser gigantischen Summe war schnell ein großer Teil verplant. Man erkannte, dass auf Dauer mehr benötigt wurde, um die Krisenländer vor der Zahlungsunfähigkeit zu bewahren. Daher einigten sich die europäischen Staatschefs schon im folgenden Jahr auf einen neuen Vertrag, den „Europäischen Stabilitätsmechanismus" ESM[119] mit einem Volumen von zunächst „nur" 700 Milliarden Euro, das aber jederzeit erhöht werden kann. Bereits vor seinem Start wurden dabei Summen von 1.000 Milliarden Euro und mehr genannt. Auf Deutschland entfallen davon vorerst 27 Prozent. Wenn aber Staaten wegen Finanzproblemen für die Zahlung ausfallen, müssen nach dem Vertragstext die übrigen Staaten deren Anteile übernehmen. Damit könnten die deutschen Anteile theoretisch deutlich höher ausfallen als der gesamte Bundeshaushalt. Dabei beschließt kein Parlament über die Ausgabe von Geldern des ESM, sondern die Finanzminister der beteiligten Staaten legen diese zusammen mit Bankern fest.

Schon ein Jahr später, am 6. September 2012, beschloss die Europäische Zentralbank EZB, „unbegrenzt" Staatsanleihen von Euro-Krisenländern aufzukaufen.[120] Deutschland haftet auch hier mit einem Anteil von 27 Prozent, das heißt: in der Summe ebenfalls unbegrenzt. Auch diese Ankäufe sind nach den EU-Verträgen illegal. Denn dort ist festgelegt, dass der Ankauf von Staatsanleihen nicht zu den Aufgaben der EZB gehört.[121] Eigentlich müsste die Bundesregierung vor dem Europäischen Gerichtshof klagen. Aber außer einigen markigen Worten[122] ist nichts geschehen. Gleichzeitig mit dem ESM wurde der sogenannte „Fiskalpakt"[123] (offizieller Name: „Vertrag über Stabilität, Koordinierung und Steuerung in der Wirtschafts- und Währungsunion") geschlossen, der die Euroländer zu mehr Haushaltsdisziplin anhalten soll.

Zurück zu Griechenland: Um die Staatsschulden in den Griff zu bekommen, verordnete die „Troika" einen strikten Sparkurs. Beamtenstellen (von denen es nach allgemeiner Ansicht ohnehin zu viele gab) wurden gekürzt, Vergünstigungen für Angestellte gestrichen, Gehälter und Renten herabgesetzt und das Sozialsystem bis zur Unkenntlichkeit abgebaut. Außerdem mussten praktisch alle lukrativen Staatsbetriebe wie Häfen, Flughäfen, Autobahnen sowie Schürfrechte für Öl und Gas privatisiert werden – ein Verkauf „zu Discounterpreisen" ohne irgendwelche Rücksichten auf soziale und ökologische Grundsätze. Die defizitären Betriebe hingegen blieben in öffentlicher Hand. Sogar die Wasser- und die Gasversorgung mussten an private Investoren verkauft werden. Dadurch verringerten sich die Staatseinnahmen dramatisch; die übrige Wirtschaft verschlechterte sich ebenfalls, und die Not der Bevölkerung nahm ein bis dahin nicht gekanntes Ausmaß an. Die Jugendarbeitslosigkeit stieg auf 45,7 Prozent an[124]. Nur 20 % aller Arbeitslosen bekommen Arbeitslosengeld, das höchstens ein Jahr gezahlt wird.[125] Aber auch wer seinen Arbeitsplatz behalten konnte, war meist von drastischen Lohnkürzungen betroffen. Jeder Dritte ist von Armut und sozialer Ausgrenzung bedroht.[126] Dementsprechend kletterte auch die Selbstmordrate auf vorher nicht gekannte Höhen. Zwischen 2009 und 2011 stieg sie um 45 Prozent. Konkret kostet die „Rettung" Griechenlands allein durch Selbstmorde jedes Jahr 150 Menschen das Leben.[127] Dazu kommen diejenigen, die früher sterben, weil sie sich teure Arztbesuche und Medikamente nicht leisten können. Das zeigt: Auf Anordnung der Troika wurde das Land kaputtgespart. Und das alles nur, um die Zinsen an die Banken zu zahlen, die dabei prächtig verdienen[128] – auch an Goldman Sachs, das einen ganz wesentlichen Anteil daran hat, dass Griechenland überhaupt in die Eurozone aufgenommen wurde.

Griechenland war zwar auch deshalb ein schnelles Opfer der Euro-Politik, weil die Politik und die öffentliche Verwaltung immer schon chaotisch waren. Aber vor der Einführung des Euro kam man stets irgendwie zurecht. Interessant ist, dass die „Troika" seit den Zahlungsschwierigkeiten wesentliche Teile der griechischen Politik bestimmt. Dabei tat sie vieles, um die Wirtschaft weiter zu schwächen. Viele der reichsten Bürger zahlen hingegen immer noch keine Steuer, und auch ihr Auslandsvermögen wird weitgehend ignoriert.[129]

Dass man der finanziellen Krise eines Staates auch anders begegnen kann, zeigt Portugal. Seit etwa 2015 hat es gegen den massiven Druck aus Brüssel und Berlin den strikten Sparkurs aufgekündigt und in kleinen Schritten Konjunkturprogramme aufgelegt. Die zuvor gekürzten Löhne und Renten wurden wieder erhöht und die Sondersteuern reduziert. Die steigende Binnennachfrage lockte Investoren an und die Wirtschaft nahm wieder ein wenig Fahrt auf: 2016 wuchs das BIP gegenüber dem Vorjahr um 3 Prozent[130], die Arbeitslosigkeit verringerte sich von 16,18 Prozent (2013) auf 11,16 Prozent (2016),[131] und ein Teil der Schulden beim IWF konnte vorzeitig zurückgezahlt werden.

Um der griechischen Tragödie ein Ende zu setzen, schlug der Internationale Währungsfonds im Oktober 2016 vor, dem Land einen Teil seiner Schulden zu erlassen. Das wäre möglich gewesen, hatte doch EZB-Chef Mario Draghi angekündigt, unbegrenzt neues Geld zu schöpfen, um einige europäische Staaten zu „retten". Doch die Europäische Kommission und der deutsche Finanzminister Wolfgang Schäuble weigerten sich.[132] Deshalb wird Griechenland weiterhin laufend Geld aufnehmen müssen, nur um die Zinsen für seine Darlehen zu zahlen. So muss das griechische Volk immer mehr für den Profit der Banken bluten.

Griechenland ist kein Einzelfall. John Perkins berichtet in seinem Buch[133], wie er in den 1970er- und 1980er-Jahren des vergangenen Jahrhunderts von der US-Regierung unter anderem nach Kolumbien, Ecuador, Panama und Indonesien geschickt wurde, um die dortigen Regierungen davon zu überzeugen, großzügige Investitionen in den Ausbau der Infrastruktur (Straßen, Kraftwerke, Flughäfen, Gewerbeparks usw.) zu tätigen und damit für ein Aufblühen der Wirtschaft zu sorgen. Das geschah eindeutig in betrügerischer Absicht, war Experten doch klar, dass dies nicht funktionieren konnte. Ein Ziel der Aktion war, die daraus folgende Vergabe lukrativer Aufträge an US-amerikanische Firmen. Das zweite Ziel bestand darin, dass diese Länder hohe Kredite von der Weltbank und vom Internationalen Währungsfonds aufnahmen – unter der Bedingung, Staatsbetriebe zu privatisieren, einschränkende Regeln für die Wirtschaft und den Kapitalverkehr aufzuheben und die staatlichen Sozialausgaben zu kürzen, also wichtige Forderungen der neoliberalen Wirtschaft zu erfüllen.

Natürlich trat der versprochene Wirtschaftsboom nicht ein, und die Länder konnten ihre Kredite nicht zurückzahlen. John Perkins schreibt: *„Wie unsere Pendants in der Mafia bieten wir einen Dienst oder eine Gefälligkeit an, das kann z. B. ein Kredit zur Entwicklung der Infrastruktur sein, Stromkraftwerke, Schnellstraßen, Häfen, Flughäfen oder Gewerbeparks. An die Kredite ist die Bedingung geknüpft, dass die Ingenieurfirmen und Bauunternehmer aus unserem Land [USA] all diese Projekte bauen. Im Prinzip verlässt ein Großteil des Geldes nie die USA. Es wird einfach von Banken in Washington an die Ingenieurbüros in New York, Houston oder San Francisco überwiesen. Obwohl das Geld fast umgehend an Unternehmen zurückfließt, die zur Korporatokratie (= Hochfinanz) gehören, muss das Empfängerland alles zurückzahlen. Die Schuldsumme plus Zinsen. Wenn wir richtig erfolgreich sind, dann sind die Kredite so hoch, dass der Schuldner nach einigen Jahren seinen Zahlungsverpflichtungen nicht mehr nachkommen kann, dann verlangen wir, wie die Mafia, unseren Anteil. Dazu gehört vor allem die Kontrolle über Stimmen in der UNO, die Errichtung von Militärstützpunkten oder der Zugang zu wichtigen Ressourcen wie Öl oder die Kontrolle über den Panamakanal. Natürlich erlassen wir dem Schuldner dafür nicht die Schulden – und haben uns so wieder ein Land dauerhaft unterworfen.“*[134]

John Perkins war nicht der Einzige, der mit solchen Aufträgen unterwegs war. Ein indischer Wissenschaftler berichtete 1984 dem Autor, dass auch die Regierungen von Indien und von einigen afrikanischen Staaten von solchen freundlichen „Beratern" Besuch bekamen. Als „Beweis" für den zu erwartenden Wirtschaftsboom wurden Rechenmodelle (sog. „lineare Modelle") vorgelegt, die völlig falsche Ergebnisse liefern. Das konnten Fachleute schon damals sehen. Der indische Wissenschaftler war stolz darauf, dass sein Land nicht darauf hereinfiel, obwohl es heftig bedrängt wurde, die entsprechenden Kreditangebote anzunehmen. Joseph E. Stiglitz, Nobelpreisträger und ehemaliger Chefvolkswirt der Weltbank, sagt dazu: „*Wenn die Weltbank bei der Vergabe von Krediten stets die Interessen der Gläubiger höher stellt als die Interessen der Entwicklungsländer, dann stimmt etwas mit der Agenda eines solchen Instituts nicht – und ich allein konnte dagegen nichts ausrichten. Das habe ich damals kritisiert. Das kritisiere ich heute.*"[135]

4. Schrankenloser Kapitalismus und seine Denkfabriken

Tatsächlich sind die Märkte des 21. Jahrhunderts sehr viel mächtiger als jedes Staatsoberhaupt.

Roger Altmann[136]

Die Idee des Neoliberalismus

Zur Zeit des Kalten Kriegs musste der Westen stets seine Überlegenheit gegenüber dem kommunistischen System beweisen und den Menschen ein besseres Leben als im Osten ermöglichen. Nach dem Fall der Mauer war das nicht mehr nötig. Schritt für Schritt setzte sich auch in Europa ein schrankenloser Kapitalismus durch. Eine besonders aggressive Form davon ist die sogenannte „neoliberale Wirtschaft"[137] nach Milton Friedman und seiner Schule, die schon lange vor dem Ende des Kommunismus in vielen Ländern Fuß gefasst hatte. Sie behauptet, die „Märkte" wären das beste und einfachste Mittel, die Wirtschaft zu steuern und die sozialen Probleme zu lösen. Dazu müssen die Unternehmen uneingeschränkte Freiheit genießen; insbesondere dürfe Eigentum nicht durch hohe Steuern belastet werden, das Kapital müsse frei von einem Land in jedes andere fließen können, und freie Märkte ohne Zölle müssten geschaffen werden. Außerdem seien vor allem folgende drei Forderungen wichtig:

- Abschaffung möglichst aller staatlichen Reglementierungen der Wirtschaft,

- Privatisierung möglichst aller öffentlichen Betriebe
- sowie niedrige Löhne und die Kürzung aller Sozialleistungen.

Unter diesen Voraussetzungen sollte sich ein enormes Wirtschaftswachstum einstellen. Diese Theorie war so einflussreich, dass ihre Vertreter viele Nobelpreise bekamen und lange Zeit die wissenschaftliche Lehre an den Universitäten dominierten. Ihr Einfluss auf die Politik war dementsprechend stark. Dabei spielten die USA eine besonders wichtige Rolle, weil dort die Kontakte zwischen den reichsten Personen und Firmen mit der Politik besonders eng sind.

Die Wirkung dieser Ideen konnten wir bereits am Beispiel Griechenlands studieren: Die „Troika" hat dort in allen grundsätzlichen, für die Wirtschaft relevanten Fragen das Zepter übernommen; der Einfluss des griechischen Staats hat sich auf die Vollstreckung ihrer Vorgaben und auf Detailfragen beschränkt. Auch der zweite Punkt, die Privatisierung aller wichtigen Staatsbetriebe (natürlich nur der gewinnbringenden), ist dort sehr weit fortgeschritten, und die Erfüllung der dritten Forderung ist ein weiterer Grund für den sozialen Absturz eines Großteils der Bevölkerung.

Der Grundgedanke hinter diesen drei Forderungen ist, dass es eine kleine Schicht sehr reicher Personen geben soll, die als erfolgreiche Banker oder Firmenchefs das nötige Wissen haben, um die Wirtschaft optimal zu lenken. Dabei werden Internationale Großkonzerne anstelle von mittelständischen Betrieben bevorzugt, weil sie durch größere Stückzahlen billiger produzieren können. Kleine und mittelständige Firmen haben nur dann eine Existenzberechtigung, wenn sie sich auf Bereiche spezialisieren, die für die „Großen" unwirtschaftlich sind. Und die Produktion wird für die Aktionäre natürlich lukrativer, wenn die Löhne der Arbeiter und die Sozialleistungen sinken.

Abgesehen von diesen „Optimierungen" der jeweiligen „Volks"-Wirtschaften fordert die neoliberale Wirtschaft einen liberalisierten Handel, da der internationale Handel die Konkurrenz belebe und so für den Verbraucher Vorteile bringe. Tatsächlich lässt sich beobachten, wie infolge des Freihandels viele internationale Konzerne kleinere Betriebe, aber auch andere Konzerne aufkaufen. Dadurch entsteht der Trend, dass es in vielen Bereichen nur noch wenige internationale Großkonzerne gibt und so das Warenangebot und die Konkurrenz drastisch eingeschränkt werden. Hat sich in einer Branche ein Kartell oder gar ein Monopol gebildet, gibt es nur wenige Firmen, in denen die entsprechenden Facharbeiter und Spezialisten arbeiten können – und sich wegen des geringeren Job-Angebots auch mit schlechten Löhnen zufriedengeben müssen.

Wie falsch die neoliberale Denkweise ist, kann man an der deutschen Nachkriegsgeschichte sehen. Der grundlegende Gedanke des Wirtschaftswunders war ja gerade, dass möglichst alle einen hohen Wohlstand hatten und dadurch der Konsum, also der Binnenmarkt, angeregt wurde. Henry Ford drückte das so aus: „Die Arbeiter müssen in der Lage sein, die Produkte zu kaufen, die sie herstellen." Zudem hat dieses Klima die Kreativität und die unternehmerische Eigeninitiative gefördert. Die vielen Handwerksbetriebe und die oft kleinen Fabriken mit innovativen Ideen schufen Arbeitsplätze und trugen zum allgemeinen Wohlstand bei. Nun hat sich ohne Zweifel inzwischen die Technik verändert. Die Produktion von Prozessoren, Speicherchips, Flugzeugen, Hochgeschwindigkeitszügen und vielen anderen Dingen erfordert so hohe Investitionen, dass sie sich nur lohnen, wenn damit der gesamte Weltmarkt bedient wird. Das sind aber Ausnahmen; in vielen Bereichen bietet eine lokale Produktion durch mittelständische Betriebe auch weiterhin Vorteile. So ist es beispielsweise nicht sinnvoll, wenn der Brotteig in Polen hergestellt und mit vielen Konservierungsstoffen haltbar gemacht wird, um ihn schließlich in Süddeutschland zu backen und zu verkaufen. Kurz: Wie jedes Extrem ist auch die neoliberale Theorie falsch. Wir brauchen eine Wirtschaft, die Monopole möglichst verhindert und die Firmengrößen beschränkt – wie fatal ein „Too big to fail" ist, wissen wir inzwischen. Den Lebensstandard der Arbeitnehmer zu senken und die Sozialleistungen zu kürzen schadet der Wirtschaft anstatt ihr zu nützen. Und die öffentliche Daseinsvorsorge, ob es sich nun um die Trinkwasser- und Stromversorgung, um Abwasser, wichtige Verkehrswege, Gemeindeverwaltungen usw. handelt, muss in öffentlicher Hand bleiben und darf nicht dem Gewinnstreben privater Unternehmen unterworfen werden.

Naomi Klein beschreibt in ihren Büchern, wie sich die neoliberalen Ideen weltweit ausgebreitet haben. Ich beschränke mich hier auf die EU, von deren Entscheidungen wir unmittelbar betroffen sind. Dabei darf der Einfluss Deutschlands nicht unterschätzt werden, das die Wirtschafts- und Handelspolitik der EU ganz wesentlich mitbestimmt.

European Round Table of Industrialists

Eine der treibenden Kräfte der neoliberalen Wirtschaftspolitik ist der „European Round Table of Industrialists" (ERT), eine Vereinigung von Vorsitzenden transnationaler Konzerne, die seit ihrer Gründung im Jahr 1982 zunehmenden Einfluss auf die Kommission der EG bzw. EU gewann. 2016 hatte sie 51 Mitglieder; ihr Vorsitzender war der Vorstandsvorsitzende von Volvo[138] und der stellvertretende Vorsitzende der Vorstandsvorsitzende von Philips. Die Mitglieder sind oft auch in anderen einflussreichen Organisationen tätig, so etwa im „International Business Council" des Weltwirtschaftsforums und im „International Business Leaders' Advisory Council". Ziel dieser Gruppen ist es, Einfluss auf die Politik zu nehmen, um unser Wirtschafts- und Sozialsystem im Sinne des neoliberalen Gedankenguts so umzugestalten, dass transnationale Konzerne mehr Gewinn erwirtschaften können.

Der ERT war das Ergebnis mehrerer Treffen zwischen dem europäischen Industriekommissar Etienne Davignon und Pehr Gyllenhammar, dem Vorstandsvorsitzenden von Volvo. Er sollte eine Vereinigung der Vorsitzenden der mächtigsten europäischen Unternehmen sein, mit dem Ziel, direkten Einfluss auf die Wirtschafts- und Finanzpolitik der EU auszuüben. Dazu hält der ERT zweimal jährlich eine Plenarsitzung ab, an der auch Mitglieder der EU-Kommission und Regierungschefs der Mitgliedsstaaten teilnehmen. Außerdem gibt es regelmäßige Treffen mit dem EU-Kommissionspräsidenten, mit dem EU-Ratsvorsitzenden sowie viele weitere Gespräche mit führenden EU-Politikern.[139] Einige Kommissare schreiben laufend Berichte für den ERT.[140]

Der ERT konnte schon 1985 bei der Formulierung des „Weißbuchs" zum EG-Binnenmarkt seine wichtigsten Forderungen durchsetzen: Deregulierung und Flexibilisierung des Binnenmarkts, sowie eine strikte Privatisierungspolitik. In der Folge wurden in Deutschland unter anderem die Monopole der Stromversorgungsunternehmen abgeschafft, die Bundesbahn in eine gewinnorientierte Aktiengesellschaft umgewandelt und Privatbahnen zugelassen. Das wurde und wird heute noch von vielen Mitbürgern positiv bewertet, erhoffen sie sich davon doch mehr Effizienz und einen geringeren Verbrauch der öffentlichen Mittel. Allerdings sind die Strompreise nicht gefallen und die sprichwörtliche Zuverlässigkeit der Bahn ist eher eine nostalgische Redewendung. Kritisiert werden vor allem auch die Regeln für öffentliche Ausschreibungen, die trotz ihres hohen Verwaltungsaufwands die Korruption nicht verhindern, aber beispielsweise die Bevorzugung ortsansässiger Unternehmen mit der damit verbundenen Schaffung von heimischen Arbeitsplätzen weitgehend unmöglich machen. Später, 1992, haben der ERT und einige seiner Mitglieder starken Einfluss auf die Gestaltung der europäischen Einigung und speziell auch auf die Entwicklung des Binnenmarkts genommen.[141]

In den letzten Jahren wurde der ERT deutlich aggressiver: Die Schrift „Die Vision des ERT für ein wettbewerbsfähiges Europa im Jahr 2025" [142] von 2010 *beabsichtigt zu helfen, die Entscheidungen der EU-Politik im nächsten Jahrzehnt zu leiten*"[143]. Und noch deutlicher im letzten Absatz dieser Schrift: *„Diese Veröffentlichung gibt*

einen Überblick über die Themen, die während der laufenden Amts-
periode [der EU-Kommission] *angegangen werden sollten.*" Ganz
unverhohlen wird also verkündet, dass der ERT die politischen Entscheidungen der EU-Kommission „leiten" will, und er gibt sogar
einen Zeitplan für die Durchführung vor. Offenbar ist sich der ERT
sehr sicher, welchen Einfluss er hat.

Auf den ersten Blick macht die Schrift einen positiven Eindruck.
Es ist die Rede davon, dass Europa mit der sich schnell ändernden
Entwicklung in der Welt Schritt halten müsse, dass die Umwelt und
das Klima geschont werden sollten und das Wohlergehen unserer
Gesellschaft zu stärken sei. Bei genauerem Hinsehen entdeckt man
aber die weniger schönen Aspekte: Die oben beschriebenen „Drehtüren" werden nicht verurteilt, sondern im Gegenteil sogar befür-
wortet (S. 3). Gefordert wird auch eine Reform unseres Sozialsystems
in Richtung von mehr „Eigenverantwortung" zur Schonung der
Staatsfinanzen[144], also eine Kürzung der staatlichen Sozialprogramme.
Damit soll wohl nach US-amerikanischem Muster die Kranken- und
Altersvorsorge weiter privatisiert werden. Was das in der Praxis
bedeutet, kann man in den USA und in vielen Entwicklungsländern
beobachten, wo eine schwere Krankheit oder eine lang andauernde
Arbeitslosigkeit oft schon aus rein finanziellen Gründen eine Katastrophe bedeuten. Das ERT-Papier verlangt auch eine Ausdehnung
der „Public Private Partnership", also der Privatisierung öffentlicher
Aufgaben und Dienstleistungen, so etwa der Wasser- und Stromversorgung, der Schulen und des Nahverkehrs (S. 9). Besonders kritisch
ist die Forderung nach einer Lockerung der Arbeitsgesetze: „*Ein*
neues Verständnis von Arbeitsplatzsicherheit – weniger Gewicht auf
die Erhaltung von Jobs und mehr auf ein hohes Niveau einer produk-
tiven und nachhaltigen Beschäftigung" mit Produktivitätssteigerung.[145]
Dabei wird „Nachhaltigkeit" anders verstanden als im normalen
Sprachgebrauch. Sie bedeutet hier eine Berücksichtigung aller Lang-
zeiteffekte in der Wirtschaft, beim Umweltschutz und bei sozialen
und finanziellen Aspekten (Vorwort). Im Kern heißt das, dass viele

hart erkämpfte Arbeitnehmerrechte aufgegeben werden sollen, um die Produktivität der Firmen zu steigern, sprich um mit weniger Arbeitsplätzen dieselben Resultate zu erzielen. Eine weitere Forderung ist, dass der Staat wesentlich weniger Gesetze erlassen und stattdessen mehr auf Fähigkeiten der Märkte vertrauen soll (S. 12 und 13). Vorschriften und Gesetze sollen nur noch möglich sein, wenn die „Märkte" versagen (S. 14). Dabei müsse die Wirtschaft mehr Einfluss auf die Gesetzgebung bekommen (S. 14). Es wird sogar verlangt, dass das Vorsorgeprinzip aufgegeben wird, also Produkte und Verfahren erst dann verboten werden dürfen, wenn ihre krankmachende oder tödliche Wirkung zweifelsfrei feststeht und nicht schon, wenn das nur wahrscheinlich ist.[146] Ein Beispiel dafür, wie wichtig das Vorsorgeprinzip ist, war der Contergan-Skandal: Dieses Medikament konnte in Deutschland aufgrund des Vorsorgeprinzips verboten werden, sobald die ersten Behinderungen bei den Neugeborenen festgestellt wurden, also noch bevor ein strenger wissenschaftlicher Beweis dafür vorlag. In Japan, wo das Vorsorgeprinzip nicht galt, wurde es weiter verkauft und hat bei vielen Menschen unsägliches Leid verursacht. Das Vorsorgeprinzip ist ein wichtiger Bestandteil sowohl des Deutschen Grundgesetzes (Art. 2), als auch der EU-Verträge (Art. 191(2)) des Vertrags über die Arbeitsweise der Union, AEUV). Würde es aufgegeben, wäre auch unsere Umweltgesetzgebung in der jetzigen Form nicht mehr möglich. Wie noch gezeigt wird, gilt es wegen einiger „Freihandelsabkommen" jetzt schon nur noch eingeschränkt.

Viele dieser Forderungen des ERT treffen heute noch auf den Widerstand der Bevölkerung. Deshalb fordert er in seinem Papier, dass die Wirtschaft mehr Einfluss auf die Schulen und Universitäten hat (S. 11) und so ein Umdenken eingeleitet werden kann. Einige wichtige Punkte dieser Schrift wurden jedoch schon verwirklicht: Die Regeln für die Finanzen der Eurostaaten (S. 5) schlugen sich 2012 im „Fiskalpakt" nieder. Ländern wie Griechenland, Spanien, Portugal und Italien wurden harte Sparmaßnahmen auferlegt, die zwar empfindliche Einschnitte für die Bevölkerung bedeuteten, aber trotzdem, wie wir oben gesehen haben, zumindest in Griechenland und Portugal der Wirtschaft nicht nützten, sondern vielmehr erheblich schadeten. Die meisten der übrigen Forderungen aus diesem Papier werden in den Freihandelsabkommen „der neuen Generation" verwirklicht, deren erstes Beispiel das Freihandelsabkommen CETA zwischen der EU und Kanada ist.

Der Council on Foreign Relations

Im letzten Kapitel wurden Lobbyorganisationen wie BusinessEurope, Bitcom usw. betrachtet, deren Ziel es ist, die Formulierung gewisser, für sie wichtiger Gesetze zu beeinflussen. Der ERT erreicht mehr: Er gestaltet die gesamte Wirtschafts-, Sozial- und Umweltpolitik der EU mit. Damit ist er jedoch nicht allein: Die älteste Organisation des Großkapitals zur Beeinflussung der Politik ist vermutlich die „Brookings Institution" mit Sitz in Washington, D. C. Sie wurde 1916 von Robert Somers Brookings gegründet und besitzt heute 410 Millionen US-Dollar. Im Jahr 2010 gab sie 88 Millionen Dollar aus.[147] Nur fünf Jahre später entstand der US-amerikanische „Council on Foreign Relations", kurz „Council" oder „CFR" genannt. Er wendet zwar jährlich „nur" 55 Millionen Dollar auf, hat aber trotzdem einen wesentlich größeren Einfluss auf die Politik. Das ergibt sich schon aus seinen Mitgliedern: Sie sind Angehörige der reichsten Familien der USA, aber auch die erfolgreichsten Geschäftsleute und Politiker sowie herausragende Wissenschaftler der Betriebswirtschaft, darunter neun Nobelpreisträger. Der Vorsitz ist jedoch immer in der Hand der Superreichen. So war beispielsweise von 1970 bis 1985 David Rockefeller der „Chairman" des CFR und nach ihm Peter G. Peterson, der zusammen mit Stephen Schwarzman die Blackstone Gruppe gründete und damit ein Milliardenvermögen erwirtschaftete.

Ständige Mitglieder können nur US-Bürger und Leute werden, die die US-Staatsbürgerschaft beantragt haben. Daneben gibt es für junge Menschen zwischen 30 und 36 Jahren eine fünfjähige Mitgliedschaft. Außer den rund 5.000 persönlichen Mitgliedern können auch Organisationen und Unternehmen Mitglied werden – für einen Jahresbeitrag von 30.000 bis zu 100.00 US-Dollars. Darunter befinden sich die größten amerikanischen Banken und Ölgesellschaften, aber auch PepsiCo, McKinsey & Co. Außerdem unterhalten viele weitere Organisationen enge Beziehungen zum Council, so etwa Konzerne wie Coca-Cola, IBM und General Electric, berühmte Universitäten wie Harvard, Yale, Princeton und Stanford und die wichtigsten Denkfabriken.

Das Ziel des CFR ist es, ein Netzwerk zwischen den reichsten Personen in den USA, den wichtigsten Konzernen und der Politik zu knüpfen. Außerdem werden neoliberale Konzepte für die Wirtschafts- und Außenpolitik entwickelt, die in den USA und in anderen befreundeten Ländern verwirklicht werden. Nicht zuletzt wird die öffentliche Meinung im Sinn der neoliberalen Wirtschaft gesteuert. Das gelingt in hervorragender Weise: Die Zeitschrift „Foreign Affairs" des Council mit einer Auflage von 150.000 wurde vom „Time-Magazine" als „einflussreichste gedruckte Zeitschrift" bezeichnet.[148] Im Jahr 2014 hatte der CFR 900.000 Facebook-Fans und 300.000 Personen folgten seinem Twitter-Account. Seine gedruckten Publikationen wurden allein im Jahr 2010 in den Medien 37.000 Mal erwähnt.

Dabei handelt es sich keineswegs um neutrale Informationsquellen. Sie dienen den Interessen ihrer Mitglieder, insbesondere um den Boden für deren Geschäfte im Ausland zu bereiten. Das bedeutet, die neoliberale Ideologie weltweit zu verbreiten. Dabei schrecken sie nicht davor zurück, Regierungen, die dem entgegenstehen, zu schwächen oder gar ihren Sturz zu betreiben. Am deutlichsten hat das wohl das CFR-Mitglied Zbigniew Brzeziński in seinem Buch „Die einzige Weltmacht: Amerikas Strategie der Vormacht" formuliert.[149]

Dieser Einfluss auf die Politik ist nur möglich, weil viele wichtige Personen in der Regierung der USA führende Mitglieder des CFR sind oder waren: Die Präsidenten Nixon, George H. W. Bush und Bill

Clinton, insgesamt sieben Vizepräsidenten, die „Secretaries of State" Madeleine Albright, Condoleezza Rice und John Forbes Kerry, die Nationalen Sicherheitsberater Henry A. Kissinger und Zbigniew Brzeziński, der CIA-Direktor Stansfield Turner, sowie die Weltbankdirektoren Robert S. McNamara, Robert B. Zoellick und die Chefs der Federal Reserve Paul A. Volcker und Alan Greenspan, um nur einige zu nennen. In den letzten vier bis fünf Jahrzehnten waren prominente CFR-Mitglieder an wichtigen Schaltstellen praktisch aller Regierungen der USA[150] – lediglich über die von Donald Trump kann hier wegen des ständigen Wechsels seiner Mitarbeiter noch keine Aussage gemacht werden. Diese Menschen haben die neoliberale Politik weiterentwickelt und durchgesetzt und dabei einen wesentlichen Einfluss auf die Außenpolitik der USA ausgeübt. Hinter all diesen Aktivitäten stand und steht der Council, der nicht nur zahlreiche Bücher und Artikel zu diesen Themen publiziert. Mehr ins Gewicht fällt wohl, dass wichtige aktuelle Themen in internen Treffen besprochen werden, zu denen nur Mitglieder Zugang haben, und deren Ergebnisse nicht veröffentlicht werden. Da der CFR konsequent von oben nach unten durchorganisiert ist, ist davon auszugehen, dass dessen prominente Mitglieder alle grundsätzlichen Entscheidungen im Einklang mit dem Council fällen, dass also die Außenpolitik und auch die Kriege der USA vom CFR ganz wesentlich mitbestimmt werden. Das ist allein schon deshalb bedenklich, weil ihm die demokratische Legitimation fehlt. Ganz im Gegenteil: Er wird von einer kleinen Gruppe superreicher Geschäftsmänner geführt. Einige Beispiele mögen dies veranschaulichen:

Im Oktober 1970 befahl Präsident Nixon dem CIA-Direktor Richard Helms, die sozialistische Regierung von Salvador Allende in Chile zu stürzen. Daraufhin diskutierten am 15. Oktober sein Nationaler Sicherheitsberater Kissinger und dessen Assistent Alexander Haig, wie das durchgeführt werden kann. Die drei Letztgenannten waren CFR-Mitglieder, Nixon war zu dieser Zeit bereits aus dem CFR ausgeschieden. Der Umsturz wurde unter anderem vom CFR-Mitglied Harold S. Geneen finanziell unterstützt, der große Investitionen in Chile hatte.[151] Nach diesen ersten Überlegungen dauerte es noch fast drei Jahre, den Coup in aller Heimlichkeit vorzubereiten und durchzuführen. Unmittelbar nach dem Umsturz wurde die Wirtschaft Chiles nach den neoliberalen Grundsätzen umgestaltet. Dabei intervenierte Milton Friedman, der Gründer der neoliberalen Chicagoer Schule, persönlich.[152] Schließlich war Chile das erste Land, in dem seine Ideen ungehindert verwirklicht wurden.

Friedman war Professor an der University of Chicago, die vom CFR-Vorsitzenden Rockefeller gegründet und gesponsert wurde. Es waren vor allem die CFR-Mitglieder Alan Greenspan, Paul A. Volcker, Robert Rubin, Walter B. Wriston und Martin S. Feldstein, die seine Ideen in Chile durchsetzten. Im Ergebnis stieg bereits 1982 die Arbeitslosigkeit in Chile auf 33 Prozent, und 1988 lebte fast die Hälfte der Bevölkerung in Armut, während das Einkommen der reichsten 10 Prozent der Bevölkerung um 83 Prozent zunahm. Der Spuk dauerte bis 1990, als die Pinochet-Diktatur unter großen Opfern von der Bevölkerung gestürzt wurde.

Ein weiteres Beispiel für die Verstrickung des Council in Militäraktionen der USA ist der Krieg gegen den Irak.[153] Die Notwendigkeit, die ölreichen Gebiete des Nahen Ostens zu dominieren, diskutierte der CFR bereits in den 1980er-Jahren.[154] Nach dem Fall der Sowjetunion wollten führende Mitglieder des CFR mit allen Mitteln die Macht der USA über diese Regionen sicherstellen. Dafür engagierte sich auch das „Project for the New American Century", dessen Führung zum großen Teil aus CFR-Mitgliedern bestand. Politisch stand es sehr weit rechts. Im Januar 1998 schrieb es einen Brief an Präsident Clinton, in dem es forderte, Saddam Hussein und sein Regime zu beseitigen, weil sonst vitale US-Interessen am Golf und damit auch „ein wesentlicher Teil der weltweiten Öllieferungen" gefährdet seien.[155] Unterschrieben wurde er von achtzehn führenden Politikern, unter anderem von den CFR-Mitgliedern Woolsey

(CIA-Direktor), R. B. Zoellick, einem früheren Berater von George H. W. Bush und von P. D. Wolfowitz; die beiden Letztgenannten wurden unter Gorge W. Bush Direktoren der Weltbank. Sowohl der CFR als auch das „Project for the New American Century" betonten in ihren Schriften immer wieder die Notwendigkeit eines Kriegs gegen den Irak. Dabei wurde das Schreckgespenst bemüht, eine andere Macht könnte die Vorherrschaft in dieser ölreichen Region übernehmen und damit die Vorherrschaft der USA brechen. Ein Beispiel dafür ist der Bericht einer 23-köpfigen Planungsgruppe des CFR, der 2002 die Kriegsziele festlegte.[156] In einem langen Anhang „Oil and Iraq: Opportunities and Challenges" betont er die gewaltigen Ölreserven des Irak und deren Bedeutung für die USA. In all diesen Schriften spielte die Behauptung, Saddam Hussein besitze Massenvernichtungswaffen, mit denen er auch die USA bedrohe, nur eine untergeordnete Rolle.

Die Folgen des Irakkriegs sind bekannt: Schon bald nach dem Krieg wurde General J. Garner als Chef der Besatzungsmacht entlassen und durch das CFR-Mitglied L. Paul Bremer III ersetzt. Dessen oberstes Ziel war es, im Irak eine neoliberale Wirtschaft einzuführen. Er privatisierte die Staatsbetriebe, die bis dahin das Rückgrat der Wirtschaft waren. Aber die neuen Firmenchefs waren weitgehend unfähig, und Bremer hatte wenig Interesse an einem Wiederaufbau des Landes. Die Wirtschaft kollabierte. Außerdem ordnete er die Auflösung der irakischen Armee an und machte damit auf einen Schlag 450.000 Menschen arbeitslos. Viele von ihnen schlossen sich kurz darauf al-Qaida an. Die Arbeitslosigkeit stieg im Sommer 2003 auf 50 bis 60 Prozent.[157] Die Opposition begann einen Guerillakrieg gegen die Besatzer. Als Reaktion darauf ließ Bremer 61.500 Iraker verhaften; viele von ihnen wurden gefoltert, um die Namen weiterer Oppositioneller zu erpressen. Ab 2004 wurden die beiden CFR-Mitglieder John Negroponte und General David H. Petraeus in den Irak berufen, um die Unterdrückung der Bevölkerung durch Folterzentren zu systematisieren, die unvorstellbare Ausmaße annahm.[158, 159] Ein weiteres CFR-Mitglied, General Stanley A. McChrystal, war von 2003 bis 2008 Chef der Einheit JSOC, die Todeslisten „abarbeitete". Zur Belohnung wurde er 2009 von Obama zum Oberbefehlshaber in Afghanistan ernannt. Auch Petraeus und Negroponte machten danach Karriere als CIA-Direktor bzw. Erster Direktor der National Intelligence, eines Geheimdienstes der USA.

Hingewiesen sei noch auf die Verstrickung des CFR in den Ukrainekonflikt. Hier war die Situation jedoch wesentlich komplizierter, weil nicht nur die geschäftlichen Interessen großer US-Firmen, sondern auch die Osterweiterung der NATO und die „Freihandelsabkommen" der EU mit Georgien, Moldawien und der Ukraine eine entscheidende Rolle spielten.

Der CFR hat aber nicht nur bei den außenpolitischen Aktivitäten der USA eine führende Rolle gespielt. Für unser Thema ist besonders sein Einsatz bei der Entwicklung der sogenannten „Freihandelsabkommen"[160] interessant, die unsere Demokratie und Souveränität beschränken und dringend nötige Maßnahmen zum Umwelt- und Klimaschutz behindern, wie wir noch sehen werden. NAFTA, das Abkommen zwischen den USA, Kanada und Mexiko, war das erste Abkommen dieser Art zwischen Industriestaaten und einem weniger entwickelten Land. Es wurde von George H. W. Bush initiiert; Carla A. Hills war die Chef-Unterhändlerin, und unter Bill Clinton wurde es ratifiziert. Alle drei waren CFR-Mitglieder. In Mexiko gab es infolge von NAFTA sehr viele Arbeitslose.[161] Auch die „Uruguay-Runde", die zur Gründung der Welthandelsorganisation WTO und zu den Abkommen TRIPs und GATS führte, wurde ganz wesentlich von Hills ausgehandelt.

Es ist bestürzend, dass ein und dieselbe Organisation einerseits an der Entwicklung der neoliberalen Ideologie wesentlich mitgewirkt hat, andererseits ihre führenden Mitglieder zur Durchsetzung dieser Ideologie nicht vor Krieg, Unterdrückung und Folter zurückgeschreckt sind. Der CFR, der so viel Einfluss hat, ist in keiner Weise demokratisch legitimiert. Er wurde gegründet, um einer kleinen

Gruppe Superreicher auf Kosten des Rests der Welt und der Umwelt zu noch mehr Reichtum zu verhelfen.

Selbstverständlich gibt es in den USA auch andere sehr einflussreiche Lobbyorganisationen. Die bekannteste unter ihnen ist wohl die „National Rifle Association" mit ca. 2,6 Millionen Mitgliedern, die bisher stets schärfere Kontrollen von Schusswaffen verhindert hat. Das Besondere am Council im Vergleich zu den anderen Lobbygruppen ist der unvorstellbare Reichtum seiner führenden Mitglieder und die Tatsache, dass er in den meisten Regierungen der USA Schlüsselpositionen besetzen konnte. Deshalb reicht sein Arm in viele andere Länder außerhalb der USA – auch bis zu uns.

1952 wurde in Deutschland der „Transatlantische Verein" gegründet, später in „Atlantik-Brücke" umbenannt. Als Initiator wirkte das CFR-Mitglied John J. McCloy, ein ehemaliger Präsident der Weltbank und 1949 bis 1952 Hoher Kommissar für die BRD. Von deutscher Seite waren Eric M. Warburg (Bankhaus N M Rothschild & Sons) und die beiden Herausgeber der Wochenzeitung „Die Zeit", Marion Gräfin Dönhoff und Ernst Friedländer, unter den Gründungsmitgliedern. In ihrer Zielsetzung ist die Atlantik-Brücke dem Council und der britischen Schwesterorganisation Chatham House ähnlich. Insbesondere sollten einflussreiche Politiker für die neoliberalen Ideen gewonnen werden. Das ist durch die Mitgliedschaft unter anderem von Angela Merkel, Kurt Georg Kiesinger (Bundeskanzler), Helmut Schmidt (Bundeskanzler), Sigmar Gabriel (SPD-Vorsitzender), Christian Lindner (FDP-Vorsitzender), Cem Özdemir und Claudia Roth (Vorsitzende von Bündnis90/Die Grünen und ehem. Bundestagsvizepräsidentin), Karl-Theodor Freiherr zu Guttenberg (CSU, ehem. Bundesminister), Otto Graf Lambsdorff (ehem. FDP-Vorsitzender und Wirtschaftsminister, Ehrenpräsident der Trilateralen Kommission, dazu siehe unten), Guido Westerwelle und Philipp Rösler (ehem. FDP- Vorsitzende), Kai Diekmann (BILD), Richard von Weizsäcker (ehem. Bundespräsident) und Claus Kleber (ZDF) gelungen, um nur einige Namen zu nennen.[162] Die Atlantik-Brücke und ihre Schwesterorganisation „American Council on Germany" (ebenfalls 1952 gegründet) sind auch heute noch eng mit dem CFR verbunden. Wen wundert es angesichts dieser Liste, dass Angela Merkel mehrmals betonte, es sei ein Fehler gewesen, dass sich Deutschland nicht am Irakkrieg beteiligt habe.[163] Wie wir oben gesehen haben, machten mehrere führende Mitglieder des Council ihren Einfluss geltend, damit der Irakkrieg begonnen wurde.

Der offizielle Ableger des CFR in Deutschland ist aber nicht die Atlantik-Brücke, sondern die „Deutsche Gesellschaft für Auswärtige Politik", englisch „German Council on Foreign Relations". Die 1955 gegründete Denkfabrik hat heute etwa 2.500 Mitglieder. Sie finanziert sich aus Mitgliedsbeiträgen, Sponsoring und Spenden, unter anderem vom Auswärtigen Amt, der Deutschen Bank, EADS und der Robert Bosch Stiftung. Bekannte Mitglieder sind bzw. waren: Richard von Weizsäcker (ehem. Bundespräsident), Hans-Dietrich Genscher (ehem. Außenminister und FDP-Vorsitzender), Volker Rühe, Günter Verheugen (ehem. EU-Kommissar, siehe oben unter „Drehtüren"), Theodor Waigel, Michael Glos, Rudolf Scharping und Rita Süssmuth, alle ehemalige Bundesminister.[164]

Auch die „Stiftung Wissenschaft und Politik" hat enge Verbindungen zum CFR. Ihr Vorsitzender Volker Perthes hat übrigens auf einer Sitzung des CFR in New York vorgeschlagen, mit dem Virus STUXNET die iranischen AKW lahmzulegen.[165] Das passierte dann auch und erzeugte nicht nur im Iran erhebliche Irritationen.

All das wäre erträglicher, wenn es sich bei diesen Stiftungen um rein private Unternehmen handeln würde. Sie sind ja nicht öffentlich. Aber wir zahlen mit unseren Steuergeldern, dass sie unsere öffentliche Meinung in ihrem Sinn beeinflussen.[166]

Andere wichtige Denkfabriken

Außer dem European Round Table und dem Council on Foreign Relations beeinflusst noch eine Reihe anderer Denkfabriken unsere Regierungen. Hier seien nur die wichtigsten kurz genannt: die Bilderberg-Gruppe, die Trilaterale Kommission, das Weltwirtschaftsforum von Davos[167] und die Bertelsmann-Stiftung. Alle diese Organisationen sind inhaltlich und personell eng miteinander verknüpft.

Um die Wirtschaft und die Politik von Nordamerika und Europa enger zu verknüpfen, gründete Prinz Bernhard, der Ehemann von Königin Juliana der Niederlande, 1954 die „Bilderberg-Gruppe"[168]. Der Name stammt von einem Hotel in Oosterbeek, wo die erste Zusammenkunft stattfand. Diese Treffen, die von der Öffentlichkeit streng abgeschirmt, sind reine Diskussionsrunden. Es werden keine Abstimmungen durchgeführt und keine Resolutionen verfasst. Obwohl die Liste der Teilnehmer in einer Presseerklärung bekannt gegeben wird, und die dort gewonnenen Informationen frei verwendet werden können, darf in Aussagen zu diesen Themen die Quelle nicht genannt werden. Dadurch können die Gäste frei diskutieren, ohne befürchten zu müssen, dass ihr Beitrag später in der Presse veröffentlicht wird. Aus diesem Grund wird die Beschäftigung mit der Bilderberg Gruppe manchmal den Verschwörungstheorien zugeordnet.

Das Diskussionsforum wird stark vom europäischen Adel beeinflusst. Zwar war der Nachfolger von Prinz Bernhard als Vorsitzender der Gruppe Bundespräsident Walter Scheel, aber danach kamen für den Vorsitz nur noch Angehörige des englischen, belgischen und französischen Hochadels zum Zug. Im Steuerungskomitee sind Vorstände der größten europäischen und amerikanischen Firmen vertreten. Fast alle US-Amerikaner darunter sind gleichzeitig Mitglieder des CRF.

Die „Trilaterale Kommission" (TK) wurde 1972 von David Rockefeller, Zbigniew Brzeziński und einigen anderen CFR-Mitgliedern gegründet, um die japanische Wirtschaft enger an die USA und die

EU zu binden. Später kamen auch Mitglieder aus weiteren Ländern wie Kanada, China, Indien, Südkorea, Australien und anderen dazu. Die TK wird aber nach wie vor von den USA und speziell vom CFR dominiert. Daher ist auch ihr Ziel, die neoliberale Ideologie in den wichtigsten Wirtschaftszonen der Welt durchzusetzen. Einen Skandal verursachte eine frühe Veröffentlichung der TK[169], in der ein Übermaß an Demokratie in allen Ländern, in denen die TK aktiv war, und vor allem in den USA kritisiert wird. Die Regierungen müssten in ihrer Macht eingeschränkt und ihre Ausgaben reduziert werden. Stattdessen sollte der private Kapitalismus eine größere Rolle spielen. Um das zu erreichen, müsse die Apathie der Bevölkerung, die Politikmüdigkeit und die Nichtbeteiligung von Einzelnen und Gruppen gesteigert werden. Das sind zwar bekannte Thesen des Neoliberalismus. Trotzdem war es ein Tabubruch, dass sie von einer führenden Organisation so offen ausgesprochen wurden.

Die Ausrichtung auf die neoliberale Ideologie ergibt sich schon allein daraus, dass 53 Prozent der Gelder der TK von Firmen wie Coca-Cola, Exxon, Boeing, General Motors und Mobil etc. und etwa 15 Prozent von Privatpersonen wie David Rockefeller kommen.

Der Einfluss der TK auf die amerikanische Politik war und ist enorm. Das lässt sich schon daraus ersehen, dass die Präsidenten Jimmy Carter, George H. W. Bush und Bill Clinton Mitglieder waren, außerdem zahlreiche führende Personen in den US-Regierungen. Die bekanntesten Europäer waren die bereits erwähnten Premierminister Mario Monti und Lucas Papadimos, aber auch Jean-Claude Trichet, der frühere Präsident der Europäischen Zentralbank.

Eine weitere international bedeutsame Denkfabrik zur Verbreitung der neoliberalen Ideologie ist das „Weltwirtschaftsforum von Davos".[170] Der Schweizer Ingenieur Klaus Schwab wollte ein Diskussionsforum für eine Unternehmensführung schaffen, die nicht nur die wirtschaftlichen Interessen des Großkapitals, sondern auch die aller Betroffenen berücksichtigt, also auch die der Angestellten, Kunden, Lieferanten, des Staats und der Gesellschaft. Unter dem Motto „Engagiert, den

Zustand der Welt zu verbessern" lud er 1971 die Chefs der wichtigsten europäischen Firmen nach Davos ein. Seitdem gibt es jedes Jahr ein mehrtägiges Treffen in dem Schweizer Luftkurort, zu dem im Lauf der Zeit auch die Chefs außereuropäischer Konzerne, Politiker und andere Prominente geladen wurden. Die Kosten für die Teilnahme sind hoch: Firmen, die als „strategische Partner" bezeichnet werden, zahlen jedes Jahr für die Teilnahme von fünf Vertretern 700.000 US-Dollar, die übrigen „Industriepartner" aber deutlich weniger.

Auch 2017 reisten nicht nur wichtige Politiker wie der chinesische Staats- und Parteichef Xi Jinping, die britische Premierministerin Theresa May, der ukrainische Präsident Petro Poroschenko, König Philippe von Belgien und der deutsche Finanzminister Schäuble an, sondern auch Vertreter großer Firmen wie Sheryl Sandberg (Facebook), Jamie Dimon (JP Morgan Chase), Lloyd Blankfein (Goldman Sachs), Kurt Bock (BASF), John Cryan (Deutsche Bank) und Axel Weber (UBS).[171]

Allerdings verfolgt das Weltwirtschaftsforum nicht nur seine hehren Gründungsideen. 2009, im Jahr der Weltwirtschaftskrise, startete es die „Globale Neuorientierungsinitiative" (Global Redesign Initiative)[172], die hauptsächlich von Katar finanziert wurde. Im Abschlussbericht „Jedermanns Angelegenheit: Stärkung internationaler Zusammenarbeit in einer zunehmend verflochtenen Welt"[173] werden verbindliche Regeln für die Finanzmärkte abgelehnt, und das ausgerechnet zur Zeit der Finanzkrise! Stattdessen sollte der Staat nur die unternehmerischen Interessen schützen. Auch zu den „öffentlich-privaten Partnerschaften" verbreitet dieser Bericht die üblichen neoliberalen Thesen.

Als letzte Denkfabrik soll hier noch die „Bertelsmann Stiftung" erwähnt werden, die auf die deutsche und europäische Politik großen Einfluss ausübt. Vielen Lesern wird noch in Erinnerung sein, wie sehr sie auf die Privatisierung öffentlicher Aufgaben drängte. Bekannt geworden ist der misslungene Versuch, einen Teil der Würzburger Stadtverwaltung vom Bertelsmann-Unternehmen Arvato durchführen zu lassen, und zwar den sensiblen Teil der Datenverwaltung.[174] Weniger bekannt ist, dass 2014 Bertelsmann EU-Gelder erhalten hat, um eine Werbetour für das Freihandelsabkommen TTIP (zwischen der EU und den USA, siehe unten) durchzuführen. Beim Abkommen TiSA (Globalisierung von Dienstleistungen) hat die Stiftung sogar direkten Zugang zu den Verhandlungen. Beides nützte sie natürlich in ihrem eigenen wirtschaftlichen Interesse, weil sie hofft, durch die Freihandelsabkommen ihrem Unternehmensbereich Arvato Aufträge zu verschaffen.[175]

Die Bertelsmann Stiftung wurde 1977 von Reinhard Mohn, dem damals größten Anteilseigner von Bertelsmann, ins Leben gerufen. Sie erhielt rund 77 % der Aktien der Bertelsmann SE & Co. KGaA. Dadurch konnten Steuerersparnisse in Milliardenhöhe erzielt werden. Mit diesem Vermögen beschäftigt sie rund 300 Mitarbeiter, deren Ideen sehr wirksam über die Bertelsmann-Medien verbreitet werden, zu denen RTL und VOX gehören. Außerdem ist Bertelsmann am „Spiegel" beteiligt und früher auch an der „Financial Times Deutschland".[176]

Die Stiftung ist besonders in der deutschen Bildungspolitik engagiert, wo sie eine Reihe sehr umstrittener Studien veröffentlicht hat. Sie propagiert eine Umgestaltung unseres Schulwesens weg von der eigentlichen Bildung hin zur schnellen Vermittlung von Wissen, das in der Wirtschaft gebraucht wird. Dieses Wissen wird anhand der Kenntnisse von Fakten und der Beherrschung nützlicher Fähigkeiten gemessen. Dadurch soll der Mensch auf ein gewinnbringendes Glied der Arbeitswelt reduziert werden. Außerdem lehnt die Stiftung das duale Bildungssystem im Handwerk ab,[177] bei dem die praktische Ausbildung in einer Lehre gleichzeitig mit der Vermittlung von theoretischen Kenntnissen erfolgt – ein deutsches Erfolgsmodell, das die Konkurrenz durch billige Arbeiter aus anderen Ländern behindert und somit ein Hemmnis für die Globalisierung des Arbeitsmarkts darstellt.

Wozu brauchen wir Staaten?

Die Staaten in ihrer jetzigen Struktur stellen ohne Zweifel ein Hindernis für die großen internationalen Konzerne dar, selbst wenn alle Zölle abgeschafft und alle technischen Regeln vereinheitlicht sind. Denn die Fähigkeit der Staaten, Monopole zu verbieten, und Sozial-, Umwelt- und Verbraucherschutzgesetze sowie Regeln für die Finanzwirtschaft zu erlassen, beeinträchtigt die kurzfristigen Gewinne der Firmen. Dabei gibt es innerhalb der neoliberalen Ideologie unterschiedliche Standpunkte.

Der radikalste will Staaten grundsätzlich abschaffen und die staatliche Ordnung durch Regelungen ersetzen, die von internationalen Konzernen erlassen werden. Zwei bekannte Vertreter dieser Forderung sind David Rockefeller und Wolfgang Schäuble mit ihren Forderungen, die oben im ersten Kapitel zitiert wurden. Schäuble bezog sich dabei vermutlich auf das Modell der „Multi-Stakeholder Governance", das 2009 auf dem Weltwirtschaftsforum von Davos vorgestellt wurde.[178] Es schlägt vor, Netzwerke für verschiedene Themenbereiche zu bilden, die unterschiedliche Gruppen miteinander verbinden, um anstelle der Regierungen die Entscheidungen zu treffen. Diese Netzwerke sollen vor allem Unternehmen einschließen, aber in einem gewissen Rahmen auch einige zivilgesellschaftliche Organisationen.[179] Es ist völlig klar, dass eine solche „Governance" nichts mit einer Demokratie zu tun hat und auch praktisch nicht durchführbar ist.[180]

Die meisten neoliberalen Schriften wollen dagegen den Staat als solchen bestehen lassen, insofern er dazu dienen soll, optimale Möglichkeiten für die Unternehmen zu schaffen.[181] Allerdings soll es ihm nicht möglich sein, Gesetze zu erlassen, die der Wirtschaft nicht genehm sind. Darüber hinaus wird meisten auch die Abschaffung von Gewerkschaften und einer allgemeinen Kranken- und Rentenversicherung (Stichwort „mehr Eigenverantwortung") gefordert. Der Staat solle seine bisherigen Aufgaben privatisieren und nur noch die

Organisation von privaten Firmen übernehmen, die die nötige Infrastruktur wie Strom- und Wasserversorgung, öffentlichen Verkehr und Schulen, sowie private Kranken- und Rentenversicherungen zur Verfügung stellen. Das wird in Ansätzen schon durch einige Freihandelsabkommen verwirklicht; die Privatisierung öffentlicher Aufgaben steht etwas verklausuliert sogar in den EU-Verträgen.[182] Der Staat soll vor allem Gesetze erlassen, die das Eigentum schützen. Er kann auch Empfehlungen für eine faire und soziale Wirtschaft formulieren, aber keinesfalls „harte" Gesetze dazu erlassen. Der internationale Markt soll durch Organisationen wie die Welthandelsorganisation, die Weltbank, den Internationalen Währungsfonds, die UN usw. garantiert werden, wobei die Staaten sicherzustellen haben, dass deren Regeln eingehalten werden. Allerdings sind nicht alle Vertreter der neoliberalen Ideologie für die Verwirklichung aller dieser Forderungen.

Ein Beispiel für einen Staat nach neoliberalen Vorstellungen war das Pinochet-Regime in Chile. Es hatte, wie wir bereits sahen, enge Verbindungen zu Milton Friedman, dem Begründer der Chicagoer Schule. Ein weiteres Beispiel ist Brasilien, wo Michel Temer am 12. Mai 2016 in einem „institutionellen Staatsstreich"[183, 184] die Aufgaben von Präsidentin Dilma Rousseff übernommen hat. Temer richtet die Wirtschaft nach neoliberalen Grundsätzen aus. Er plant, die Verfassung zu ändern, um die Ausgaben für Bildung und das öffentliche Gesundheitswesen erheblich verringern zu können.[185] Die Rechte der Arbeitnehmer wurden bereits eingeschränkt und die Renten stark gekürzt. Die Kreditvergabe an Kleinbauern, der Aufbau von Vermarktungsmöglichkeiten für diese und der Zugang zu Hochschulbildung werden immer schwieriger. Sogar Sklavenarbeit ist ein Problem: Nach Berichten von Reuters[186] und IATP[187] arbeiten in der brasilianischen Fleischindustrie etwa 160.000 Menschen unter sklavenähnlichen Bedingungen, und die Regierung weigert sich, der UNO-Konvention beizutreten, die dies verbieten würde.[188] Im Gegenteil: Präsident Temer hat im Oktober 2017 sogar eine Direktive erlassen, die die Bekämpfung von Sklavenarbeit wesentlich behindert.[189]

Dazu passt, dass die Agrarreform eingefroren wurde, die Landlosen und Kleinbauern Land zuwies. Um große Flächen an Investoren verkaufen zu können, wurden sogar Kleinbauern mit Gewalt vertrieben. Zur Landgewinnung wird der Regenwald im Amazonasgebiet weiter abgeholzt,[190] was zu einer enormen Erhöhung des Ausstoßes von Treibhausgasen führte: Allein im Jahr 2016 stiegen die CO_2-Emissionen um 8,9 Prozent![191] Ende 2017 konnten so in riesigen Monokulturen auf fast 506.000 Quadratkilometern Soja und Mais angebaut werden,[192] einer Fläche, die etwas größer als Spanien ist. Allein der Landwirtschaftsminister Blairo Maggi besitzt mindestens 200.000 Hektar Land, nach anderen Quellen sogar wesentlich mehr. Er ist der größte Soja-Produzent der Welt.[193] Nachdem das oberste brasilianische Gericht 2018 das abgeänderte Waldschutzgesetz bestätigt hat, wird die Abholzung des Regenwalds weitergehen. Dort leben 305 indigene Völker. Ein Teil von ihnen wird ohne jede Entschädigung seine Heimat und seine Lebensgrundlagen verlieren. Die riesigen Monokulturen sind aber auch wegen des systematischen Einsatzes von Glyphosat eine ökologische Katastrophe, denn es erzeugt dort Krebs, Fehl- und Missgeburten.[194] Außerdem müssen ständig große Mengen von Kunstdünger eingesetzt werden. Er gelangt ins Grundwasser und verschmutzt das Trinkwasser ebenfalls. Bei seiner Herstellung werden viele Klimagifte freigesetzt. Um mehr Staatseinnahmen zu bekommen, wurden die neu entdeckten Ölreserven von der Regierung sofort an ausländische Firmen verkauft,[195] ebenso wichtige Pflanzen und Tiere aus Schutzgebieten an Pharmakonzerne.

Schon während der Regierungen vor Rousseff lief ein Programm, das brasilianische Unternehmen zu weltweit führenden Konzernen machen sollte. Dazu erhielten sie günstige Darlehen der brasilianischen Entwicklungsbank BNDES, um die eigene Firma zu vergrößern und um Anteile an Konkurrenten zu erwerben. Die Strategie ging auf: Der Konzern JBS ist der weltgrößte Produzent und Exporteur von Fleisch, BRF der weltweit größte Exporteur von Hühnerfleisch. Schon vor dem Freihandelsabkommen zwischen der EU und den Mercosur-Ländern Brasilien, Argentinien, Uruguay und Paraguay gingen 76 Prozent des verarbeiteten oder eingesalzenen Hühnerfleischs nach Europa, insbesondere in die Niederlande, nach Deutschland und Großbritannien.[196] Mit dem geplanten Freihandelsabkommen zwischen der EU und den Mercosur-Staaten will die EU aus Brasilien noch mehr Soja für die Tierzucht einführen, aber auch bedeutend mehr Rind- und Hühnerfleisch. Letzteres ist zu einem guten Teil mit Antibiotika-resistenten Keimen belastet. Außerdem gab es mehrere Skandale wegen Verstößen gegen die elementarsten Hygiene-Vorschriften. Das Mercosur-Abkommen enthält zwar die Forderung, dass die Regierungen wenigstens die elementarsten Menschenrechte und den Klimaschutz besser beachten sollten. Letztendlich steht sie allerdings nur auf dem Papier, wurde doch nicht vereinbart, was passieren soll, wenn sie nicht eingehalten wird. In der Praxis bedeutet das, dass nichts passiert, und dass es deshalb so weitergeht wie bisher.

Bis 2016 war Brasilien mit dem Programm „Null Hunger" sehr erfolgreich. Das Land konnte bereits aus der Hungerkarte der UNO gestrichen werden. Die von der Regierung Temer beschlossenen Gesetze werden diese Errungenschaft zunichtemachen, weil große landwirtschaftliche Flächen für den Export statt für die Ernährung der eigenen Bevölkerung genutzt werden, der Gewinn aus diesen Exporten aber auf eine sehr kleine Zahl von Großgrundbesitzern und Investoren entfällt. Es bleibt abzuwarten, ob es zu einer ähnlichen Unterdrückung der Bevölkerung kommen wird, wie das in Chile unter Pinochet der Fall war.

Chile in den 1970er- und 1980er-Jahren und das Brasilien von heute sind extreme Beispiele dafür, was die neoliberale Wirtschaftsordnung erreichen will, sobald sie in einem Land dazu die Möglichkeiten hat. Einige Autoren der neoliberalen Schulen wollen jedoch nicht so weit gehen, sondern „nur" die Privatisierung vieler öffentlicher Aufgaben durchsetzen, die Ausgaben für das Sozialsystem verringern und die Fähigkeiten der Staaten einschränken, Gesetze zu erlassen. Das ist auch die Zielrichtung der meisten neuen Freihandelsabkommen und, wie oben erwähnt, des Europäischen Runden Tischs. Wieder andere Autoren wollen die Staaten überhaupt daran hindern, die Macht der Konzerne zu beschränken, insbesondere auch irgendwelche Gesetze zum Schutz der „Arbeiterklasse", also der Mehrheit der Bevölkerung, zu erlassen.[197]

Die Forderung, dass die Konzerne mehr Macht im Staat bekommen sollen, führt sofort zu der Frage nach der Rolle der USA. Denn fast alle der größten internationalen Konzerne haben dort ihren Sitz. Ihr Umsatz übersteigt den vieler kleiner Staaten.[198] So dominieren sie in vielen Ländern die Wirtschaft und beeinflussen damit auch die politischen Entscheidungen. Aber selbst wenn ein Konzern nur einer großen Zahl von Menschen eine Beschäftigung bietet, übt er allein dadurch Macht aus. Denn keine Regierung wird es wagen, sich seinen Forderungen zu widersetzen, wenn er droht, sonst in ein anderes Land abzuwandern.

Die Rolle der USA äußert sich auch dadurch, dass sie ausländische Firmen, die eine Filiale in den USA haben, bestraft, wenn sie sich zum Beispiel in Europa nicht an US-amerikanische Sanktionen halten. Das ist ein klarer Bruch des Völkerrechts, denn die Gesetze eines Staats dürfen nicht auf andere Staaten angewendet werden. Das wichtigste Beispiel dafür sind die Sanktionen gegen den Iran, die die USA durchsetzen wollen, nachdem sie das Nuklearabkommen mit dem Iran aufgekündigt haben. Außerdem hat der US-Kongress 2017 Sanktionen gegen alle Firmen beschlossen, die Gasgeschäfte mit Russland machen. Dieses Gesetz gilt weiterhin, obwohl die Trump-Administration andere Sanktionen gegen Russland nicht in Kraft setzt, die mit 95-prozentiger Mehrheit vom Kongress und vom Senat verabschiedet wurden – schließlich wollen die USA selbst ihr Fracking-Gas exportieren.

Um möglichst günstige Bedingungen für die in Amerika beheimateten Konzerne in allen anderen Ländern durchzusetzen, halten es einige Politiker für nötig, dass die USA in der westlichen Welt von Europa bis einschließlich Ostasien nicht nur wirtschaftlich, sondern auch militärisch die Vormachtstellung innehat. Europa darf keinesfalls eine stärkere Bindung mit Russland eingehen, würde dies doch die Dominanz der USA schwächen. Dies wird von sehr einflussreichen Persönlichkeiten wie Zbigniew Brzeziński immer wieder ganz offen gefordert,[199] der Nationaler Sicherheitsberater von US-Präsident Carter war und zusammen mit David Rockefeller die Trilaterale Kommission (siehe oben) gegründet hat. Außerdem war er von 1972 bis 1977 einer der Direktoren des Council on Foreign Relations.

Ähnliches fordern auch andere Mitglieder des CFR wie Jeane J. Kirkpatrick[200]. Max Boot, ein bekannter Journalist und „Senior Fellow" des CFR, schreibt sogar, dass die USA zu diesem Zweck notfalls auch „kleine" Kriege führen sollen. Er drückt das so aus: *„Die verborgene Hand des Markts wird ohne eine verborgene Faust nie funktionieren. McDonald's kann nicht ohne McDonnell Douglas, den Entwickler des U.S. Kampfflugzeugs F15, erfolgreich sein."*[201] Das sind offenbar keine Einzelmeinungen; auch andere prominente Mitglieder des CFR äußerten sich ähnlich.[202] Die hohe Stellung der hier genannten Personen im CFR und dessen straffe Struktur zeigen, dass zumindest die Mehrheit des Council solche Positionen vertritt. Und weil es bisher in jeder Regierung Schlüsselstellungen besetzt hat, muss man davon ausgehen, dass auch die amerikanische Politik solchen Prinzipien folgt.

In diesem Zusammenhang sind auch die Kriege im ehemaligen Jugoslawien, in Afghanistan, Libyen, Syrien, die beiden Irakkriege und einige der militärischen Auseinandersetzungen in Afrika zu sehen. Sie haben nicht nur der Rüstungsindustrie in Europa und Amerika gute Gewinne gebracht. In den meisten Fällen hatten sie auch das Ziel, den Einfluss der USA und auch Europas auf die Region zu erhalten und andere Mächte zurückzudrängen. Unten wird noch gezeigt, dass sich die offiziellen Begründungen für die beiden Irakkriege als unwahr erwiesen haben. Auch der syrische Machthaber Assad soll verschwinden, weil er gegen die Interessen der USA handelt und offen mit Russland und dem Iran kooperiert; durch ihn haben beide Länder eine Basis am Mittelmeer, was den amerikanischen Interessen zuwiderläuft. Es würde sich lohnen, auch die anderen hier erwähnten Kriege im Licht der US-amerikanischen Politik näher zu untersuchen, was aber den Rahmen dieses Buchs sprengen würde. Einige Ausführungen zu diesem Thema findet man in dem Buch von Johnstone.[203]

US-Spionage und deutsche Konzerne

Ein anderes Feld, auf dem die USA ihre großen internationalen Konzerne unterstützen, ist die Spionage. Wichtige Informationen dazu kommen von Gert Polli, der das österreichische „Bundesamt für Verfassungsschutz und Terrorismusbekämpfung" aufgebaut und viele Jahre geleitet hat. In seinem Buch „Deutschland zwischen den Fronten"[204] beschreibt er, dass der US-amerikanische Geheimdienst NSA den größeren Teil seiner Aktivitäten im Bereich der Wirtschaft und nicht der Politik durchführt. Dabei arbeitet die NSA eng mit dem Bundesnachrichtendienst BND zusammen, der seinerseits in vielfacher Hinsicht auf die Unterstützung der amerikanischen Freunde angewiesen ist, etwa bei der Terrorbekämpfung und beim Kampf gegen Cyberkriminalität.

Die NSA ist vor allem daran interessiert, unredliche Handlungsweisen deutscher Firmen zu entdecken und an amerikanische Strafverfolgungsbehörden weiterzuleiten. Umgekehrt sind europäische Geheimdienste schon allein wegen ihrer unzureichenden Ausstattung nicht in der Lage, Ähnliches bei US-Firmen zu ermitteln, obwohl auch diese Bestechungsgelder zahlen, unredliche Börsengeschäfte machen oder Wirtschaftssanktionen missachten. Der Schaden für die europäischen Unternehmen, insbesondere für die deutschen, ist enorm. Wichtige Beispiele sind die Commerzbank mit 1,4 Mrd. Dollar Strafzahlungen an den Fiskus der USA, die französische Bank BNP Paribas mit 8,9 Mrd. Dollar und die Deutsche Bank, von der eine Strafe von 14 Mrd. Dollar im Raum steht.[205] Nach Angaben der

„Frankfurter Allgemeinen Zeitung" verlangten die USA von ausländischen Banken bis Mitte 2015 mehr als 260 Mrd. Dollar.[206] Solche existenzbedrohenden Strafzahlungen betrafen aber nicht nur die Banken, sondern Firmen unterschiedlichster Branchen wie Siemens, VW, BASF, Daimler, Deutsche Post und Deutsche Telekom.

Eine Beteiligung der NSA oder anderer amerikanischer Geheimdienste an der Beschaffung der nötigen Daten für diese Prozesse wurde nie gerichtlich untersucht. Daher gibt es auch keinen belastbaren Beweis dafür. Aber viele Aussagen belegen das. Berühmt geworden sind die Enthüllungen von Edward Snowden in Wikileaks. Es lässt auch aufhorchen, was James Woolsey, von 1993 bis 1995 Direktor des CIA und Koordinator aller US-Geheimdienste auf den Vorwurf erwiderte, die USA betrieben Wirtschaftsspionage: *„Ich reserviere den Begriff Wirtschaftsspionage dafür, wenn einer Industrie direkte Vorteile verschafft werden sollen. Ich nenne es nicht Wirtschaftsspionage, wenn die USA ein europäisches Wirtschaftsunternehmen ausspionieren, um herauszufinden, ob es durch Bestechung Aufträge in Asien oder Lateinamerika zu erhalten versucht, die es auf ehrlichem Weg nicht gewinnen würde."*[207]

Am deutlichsten wird die Tätigkeit der NSA anhand der sogenannten „Selektoren". Das sind Suchbegriffe, nach denen Telefonate, Internet, E-Mails und soziale Medien durchkämmt werden, um gezielt Informationen abzugreifen. Das funktioniert auch bei den Geldüberweisungen im SWIFT-Verfahren. Der Bundesnachrichtendienst, der für die NSA die Daten aus den deutschen Netzen herausfilterte, verwendete dafür die von den Amerikanern vorgegebenen Selektoren. Dabei akzeptierte er auch solche, *„die offensichtlich gegen die deutsche und europäische Wirtschaft gerichtet waren. Bereits 2005 fiel dem BND auf, dass die Amerikaner die gemeinsame Arbeit dazu missbrauchten, um Unternehmen wie EADS, Eurocopter und französische Dienststellen auszuspionieren."*[208] Im Oktober 2015 wurde im Rahmen eines Untersuchungsausschusses des Bundestags der Bericht zu den Selektoren[209] veröffentlicht, die bis dahin von der NSA an den

BND übermittelt wurden. Von diesen 14 Millionen Selektoren wurden 40.000 vom BND aussortiert, weil sie gegen deutsches Grundrecht, gegen deutsche Interessen oder gegen die bilateralen Vereinbarungen verstießen.[210]

Natürlich müssen unlautere oder kriminelle Handlungen von Firmen bestraft werden. Dabei sollte aber gleiches Recht für alle gelten; deshalb müssten auch die US-amerikanischen Firmen für solche Praktiken zur Rechenschaft gezogen werden. Es ist nicht hinnehmbar, dass eine befreundete Nation, die noch dazu eng mit unseren Geheimdiensten zusammenarbeitet, systematisch Telefongespräche, E-Mails und soziale Medien ausspioniert, um der europäischen Konkurrenz zu schaden und so ihren großen Konzernen Vorteile zu verschaffen.

Andere Länder

Es soll nun nicht der Eindruck entstehen, dass nur die Regierung der USA ihre Konzerne mit zweifelhaften Methoden fördert. Schon unsere nächsten Nachbarn Frankreich und Großbritannien betreiben ausgiebig Spionage, gerade auch gegen deutsche Firmen.[211] Besonders problematisch ist hier China, weil dort viele sehr große Konzerne dem Staat gehören, der natürlich ihren Gewinn ständig steigern will. Deshalb betreibt China nicht nur im großen Stil Werksspionage, sondern kauft auch europäische Firmen mit wichtigem Know-how, wie die Personenwagensparte von Volvo, die Augsburger Roboterfirma Kuka oder die Kunststoffmaschinensparte von KraussMaffei, die sich auf demselben Gelände befindet wie die Sparte „Wehrtechnik", und eine Lokomotivenfabrik von Siemens. Auch sonst betreibt China eine kluge, strategisch ausgerichtete Investitionspolitik. Es hat in Afrika, aber auch in Europa viel Land erworben und in fast allen Erdteilen Gebiete mit wichtigen Rohstoffen wie Lithium aufgekauft. China übt zudem massiven politischen Druck aus, um den Absatz seiner Firmen zu fördern. Am absurdesten ist dabei, dass es in der Welthandelsorganisation darauf besteht, als kommunistisches Land den Status einer „Markt-Ökonomie" zu bekommen, der es anderen Staaten schwer macht, gegen die hoch subventionierten Dumpingpreise von Stahl oder Solarzellen vorzugehen.

Freihandelsabkommen der neuen Generation

Viele Forderungen der neoliberalen Wirtschaft werden mit den „modernen" Freihandelsverträgen sozusagen durch die Hintertür eingeführt. Denn welches Parlament würde schon zustimmen, dass der Staat nur noch Gesetze erlassen darf, die der Wirtschaft passen? Eine Abschwächung der Sozial- und Umweltgesetze birgt außerdem einiges an Protestpotential seitens der Bevölkerung. In einigen Fällen, etwa bei der Einschränkung des Vorsorgeprinzips, wären sogar Änderungen der Verfassung nötig. Da internationale Verträge über den deutschen Gesetzen stehen,[212] sind sie der einfachste Weg, solche Dinge durchzusetzen. Sie sind meist mehrere Tausend Seiten lang, sodass sie die wenigsten Parlamentarier sie vor der Abstimmung üner sie lesen. Wegen des Fraktionszwangs stimmen ohnehin viele Abgeordnete der großen Parteien blind für die Freihandelsabkommen, wenn ihnen das von der Fraktion vorgeschrieben wird.

In der öffentlichen Debatte wird meist vorgebracht, wir bräuchten Freihandelsabkommen, um durch mehr Konkurrenz unsere Wirtschaft anzukurbeln und um Arbeitsplätze zu schaffen. Tatsächlich führen die Freihandelsabkommen aber nicht zu mehr Konkurrenz, sondern zum Entstehen immer größerer Konzerne, die bestrebt sind Monopole zu bilden. Beispiele dazu werden unten bei den Saatgutherstellern und bei der Agrochemie diskutiert. Auch die Schaffung neuer Arbeitsplätze ist bisher ein leeres Versprechen geblieben, denn werden mittelständische Betriebe durch Großkonzerne verdrängt, vernichtet dies Arbeitsplätze, anstatt welche zu schaffen. Das zeigt auch eine Auswertung des NAFTA-Abkommens zwischen Mexiko, Kanada und den USA zehn Jahre nach dessen Abschluss durch die US-Stiftung „Carnegie Endowment for International Peace":[213] Es wurden zwar 0,5 Millionen Arbeitsplätze in der Industrie geschaffen, vor allem in den USA, aber 1,3 Millionen Jobs gingen in der Landwirtschaft verloren, vor allem in Mexiko, weil die Bauern dort mit den hoch subventionierten Nahrungsmitteln aus den USA nicht konkurrieren konnten. Die Bilanz des Abkommens war also die Vernichtung von 800.000 Arbeitsplätzen.

Auch das Versprechen, durch die Freihandelsabkommen würde die Wirtschaft wachsen, erfüllt sich nicht. Bei TTIP, dem geplanten Freihandelsabkommen zwischen den USA und Europa, wurden gerade einmal 0,037 Prozent bis höchstens 0,36 Prozent an jährlichem Wirtschaftswachstum durch dieses Abkommen vorhergesagt.[214] Solche Berechnungen sind sehr ungenau; ihr Fehler ist in diesem Fall größer als der vorhergesagte Wert. Daher würde man besser sagen: Es lässt sich nicht mit Sicherheit behaupten, dass die Wirtschaft durch TTIP überhaupt wächst – falls TTIP doch noch kommen sollte. Der Wirtschaftsnobelpreisträger Joseph E. Stiglitz sagte in einem Interview: *„Schauen wir uns das Transpazifische Handelsabkommen TPP an, das vom ehemaligen US-Präsidenten Barack Obama vorangebracht und von Trump gerade beerdigt wurde: Die US-Kommission für internationalen Handel schätzte, dass die US-Wirtschaft dadurch mit einem jährlichen Wachstum des Bruttoinlandsprodukts von gerade einmal 0,15 % zu rechnen habe, was also fast gleich null ist. Solche Deals führen aber gleichzeitig dazu, dass Vermögen in unserem Land immer ungleicher verteilt werden, weil die Deals auf die Interessen der multinationalen Konzerne zugeschnitten sind, die am Verhandlungstisch sitzen. Diese Effekte wurden kaum beachtet. TPP wurde in der Debatte nicht nur über-, sondern seine negativen Folgen auch noch unterbewertet."*[215]

Die „modernen" Freihandelsabkommen zwischen den führenden Wirtschaftsländern dienen auch kaum dazu, Zölle abzubauen, die ja in den meisten Fällen jetzt schon sehr gering sind. Wichtiger ist die Beseitigung der sogenannten „nicht tarifären Handelshemmnisse", also eine Angleichung der Standards. Das ist auch sinnvoll, wenn es auf technische Standards beschränkt bleibt. Zum Beispiel ist es für die Autofabriken billiger, wenn alle beteiligten Länder gleiche Vorschriften haben und nicht etwa einige Staaten gelbe Blinker und andere weiße vorschreiben. Die Angleichung der Standards sollte aber auf solche Normen beschränkt bleiben. Das ist leider nicht der Fall. Es geht entschieden zu weit, wenn Freihandelsabkommen dazu führen, dass Hormonfleisch und gentechnisch veränderte Organismen in Europa zugelassen werden müssen, wie eine ganze Reihe von Schiedsgerichtsurteilen[216] verlangt, und damit das Vorsorgeprinzip verletzt wird. Später wird noch zu zeigen sein, dass die neuen Freihandelsabkommen außerdem „unnötige" Sozial- und Umweltgesetze stoppen wollen, Schieds-„Gerichte" für ausländische Investoren einrichten und den Zugriff von Privatunternehmen auf öffentliche Einrichtungen wie Schulen, Krankenhäuser, Gefängnisse, Gemeindeverwaltungen, Verkehrswege usw. ermöglichen.

Ein zentraler Kritikpunkt an solchen Abkommen ist, dass durch sie das Vorsorgeprinzip stark eingeschränkt wird. Die Verträge verlangen zwar nicht ausdrücklich seine Abschaffung, praktisch kommt es jedoch dazu, etwa wenn beim Abkommen CETA zwischen der EU und Kanada nur ein „hoher" Schutz für Mensch und Umwelt gefordert wird, aber nicht der höchste, wenn also andere Regeln diesem Schutz übergeordnet sein sollen.[217] Im Grundgesetz, das den Rang einer Verfassung für Deutschland hat, steht dagegen: *„Jeder hat das Recht auf Leben und körperliche Unversehrtheit."*[218] Das gilt ohne irgendeine Einschränkung, oder besser: Das würde ohne Einschränkung gelten, wenn nicht internationale Verträge erfüllt werden müssten. In den angelsächsischen Ländern und in vielen anderen Staaten hat man statt des Vorsorgeprinzips die sogenannte „Nachsorge": Wenn etwas passiert, muss im Prinzip ein sehr hoher Schadensersatz gezahlt werden. Den muss man aber erst einmal vor Gericht durchsetzen, was recht schwierig sein kann, etwa wenn man als Privatperson einem großen Konzern gegenübersteht, der sich viele teure Anwälte leisten kann. Was „Nachsorge" bedeutet, wird an einem US-amerikanischen Gesetz klar, das den Ausstoß von Quecksilber und Arsen in der Abluft von Kohlekraftwerken beschränken sollte. Es wurde 2012 unter Obama erlassen und sollte nach einer dreijährigen Übergangsfrist 2015 in Kraft treten. Dagegen klagten die Kraftwerksbetreiber mit dem Argument, die geforderten Filter würden für alle Kraftwerke zusammen 9,6 Milliarden Dollar im Jahr kosten, was zu teuer sei. Die Gegenseite rechnete vor, dass die Kosten durch Gesundheitsschäden und Tote infolge dieses Quecksilbers mit 37 bis 90 Milliarden Dollar pro Jahr[219] wesentlich höher lägen. Das Argument überzeugte jedoch das Gericht nicht; es erklärte das Gesetz für rechtswidrig.[220]

Nach dem jetzt noch geltenden deutschen Recht mit dem Vorsorgeprinzip wäre so etwas undenkbar. Aber in Freihandelsabkommen wie CETA (Abkommen zwischen der EU und Kanada) wird versucht, die europäische und die angelsächsische Rechtsauffassung aneinander anzupassen und dabei das Vorsorgeprinzip einzuschränken. So verpflichten die „neuen" Freihandelsabkommen die Regierungen, bei der Gesetzgebung zusammenzuarbeiten, *„um unnötige Handels- und Investitionshemmnisse zu vermeiden oder zu beseitigen".*[221] Das ist eine Ungeheuerlichkeit: Die Regierungen haben nicht mehr das Recht, Sozial- und Umweltgesetze zu erlassen, wenn sie ein „unnötiges" Investitionshemmnis darstellen. Was das in der Praxis bedeutet, zeigen die Schiedsgerichtsprozesse, die in den meisten neueren Freihandelsverträgen vereinbart wurden. Schauen wir uns ein paar Beispiele an.

In Hamburg wollte die schwedische Firma Vattenfall ein neues Kohlekraftwerk bauen. Dafür machte die Regierung von Hamburg strenge Umweltauflagen zum Schutz der Elbe und der Luftqualität. Das empfand die Firma als „unnötig" und verklagte den Staat im Rahmen des „Energiecharta"-Abkommens auf einen Schadensersatz von 1,4 Milliarden Euro als Ausgleich für den „zurecht erwarteten Gewinn".[222] Schließlich wurde ein Vergleich akzeptiert, nach dem zwar kein Geld bezahlt werden muss, aber dafür die meisten Umweltauflagen fallen gelassen werden.

Das Ganze hatte ein Nachspiel: Die EU-Kommission leitete ein Verfahren gegen Deutschland ein, weil die EU-Umweltvorschriften verletzt wurden.[223] Es ist schon verrückt: Genau die EU-Kommission, die in alle neuen Freihandelsverträge Schiedsgerichtsverfahren einführen will, verklagt Deutschland, weil es die Entscheidung eines solchen Schiedsgerichts befolgen muss.

Ein anderes Beispiel: Im November 2015 wollte der Ölkonzern Occidental Petroleum (OXY) in einem Naturschutzgebiet Ecuadors nach Öl bohren. Weil das gegen die Gesetze verstieß, stoppte der Staat die Arbeiten. OXY klagte dagegen vor einem Schiedsgericht und bekam 1,1 Milliarden US-Dollar vom ecuadorianischen Staat.[224] Das wäre das Geld für 200 Schulzentren gewesen!

Der Schutz der Wälder kann auch in Europa künftig nur noch sehr beschränkt aufrechterhalten werden. So können wegen des Freihandelsabkommens JEFTA zwischen der EU und Japan japanische Firmen kaum daran gehindert werden, bisher illegale Abholzungen in unberührten rumänischen Wäldern vorzunehmen. Die EU-Kommission hat „vergessen", die Durchsetzung entsprechender Schutzvorschriften in den Vertrag aufzunehmen.

Die Freihandelsabkommen schränken aber nicht nur die Umweltgesetze ein. Nicht einmal vor sozialen Mindeststandards machen sie halt. Am 25. Juni 2012 klagte die französische Firma Veolia gegen den Staat Ägypten, weil dort die Arbeiter eine Erhöhung des Mindestlohns von 41 auf 72 Euro (im Monat!) erstritten hatten.[225] Schließlich mindere das die Gewinnerwartung ihres Unternehmens bei der Müllentsorgung der Stadt Alexandria. Die Firma berief sich dabei auf ein Freihandelsabkommen zwischen Frankreich und Ägypten.[226] Über die Klage selbst ist nicht viel bekannt, da sie vor einem geheimen Schiedsgericht verhandelt wird. Man weiß aber, dass der Streitwert: 82 Millionen US-Dollar beträgt[227] – im Vergleich zu anderen Verfahren, bei denen es um Milliarden Euro geht, eine eher geringe Summe. Trotzdem ist sie für den ägyptischen Staat in seiner schwierigen wirtschaftlichen Situation ein ernstes Problem.

Was sind diese Schiedsgerichte, die wie mittelalterliche Femegerichte im Geheimen tagen und die beschließen können, dass Staaten, also die Steuerzahler, riesige Summen an internationale Konzerne zahlen müssen? Die nur Klagen von Konzernen gegen Staaten, aber nicht umgekehrt von Staaten an Konzerne annehmen?

In praktisch allen neueren Freihandelsabkommen werden solche Schiedsgerichte vereinbart, vor denen ein ausländischer Investor klagen kann, wenn er meint, dass eine staatliche Maßnahme, zum Beispiel ein neues Gesetz, seine *„berechtigte Gewinnerwartung frustriert"* – das ist die eindeutige und klare Formulierung in einer früheren Version des CETA-Abkommens zwischen der EU und Kanada.[228] Zwar muss auch nach deutschen Gesetzen ein Schadensersatz gezahlt werden, wenn eine staatliche Maßnahme eine Firma schädigt. Es gibt aber schon vom Konzept her zwei wichtige Unterschiede: Erstens muss bei neuen Gesetzen oder Regeln zum Gesundheitsschutz und bei Sozialgesetzen nach deutschem Recht keine Entschädigung gezahlt werden. Außerdem wird nur der entstandene Schaden ersetzt, nicht der erwartete Gewinn. Dieser Unterschied betrug bei der Klage von Vattenfall gegen den Atomausstieg über 4 Milliarden Euro: Vattenfall besitzt die Atomkraftwerke Krümmel und Brunsbüttel, die beide längst abgeschrieben und wegen erheblicher technischer Mängel bereits abgeschaltet, aber noch nicht endgültig stillgelegt waren. Eine Wiederinbetriebnahme war damals mehr als fraglich, denn dafür wären sehr teure Nachrüstungen nötig gewesen. Der durch den Atomausstieg entstandene Schaden war also sehr gering, wenn nicht sogar gleich null. Trotzdem verlangte Vattenfall für die entgangene Gewinnerwartung vor einem Schiedsgericht über 4 Milliarden Euro.[229]

Die „Richter" dieser ominösen Schiedsgerichte sind keine unabhängigen Personen. Oft stammen sie aus Kanzleien, die gleichzeitig auch für Konzerne tätig sind. Von Unabhängigkeit kann in solchen Fällen keine Rede sein. Außerdem gibt es nicht wie in Deutschland Gesetze, an die sich die „Richter" in ihrem Urteil halten müssen. Stattdessen soll sich durch Berufung auf vorausgehende Urteile allmählich eine Rechtsprechung entwickeln, so, wie das in angelsächsischen Gerichten der Fall ist. Das ist hier aber schwer möglich, denn diese Art von Gerichtsverfahren gibt es erst seit einigen Jahrzehnten; man kann sich also nicht auf eine alte Rechtstradition berufen. Es ist auch deshalb unmöglich, weil bisher die meisten Verfahren geheim waren. Und wenn sich allmählich eine Rechtstradition herausbilden sollte, auf die sich künftige Gerichte beziehen, stehen wir vor einem weiteren Problem: Kommen viele „Richter" aus Kanzleien, die für Wirtschaftsunternehmen arbeiten, so ist kaum zu erwarten, dass sie neutral sind; sie werden im Zweifel eher für die Konzerne urteilen – wie man an den aufgeführten Beispielen sehen kann. Das heißt, dass sich die Rechtsprechung immer mehr zugunsten der Konzerne entwickelt, während das Recht der Staaten immer weiter zurückgedrängt wird.

Über die Unterschiede dieser Schiedsgerichte zu normalen Gerichten war sich offenbar nicht einmal die SPD-Spitze klar, die mit Nachdruck für TTIP (Freihandelsabkommen EU-USA) und CETA (Freihandelsabkommen EU-Kanada) eintrat. Im Frühjahr 2015 versicherte der damalige Wirtschaftsminister und SPD-Chef Sigmar Gabriel dem Autor dieses Buchs, dass zwischen einem Schiedsgericht und einem deutschen Gericht kein Unterschied bestehe – noch dazu in der damaligen Form[230] mit geheimen Gerichtsverhandlungen in Hinterzimmern irgendwelcher Hotels.

Das EU-Parlament erkannte hingegen schon bald nach der Veröffentlichung des CETA-Vertrags diese Probleme. Als Reaktion darauf arbeiteten einige Fraktionen ein brisantes Papier aus: Es enthielt die Selbstverpflichtung, Freihandelsabkommen wie CETA nur dann zu ratifizieren, wenn sie keine Schiedsgerichte enthalten. Als bei Probeabstimmungen klar wurde, dass das Papier in der Vollversammlung am 10. Juni 2015 angenommen würde, nahm der damalige Parlamentspräsident Martin Schulz diesen Punkt wenige Stunden vor der Abstimmung von der Tagesordnung. In der Zeit danach wurde schnell ein leicht verändertes Schiedsgerichtsverfahren[231] entwickelt. Außerdem wurden die SPD-Abgeordneten entsprechend „informiert", sodass einen Monat später in der nächsten Vollversammlung die Mehrheit des EU-Parlaments gegen das Papier stimmte.

Bei diesen neuen Schiedsgerichten sind die Verhandlungen nicht mehr geheim, sondern wenigstens im Prinzip, also solange keine Betriebsgeheimnisse des klagenden Konzerns berührt werden, öffentlich – geschenkt, dass bei solchen Verfahren fast immer Betriebsgeheimnisse berührt sind oder dies geltend gemacht werden kann. Die Klagen werden bei einem der bereits bestehenden internationalen Schiedsgerichte[232] eingereicht, die aber weder neutral, noch demokratisch legitimiert sind. Außerdem wurden einige Änderungen im Verfahren eingeführt und ein Verhaltenskodex für die „Richter" formuliert.[233] Das alles sind eher kosmetische Änderungen. Die endgültige Version von CETA enthält aber doch immerhin zwei wesentliche Verbesserungen: Bei Enteignungen und anderen Maßnahmen, die sich nachteilig auf die Investition auswirken, muss den Investoren nur noch der augenblickliche Wert der Investition ersetzt werden, nicht mehr der „zurecht erwartete Gewinn".[234] Außerdem ist das Recht des Staats, neue Regeln und Gesetze zum Schutz der öffentlichen Gesundheit, der Umwelt, des Sozial- und Verbraucherschutzes und der kulturellen Vielfalt zu erlassen, ausdrücklich bestätigt. In solchen Fällen müssen keine Entschädigungen an Investoren gezahlt werden.[235] Das ist zwar sehr positiv. Aber selbstverständlich sind hier nur „nötige" Gesetze gemeint. Ist es nicht traurig, dass diese Rechte ausdrücklich formuliert werden müssen, weil sie in anderen, ähnlichen Freihandelsabkommen nicht gelten? Sind wir wirklich noch souverän, oder unterliegen wir einer Diktatur der Konzerne?

2017 hat die EU-Kommission vom Ministerrat und von einigen nicht-europäischen Ländern den Auftrag bekommen, die Möglichkeit zu sondieren, für die Schiedsgerichte einen internationalen Gerichtshof mit dem Namen MIC (Multilateral Investment Court) einzurichten. Trotz einiger Verbesserungen wie der Tatsache, dass dort fest angestellte Richter arbeiten sollen und es eine Berufungsinstanz geben soll, bleiben die alten Probleme bestehen, nämlich dass ausländische (aber nicht einheimische) Investoren viele Rechte haben, mit denen sie Milliardenbeträge von den Staaten einklagen können. Ob die Investoren elementare Pflichten gegenüber der Bevölkerung und der Umwelt verletzen, spielt dabei nach wie vor keine Rolle. So haben weder die Staaten, noch die Bürger oder Zivilgesellschaften ein Klagerecht. Natürlich können sie vor staatlichen Gerichten klagen, aber dort bekommen sie bestenfalls die bei uns üblichen Entschädigungen, während die „Schiedsgerichte" den Investoren Milliardenbeträge zusprechen.

Hier haben die Massenproteste einen kleinen Erfolg gebracht: Denn jedes Freihandelsabkommen mit Schiedsgerichten muss in allen nationalen Parlamenten der EU-Mitgliedsstaaten ratifiziert werden. Dabei könnte es passieren, dass ein Land ausschert und das Abkommen nicht unterzeichnet. Deshalb vermeidet die EU-Kommission seit 2018 dieses Risiko und schließt alle neuen Freihandelsabkommen ohne Schiedsgerichte ab. Diese sollen dann später in einem separaten Vertrag vereinbart werden. Dagegen können aber die Bürger leichter etwas unternehmen als gegen die Freihandelsabkommen, weil auch immer mehr Politiker den Sinn von Schiedsgerichten anzweifeln.

Die Regel, dass der Staat kein Recht mehr hat, „unnötige" Handels- und Investitionshemmnisse wie Sozial- und Umweltgesetze einzuführen, und dass Verstöße gegen diese Vorschrift mit Strafen in Milliardenhöhe belegt werden, schränkt die Souveränität der Staaten ganz erheblich ein. Damit werden gleich zwei Ziele der neoliberalen Wirtschaft verwirklicht: eine Beschränkung der Sozialleistungen und eine Kontrolle über die Staaten bei der Gesetzgebung. Auch die dritte Forderung der neoliberalen Wirtschaft wird durch die Freihandelsabkommen verwirklicht: der Zugriff der Privatwirtschaft auf die öffentlichen Aufgaben wie Schulen, Krankenhäuser, Gefängnisse, Sozialeinrichtungen, Wasser- und Elektrizitätsversorgung usw. Das sind immerhin rund 18 Prozent des Bruttosozialprodukts, an denen die internationalen Konzerne verdienen wollen. Auch Dienstleistungen etwa durch Ärzte und Ingenieure sollen internationalisiert werden.

Vor der endgültigen Abstimmung über CETA wollten einige Fraktionen des EU-Parlaments die Rechtmäßigkeit derartiger Verträge durch den Europäischen Gerichtshof überprüfen lassen.[236] Die Schiedsgerichte, die Abschaffung weiter Teile des Vorsorgeprinzips und die Entmachtung des EU-Parlaments bei der Gesetzgebung gaben genug Gründe für die Zweifel der Abgeordneten. Aber die Große Koalition aus EVP (in Deutschland: CDU/CSU) und den Sozialisten (in Deutschland: SPD) verhinderte in einer Abstimmung am 23. November 2016 die gerichtliche Überprüfung.

Aufschlussreich ist es, einen genaueren Blick auf das Zustandekommen solcher Freihandelsabkommen zu werfen. Das erste dieser „neuen" Art ist CETA. Es wurde wie üblich vollkommen im Geheimen verhandelt, das heißt, die Öffentlichkeit durfte so wenig wie nur möglich über den Inhalt erfahren, bevor der Vertrag unterschriftsreif war. Das galt sogar für die Abgeordneten des EU-Parlaments, die das Abkommen letztlich ratifizieren mussten. Zwar fanden im Parlament Treffen mit Beamten der EU-Kommission statt, in denen diese berichteten, über welche Themenbereiche gerade gesprochen wurde. Nachfragen beantworten sie jedoch meist nichtssagend oder überhaupt nicht. Immerhin durften diejenigen EU-Parlamentarier, die im Ausschuss für Internationalen Handel saßen, einige der Verhandlungsdokumente einsehen. Das geschah in sogenannten „Leseräumen", in die man nur Bleistifte und Kugelschreiber, aber weder sein eigenes Papier, noch Handys, Fotoapparate oder Ähnliches mitbringen durfte. Wie soll man so Hunderte von Seiten komplizierter Vertragstexte in einer Stunde durcharbeiten können? Außerdem war man zu strengem Stillschweigen verpflichtet. Die Vertreter der wichtigsten internationalen Konzerne wurden dagegen über die Verhandlungen sofort informiert und konnten so bei den Unterhändlern ihren Einfluss geltend machen.[237]

Der Grund für diese Geheimniskrämerei bei allen Verhandlungen für Freihandelsabkommen ist klar: Man wollte öffentliche Proteste verhindern. Denn der Inhalt all dieser Verträge ist brisant und enthält Bereiche, die das unmittelbare Lebensumfeld der Wähler beeinflussen. Es geht dabei unter anderem um Verbraucherschutz wie den Import von Hormonfleisch und „Chlorhühnchen" (im Chlorbad desinfiziertes Hühnerfleisch). Offenbar bestand die US-amerikanische Fleischwirtschaft darauf, dass diese Forderungen im Abkommen TTIP mit der EU erfüllt würden. Präsident Trump hat die Verhandlungen vorläufig beendet, im Moment bleiben die Menschen in der EU also von solchen Dingen verschont. In CETA wurde die Regel eingeführt, dass für Importe aus Kanada zwar im Augenblick alle europäischen Normen und Regeln gelten. Es wurde aber das Ziel formuliert, die Gesetze beider Seiten aneinander anzugleichen. Dabei ist ausdrücklich auch die Markteinführung der Gentechnik in unseren Nahrungsmitteln enthalten.[238] Außerdem sollen neue Gesetze möglichst in einem gemeinsamen Gremium beraten werden, in dem auch Vertreter der Wirtschaft sitzen können. Bedenkt man, dass das Europäische Parlament keine neuen Gesetze anstoßen kann, ist dies eine Ungeheuerlichkeit: Bevor der Entwurf eines Gesetzes von der EU-Kommission dem Parlament übermittelt wird, sollen kanadische Regierungs- und Wirtschaftsvertreter darüber mitentscheiden, ob er ihnen passt.[239] Dieses Verfahren ist zwar in CETA und in JEFTA (Abkommen EU-Japan) – im Gegensatz zu den „geleakten" Entwürfen von TTIP – nicht verpflichtend,[240] das heißt, es ist auch möglich, dass die EU-Kommission dem EU-Parlament ihre Gesetzesentwürfe vorlegt, ohne sie vorher mit Kanada und der Wirtschaft abgesprochen zu haben. Trotzdem gibt es der Wirtschaft, oder besser den internationalen Konzernen, die Möglichkeit, direkt Einflusss auf die

Gesetzgebung zu nehmen. Damit wird eine wichtige Forderung des Europäischen Runden Tischs ERT erfüllt. Die „modernen" Freihandelsabkommen sind also der Hebel, mit dessen Hilfe die neoliberale Wirtschaft in Europa Fuß fasst und dabei auch bestehende Gesetze außer Kraft setzt.

Welche Position vertreten hier die politischen Parteien in Deutschland? Das zeigte sich an der Abstimmung zur Ratifizierung von CETA am 15. Februar 2017 im Europäischen Parlament. Die großen alten Parteien einschließlich der Freien Wähler haben Vorteile für unsere Wirtschaft gesehen und deshalb für die Ratifizierung gestimmt; die Linken, die Grünen, die Piratenpartei und die ÖDP waren dagegen. Allerdings bröckelt die Front bei den Grünen: In Schweden hat etwa die Hälfte der Grünen im Reichstag für CETA gestimmt, und auch bei den deutschen Grünen ist zum Beispiel Ministerpräsident Kretschmann ein eifriger Verfechter von CETA. So gibt es wenig Hoffnung, die Ratifizierung in irgendeinem europäischen Land noch stoppen zu können.

Einfluss auf die Medien

Eine Wende in der Politik, die sich von der neoliberalen Wirtschaft abkehrt und mehr soziale oder Umwelt-Aspekte berücksichtigt, ist für die großen Konzerne natürlich ein Schreckgespenst. Dazu, dass dies nicht geschieht, tragen unsere Medien ganz wesentlich bei. Sie formen unsere Überzeugungen in hohem Maße. Für einen politischen Neuanfang müssten die Parteien im Deutschen Bundestag, die für die jetzige Entwicklung mitverantwortlich sind, abgewählt werden. Das ist aber nicht so schnell möglich, weil man dazu andere Parteien bräuchte, die von der Presse verächtlich „Kleinstparteien" genannt werden. Um in den Bundestag oder einen Landtag zu kommen, müssen sie die 5-Prozent-Hürde überspringen. Das würde aber voraussetzen, dass die Medien angemessen über sie berichten. Die Presse schweigt sie jedoch tot, weil sie nicht im Bundestag sitzen – und damit schließt sich der Kreis. Die AfD hat den Sprung in die Berichterstattung der Medien durch eine kräftige Finanzspritze eines prominenten Mitglieds geschafft, die kleinen Parteien nicht zur Verfügung steht. Diesen wird in überregionalen Berichten nicht einmal der Platz eingeräumt, der ihnen nach ihren Wahlergebnissen zustehen würde. Das bewirkt eine Stabilisierung des jetzigen Systems, weil Alternativen erst gar nicht genannt werden. Nicht zu vergessen ist auch der Einfluss der Atlantikbrücke, der, wie oben gesehen, Führungspersönlichkeiten der Medien und aller im Deutschen Bundestag vertretenen Parteien angehören, mit Ausnahme der Linkspartei und vermutlich auch der AfD.

Damit die Menschen erst gar nicht auf dumme Gedanken kommen, werden sie in den Medien mit Nichtigkeiten überflutet. Man braucht sich nur unser Fernsehprogramm anzusehen. Zwar finden sich einige wenige kritische Politiksendungen, aber selten eine neutrale Auseinandersetzung mit brisanten Themen wie Demokratieabbau, Bestechung in Deutschland, oder Spekulationen auf Nahrungsmittel. Da helfen auch die regelmäßigen Talkshows nicht, weil sie die Probleme oft sehr oberflächlich behandeln und die etablierten Parteien in ihnen eine dominierende Rolle spielen. So ist es in diesen Sendungen schwer, unpopuläre oder grundsätzlich neue Gedanken in der nötigen Breite darzustellen. Dessen ungeachtet werden die Gebühren für die öffentlich-rechtlichen Funk- und Fernsehanstalten damit begründet, dass sie zur Information der Bevölkerung mit einer umfassenden, ausgewogenen und neutralen Berichterstattung beitragen sollen. Das trifft offensichtlich immer weniger zu.

Zugegeben passen sich die Fernsehanstalten nicht zuletzt auch den Wünschen der Zuschauer an, die abends müde und ausgepowert von ihrer Arbeit kommen und nicht mehr mit Problemen belastet werden wollen. Das ist die moderne Form der alten Maxime „Brot und Spiele", die schon die römischen Kaiser zu ihrem Machterhalt angewendet haben; heute lautet sie freilich „Bier beim abendlichen

Fernsehkrimi und Sportschau". Um die Menschen von der Politik abzuhalten, müssen sie für etwas anderes begeistert werden, sei es der örtliche Fußballverein, seien es Fernreisen oder irgendwelche Hobbys.

Das kommt auch der neoliberalen Philosophie entgegen, die, das zeigt unter anderem die Trilaterale Kommission sehr schön, die Politik einer kleinen Schicht von Superreichen vorbehalten will; der Rest soll mit anderen Dingen beschäftigt werden. Tatsächlich bekommen zurzeit immer mehr Länder eine autoritäre Regierung. Brasilien, Argentinien, Polen, Ungarn und die Türkei sind die bekanntesten Beispiele, wenn auch die letzten drei „nur" demokratische Rechte abbauen wollen, aber keine neoliberale Wirtschaft ansteuern.

Ein wichtiges Mittel zum Machterhalt der Regierungsparteien ist die Sprechweise in unseren Medien. So wird Kritik an den undemokratischen Strukturen der EU häufig als „nationalistisch" oder „rechtspopulistisch" bezeichnet, obwohl sie mit rechtem Gedankengut nicht das Geringste zu tun hat. Überhaupt wird oft versucht, unbequeme Kritik als „populistisch" oder „rechtsradikal" zu brandmarken und so die Diskussion darüber abzuwürgen. Auch das Wort „Verschwörungstheorie" ist dazu gut geeignet. Das neoliberale Dogma vom „Abbau des Sozialsystems" wird mit den harmlos klingenden Worten „Mehr Eigenverantwortung" umschrieben, und Einsätze der Bundeswehr im Ausland werden mit „Mehr Verantwortung übernehmen" begründet. In Syrien wird ein Teil der Opposition, die gegen Assad kämpft, als „moderat" bezeichnet, weil man Assad stürzen will. Die Milizen dieser Opposition sind jedoch alles andere als moderat. Der Ausverkauf öffentlicher Einrichtungen heißt „Privatisierung", und der Demokratieabbau durch die neuen Verträge wie CETA wird als „Freihandel" verkauft, obwohl ein freier Handel etwas ganz anderes ist. Und wer gegen Freihandel ist, wird als „Protektionist" beschimpft. Fragwürdig ist auch, dass die ständig steigende Produktivität stets als Fortschritt dargestellt wird; der immer größere Druck am Arbeitsplatz wird damit nur selten in Verbindung gebracht. Am schlimmsten ist aber der Ausdruck „Putinversteher". Damit will man alle brandmarken, die sich für einen Abbau der Spannungen mit Russland einsetzen. Wenn man diese Sprechweisen Tag für Tag hört, ist es schwer, sich der zugrunde liegenden Manipulation zu entziehen.[241] Das ist so gewollt und auch in vielen anderen Ländern der Fall.

Ein anderer wichtiger Aspekt ist, dass unsere Medien nicht unabhängig voneinander berichten. Das konnte man sehr gut in den Artikeln über die Freihandelsabkommen beobachten. Bis zur Zeit der großen Demonstrationen wurden die Nachteile dieser Abkommen ausführlich behandelt, dann aber konnte man plötzlich in allen wichtigen Zeitungen nur noch Positives darüber lesen. Ein Schelm, wer Böses dabei denkt!

Eine ähnliche Gleichschaltung der Medien war beim Giftgasanschlag in Syrien vom 21. August 2013 zu beobachten. Innerhalb von Minuten war „klar", dass er nur vom Diktator Baschar al-Assad kommen konnte – und das, obwohl die Wirren in diesem Krieg ein schnelles Urteil unmöglich machten.[242] Beim Giftgasanschlag von 2018 in Syrien waren die angeblichen Beweise sogar noch dürftiger. Wenn einzelne Journalisten etwas vermuten, ist das ihr Recht. Wenn aber alle Medien in der westlichen Welt diese Vermutung als Tatsache verbreiten, muss man sich schon fragen, ob sie allesamt nur unreflektiert voneinander abschreiben, oder ob irgendwelche Interessen hinter einer solchen Berichterstattung stehen.

Ein Grund für die ähnliche Ausrichtung vieler Reportagen ist auch die ständig zunehmende Konzentration bei den Medien. Es gibt immer weniger und immer größere Zeitungsverlage und Fernsehanstalten. Bedauernswert ist auch, dass unsere Medien ständig Personal abbauen und deshalb immer weniger Reporter beschäftigen. Daher muss jeder, der noch nicht fest im Sattel sitzt, um seinen Arbeitsplatz kämpfen und kann sich oft keine eigene Meinung leisten, wenn sie von der Redaktionslinie abweicht.

Auch das neue Datenschutzgesetz trägt zur Vereinheitlichung der Medienberichte bei. Es bestimmt, dass beispielsweise Aufnahmen von Demonstrationen, auf denen Menschen (außer bekannten Persönlichkeiten) zu erkennen sind, nicht mehr von Privatleuten gemacht werden dürfen, um sie dann an die Presse weiterzugeben oder selbst im Internet zu veröffentlichen.[243] Das ist eine einschneidende Neuerung, weil die offiziellen Berichte über Demos oft sehr von dem abweichen, was die Teilnehmer berichten.

Am wichtigsten ist aber wohl die Tatsache, dass die Zeitungs- und Zeitschriftenverlage keine Wohltätigkeitsvereine für Volksbildung, sondern Wirtschaftsunternehmen sind, die weit mehr Einnahmen aus der Werbung als aus dem Verkauf ihrer Produkte erzielen. Ähnlich ist es beim Rundfunk und Fernsehen, außer natürlich bei den öffentlich-rechtlichen Rundfunkanstalten. Deshalb war es gut angelegtes Geld, als zur Zeit des Anti-AKW-Widerstands die großen Energieunternehmen viele Anzeigen schalteten. So ist es verständlich, dass die meisten der tonangebenden Zeitungen nicht angemessen über die Probleme der Atomkraft und über Unfälle in Kernkraftwerken berichteten und es auch heute noch nicht tun. Der Widerstand gegen die Kernkraft wurde hingegen gern mit linken Chaoten in Verbindung gebracht. Das verfehlte seine Wirkung auf die öffentliche Meinung nicht. Selbst die Polizei wurde manchmal von ihren Vorgesetzten mit solchen Falschinformationen bedacht, wie der Autor dieses Buchs, ein Kernphysiker, bei seinen Vorträgen und bei einer Demonstration in Gorleben selbst erleben musste.

Natürlich läuft das nicht nur bei den Atomkraftwerken so, sondern bei allen Technologien und Produkten, mit denen sich viel Geld verdienen lässt, angefangen vom Glyphosat bis zum Billigfleisch aus der industriellen Tierhaltung, das mit Antibiotika-resistenten Keimen belastet ist. Und wenn die Medien nicht im Sinne ihrer wichtigen Anzeigenkunden spuren, kommt es schon vor, dass Vertreter von Firmen in der Redaktion erscheinen und drohen, keine Werbung mehr zu schalten.[244]

Um die Abschaffung wichtiger Regeln für die Banken und die Finanzwirtschaft zu erreichen, schlossen sich – wir sahen es im zweiten Kapitel – die größten internationalen Geldinstitute zusammen, investierten fünf Milliarden Dollar und stellten 3.000 Mitarbeiter ein. Damit machten sie öffentlich Stimmung für eine „freiere" Wirtschaft. Gleichzeitig lief natürlich eine intensive Lobbyarbeit bei den Politikern. Ähnliches ereignete sich in Deutschland, um bei der Bevölkerung eine Ablehnung der „Arbeitsmarktreform" mit den Hartz-I- bis Hartz-IV-Gesetzen zu verhindern. Das war die Aufgabe der neu gegründeten Lobbyorganisation „Initiative Neue Soziale Marktwirtschaft" (INSM), die praktisch eine PR-Organisation des Arbeitgeberverbands Gesamtmetall ist. Ihr Ziel war und ist es, die Sozialgesetze in Deutschland zu lockern und auf mehr „Eigenverantwortung" der Arbeitnehmer zu setzen. Die INSM hatte einen Jahresetat von 10 Millionen Euro.[245] In diesen beiden Fällen handelte es sich um zeitlich begrenzte Aufgaben. Üblich ist, dass auch ohne einen konkreten Anlass die PR-Abteilungen größerer Firmen dauerhafte Partnerschaften mit Zeitungen entwickeln, indem sie Beilagen oder Wettbewerbe finanzieren, Interviews anbieten oder sachlich fundierte Beiträge liefern, die zwar in ihrem Sinn geschrieben sind, aber trotzdem als kostenlose Artikel gern genommen werden.[246] Oft lässt man auch „wissenschaftliche" Studien anfertigen, die, wen wundert es, genau die Ergebnisse liefern, die sich der Auftraggeber wünscht.

Diese Strategie verfolgt auch der Council on Foreign Relations, der bei der Beeinflussung der öffentlichen Meinung weltweit sehr erfolgreich ist. Dazu dienen nicht nur seine zahlreichen Veröffentlichungen, seine Zeitschrift „Foreign Affairs" und die von ihm organisierten Konferenzen. Seine Mitglieder nehmen auch Spitzenpositionen bei vielen wichtigen US-amerikanischen Medien ein.[247]

Die Auslandsberichte der internationalen Presse werden vor allem durch drei Agenturen geliefert: die US-amerikanische „Associated Press" (AP), die britisch-kanadische „Thomson-Reuters" und die französische „Agence France-Presse" (AFP). In Deutschland kommt noch die „Deutsche Presseagentur" (dpa) hinzu. Allein die Konzentration auf so wenige Agenturen ist schon ein Problem. Zwei davon, nämlich Reuters[248] und AP[249], sind zudem mit dem Council on Foreign Relations verbunden. In den Spitzenpositionen der deutschen Medien ist der Council dagegen kaum vertreten, dafür aber die Atlantik-Brücke, die mit dem Council eng verwoben ist. Wie bereits erwähnt, sind darunter auch viele sehr bekannte Mitglieder von ARD und ZDF.[250] Atlantik-Brücke-Mitglieder findet man auch in führenden Positionen vieler anderer deutscher Funkanstalten und in Printmedien wie „Bild", „Die Welt", „Die Zeit", „FAZ", „Spiegel", „Süddeutsche Zeitung" usw.

Die geringe Zahl der internationalen Presseagenturen und der Medienkonzerne sowie die massive Präsenz des Council bzw. der Atlantik-Brücke haben Folgen für die Berichterstattung. Unvollständige oder falsche Meldungen werden von den Medien manchmal unkritisch übernommen. Die angeblichen Massenvernichtungswaffen von Saddam Hussein, über die berichtet wurde, sind nie gefunden worden, dienten aber trotzdem als Kriegsgrund. Von vereinzelten Ausnahmen abgesehen kamen die kritischen Stimmen der Medien erst, als der Krieg bereits begonnen war. Auch beim ersten Irakkrieg von 1990 wurde eine Lüge benutzt, um die Bevölkerung auf den Krieg einzustimmen: Eine Hilfskrankenschwester berichtete unter Tränen, dass Soldaten der irakischen Armee nach der Eroberung von Kuwait Babys aus ihren Brutkästen geworfen und elend hätten zugrunde gehen lassen. Diese Nachricht wurde weltweit verbreitet. Später stellte sich jedoch heraus, dass die angebliche Krankenschwester die Tochter des kuwaitischen Botschafters in den USA und die Geschichte eine Erfindung der PR-Agentur Hill & Knowlton war, die dafür 10 Millionen US Dollar erhielt.[251]

Dienten diese zwei Beispiele dazu, einen Vorwand für einen Krieg zu liefern, so handelt es sich keineswegs um Einzelfälle. Auch in Deutschland legte der damalige Verteidigungsminister Rudolf Scharping Ende Januar 1999 ein Foto mit 23 toten Albanern vor, das ein Massaker der Serben beweisen sollte. Die Botschaft: Deutschland müsse in den Krieg eintreten, um eine humanitäre Katastrophe zu verhindern. Kurz nach Kriegsbeginn präsentierte Scharping ein weiteres Dokument, das den Krieg rechtfertigen sollte: den sogenannten „Hufeisenplan". Ihm zufolge wollte der serbische Präsident Milosevic die Albaner aus den von den Serben beanspruchten Gebieten vertreiben. Später stellte sich jedoch heraus, dass es sich bei dem Hufeisenplan um eine bloße Erfindung handelte und die toten Albaner auf dem Foto nicht Opfer eines Massakers, sondern UCK-Kämpfer waren.[252] Im Gegensatz zu den beiden vorherigen Beispielen gab es aber in Deutschland Experten, die die Fälschungen bald aufdeckten. Darüber berichteten die Medien unvoreingenommen. Hier war die Situation also besser als bei den beiden Irakkriegen. Trotzdem: Bei den vielen Berichten über Gräueltaten vor oder während eines Kriegs darf man nicht alles glauben. Die Medien übernehmen Meldungen oft ohne sie zu prüfen. Außerdem lassen sich die Schrecken eines Kriegs schwer in einer einzelnen Nachricht objektiv beschreiben.

Zum Glück werden aber völlig falsche Meldungen von den Medien nur sehr selten unkritisch verbreitet. Häufiger kommt es vor, dass über wichtige Ereignisse nicht oder nicht ausreichend berichtet wird. Ein Beispiel dafür ist die Tatsache, dass Gelder aus der EU eingesetzt werden, um Flüchtlinge von Europas Grenzen und vom Mittelmeer abzuhalten. Die Öffentlichkeit erfuhr lange nicht, dass das libysche und das ägyptische[253] Militär von der EU aufgerüstet wurden, um Flüchtlingsboote auch außerhalb ihrer Hoheitsgebiete aufgreifen und zur Küste zurückbringen zu können – eine klare Verletzung internationalen Rechts. Auch wurde erst viel später bekannt, dass in Libyen die so gefangenen Menschen in Lager gesteckt werden, wo unbeschreibliche Zustände herrschen, schwerste Folterungen stattfinden und Frauen und Mädchen vom Wachpersonal laufend vergewaltigt werden.[254] Das Gleiche gilt für die Unterstützung diktatorischer Regierungen in Ostafrika, damit sie Flüchtlinge von uns fernhalten. Eigentlich sollte der Steuerzahler doch wissen, was mit seinem Geld gemacht wird – besonders, wenn damit Menschenrechtsverletzungen ermöglicht werden.

Manchmal findet man auch sehr einseitige Darstellungen und manipulierte Bewertungen von Ereignissen. Ein Beispiel dafür ist die Aussage, dass ein Diktator seine eigene Bevölkerung bombardiere. Sicher war es ein Verbrechen, dass Muammar Gaddafi 2011 Bomben auf die Aufständischen in seinem Land warf und damit auch viele Zivilisten tötete. Die Medien nahmen es zum Anlass für die Forderung, dem Krieg gegen ihn beizutreten und Libyen von ihm zu befreien. Der wahre Kriegsgrund war jedoch die Ölpolitik Gaddafis. Die Doppelzüngigkeit dieser Berichterstattung wird deutlich, wenn man sie mit den Bombardierungen kurdischer Städte in der Türkei vergleicht, die 2015 und 2016 zum Teil noch vor dem Putschversuch gegen Recep Tayyip Erdoğan erfolgten. Unter anderem wurde ein ganzes Stadtviertel der Millionenstadt Diyarbakir, noch dazu ein Weltkulturerbe, dem Erdboden gleichgemacht, ebenso ein Stadtviertel von Nusaybin, wie der Autor dieses Buchs selbst gesehen hat. Nur wenige Stunden vor der Bombardierung wurden die Bewohner aufgefordert, die Gegend zu verlassen; danach wurde jeder, der auf der Straße gesichtet wurde, ohne Vorwarnung erschossen. Dieser Zustand dauerte in Diyarbakir mehrere Monate. Selbst eine 16-jährige Schülerin, die noch einige Zeit nach der Zerstörung die Gegend fotografieren wollte, wurde von der Polizei erschossen. Trotzdem: Wenn es dem Autor dieses Buchs gelungen ist, die zerstörten Stadtviertel zu fotografieren, dann wäre das auch für jeden halbwegs geschickten Reporter möglich gewesen.

In unseren Medien hieß es jedoch nur kurz, in der Osttürkei würden Städte bombardiert, in die sich Terroristen zurückgezogen hätten. Kein Wort von der vollständigen Zerstörung ganzer Stadtviertel, in denen sich noch viele Menschen befanden, und auch kein Wort über die Erschießung von Zivilisten und andere Gräueltaten. Der Grund für die verzerrte Berichterstattung war, dass Deutschland mit der Türkei ein Abkommen geschlossen hatte, dass die Türkei Flüchtlinge von der EU fernhalten sollte und dafür mehrere Milliarden Euro bekam – da passten keine Nachrichten, dass gerade in dem

Gebiet, in dem die Flüchtlinge ankamen, schwere Menschenrechts-verletzungen stattfanden.[255] Auch über die häufigen Bombardierun-gen und Zerstörungen von Dörfern im Sinai auf Befehl von Ägyp-tens Präsident al-Sisi berichteten unsere Medien kaum; schließlich brauchen wir ihn, um den Flüchtlingen den Weg nach Europa zu versperren. Dagegen wurden die Bombardierungen syrischer Städte durch das Assad-Regime ausführlich behandelt, denn diesen Dikta-tor wollte man stürzen.

Ein weiteres Problem ist die vermeintlich neutrale Darstellung, der sich die Medien verpflichtet fühlen. So wurde zwar regelmäßig über die Angriffe muslimischer Fundamentalisten auf Kopten in Mittelägypten berichtet, aber immer in der Weise, dass es gewalt-same Auseinandersetzungen zwischen den Christen und den Mus-limen gegeben habe, bei denen Menschen getötet worden seien. Erst nach den Attentaten auf christliche Kirchen konnte nicht mehr unter-stellt werden, dass Christen und Muslime miteinander gekämpft hät-ten, sondern dass es sich um Überfälle von nur einer Seite handelte. Ähnlich problematisch sind manchmal Berichte über Christenver-folgungen in Indien, Afghanistan und vielen anderen Ländern, sofern sie überhaupt gebracht werden.

Es ließen sich noch viele weitere Beispiele anführen. Dass der grö-ßere Teil unserer Medien in einem Netzwerk steht, das einseitigen politischen Interessen verpflichtet ist, ist schwer erträglich. Präsident Obama konnte sogar von *„unserer Fähigkeit die Meinung der Welt zu formen"* sprechen.[256] Die Situation ändert sich jedoch langsam, weil im Internet, auf Facebook und Twitter unabhängige Nachrich-ten verbreitet werden. Sie sind zwar oft falsch oder einseitig, geben aber trotzdem Anlass für Nachforschungen. Deshalb ist auch die massive russische Propaganda in den Neuen Medien vorerst noch kein Schaden, selbst wenn sie gefärbte und gelegentlich sogar falsche Meldungen enthält. Denn diese Falschmeldungen werden meist schneller als solche erkannt als die geschickten Manipulationen ande-rer Berichte. Trotzdem darf man die Wirkung solcher „Fake News" nicht unterschätzen, sobald das Vertrauen in unsere Medien noch weiter sinkt. Der Skandal um Cambridge Analytica hat gezeigt, dass es möglich ist, derartige Nachrichten an einen bestimmten Empfängerkreis anzupassen und dann gezielt an Menschen zu schicken, die dafür empfänglich sind. So breiten sie sich aus, bevor sie von der Allgemeinheit wahrgenommen und richtiggestellt werden können. Zum Teil geschieht das heute schon, weil viele gutgläubige Privatleute sie an ihre Freunde weiterleiten, die ähnlich denken wie sie.

Um eine unabhängige Berichterstattung zu unterbinden, wird immer wieder versucht, die Freiheit des Internets einzuschränken.

Unsere Aufgabe

Deshalb ist hier die Verantwortung von uns allen besonders groß. Wir sollten Nachrichten weitergeben, die in den öffentlichen Medien nicht gebracht werden, möglichst mit einem Hinweis, woher wir sie haben. Sind die Meldungen nicht sicher, sollten wir auch unsere Zweifel nicht verbergen. Wenn wir nämlich falsche Nachrichten verbreiten, geben wir den Behörden nur noch mehr Anlass, gegen „Fake News" vorzugehen und eine Zensur des Internets einzuführen. Es liegt an uns, jeden Gedanken an irgendwelche Zensuren sofort aktiv zu bekämpfen. Sonst bekommen wir bald Zustände wie in autoritär regierten Ländern.

5. Hunger und Armut in der Welt

Unter- und Mangelernährung

Im Jahr 2017 stieg die Zahl der Milliardäre so stark an wie nie zuvor: Jeden zweiten Tag einer mehr. 82 Prozent des neu entstandenen Vermögens gingen an das reichste eine Prozent der Weltbevölkerung, während die ärmere Hälfte überhaupt nichts davon bekam.[257] Die ungenügend bezahlte Arbeit von vielen erschafft den Reichtum einiger weniger: eine gefährliche Situation. Was das für die betroffenen Menschen bedeutet, zeigen die folgenden Zahlen.

Die Welthungerhilfe und das World Food Program geben an,[258] dass 2016 rund 795 Millionen Menschen unterernährt waren. Das sind mehr als 10 Prozent der Weltbevölkerung. Jedes Jahr werden bis zu 20 Millionen untergewichtige Kinder geboren, denn mangelernährte Mütter gebären oft mangelernährte Kinder. Dazu kommt noch der „verborgene Hunger": Wegen eines Vitamin- oder Mineralstoffmangels (vor allem von Eisen, Jod, Zink oder Vitamin A) können sich Kinder körperlich und geistig nicht richtig entwickeln. Auch für Erwachsene besteht eine hohe Lebensgefahr. Davon sind rund zwei Milliarden Menschen betroffen. Dabei kostet eine Schulmahlzeit mit wichtigen Vitaminen und Nährstoffen lediglich 20 Cent. 98 Prozent der weltweit hungernden Menschen leben in Entwicklungsländern, 60 Prozent der hungernden Bevölkerung leben in Äthiopien, Tansania, China, Bangladesch, Indien, Pakistan und Indonesien. In Afrika müssen bis zu zwei Drittel der Bevölkerung mit weniger als einem US-Dollar pro Tag leben.[259] Aber mindestens eine Milliarde Menschen leidet an Übergewicht und krank machender Fettleibigkeit.[260]

Diese unvorstellbare Katastrophe darf uns nicht kaltlassen. Die Ursachen müssen untersucht und bekämpft werden. Unser Wirtschaftssystem und unser Lebensstil sind die wichtigsten Gründe dafür, wie im Folgenden gezeigt wird. Auch das Erbe der Kolonialherrschaft spielt insofern eine Rolle, als in vielen Ländern lange keine politische Elite heranwachsen konnte und deshalb Misswirtschaft und Korruption weiter verbreitet sind als anderswo.

Glücklicherweise hat sich die Situation in den letzten Jahren vor allem durch den Anbau von leistungsfähigeren Pflanzensorten etwas verbessert: Nach Angaben des World Food Program ist die Zahl der unterernährten Menschen zwischen 1990 und 2016 um etwa 216 Millionen gesunken. Auch die Zahl der jährlichen Todesfälle von Kleinkindern ging zwischen 1990 und 2015 weltweit von 12,7 auf knapp 6 Millionen zurück. Rund die Hälfte davon starb an Unterernährung. Mit anderen Worten: Trotz dieser Verbesserung haben wir zurzeit immer noch jede Minute mehr als sechs tote Kleinkinder infolge einer Mangelernährung.

Diese Hungerkatastrophe müsste nicht sein

Diese Hungerkatastrophe müsste nicht sein. Man kann sie nicht mit einer Überbevölkerung auf der Erde erklären. Wären die Ernteerträge weltweit gleichmäßig verteilt, könnte jeder Mensch 2.891 Kilokalorien (kcal) am Tag bekommen.[261] Schon gut 2.000 kcal reichen für die Ernährung eines Menschen aus. Würde es sogar gelingen, die Verluste beim Transport, der Lagerung, im Handel und in den Haushalten zu vermeiden, und würde man keine Nahrungsmittel an Tiere verfüttern oder zu Kraftstoffen verarbeiten, hätte bei der gegenwärtigen Produktion jeder Mensch mehr als 4.600 kcal am Tag zur Verfügung.[262, 263] Das bedeutet: Selbst wenn die Bevölkerung der Erde noch stark zunimmt, müsste niemand hungern. Wenn wir also den Hunger auf der Welt bekämpfen wollen, müssen wir unseren Lebensstil ändern: Wir sollten mit den Nahrungsmitteln sorgfältiger umgehen, und unser Speisezettel müsste weniger Kaffee und Kakao, vor allem aber weniger Fleisch enthalten. Denn Tiere verbrauchen sehr viel Futter, bis sie schlachtreif sind: Bei Geflügel sind es doppelt so viele Kalorien (also Nährwert), wie später das Fleisch enthält, bei Schweinen und Zuchtfischen dreimal so viele und bei Rindern das Siebenfache, wobei allerdings ein Teil des Futters aus Gras von Wiesen besteht, auf denen ein Nahrungsmittelanbau nicht möglich ist. Bei Milch und Eiern ist es nicht besser: Auch sie enthalten nur rund ein Drittel der Kalorien, die man für das Futter der Tiere benötigt.[264] Das sind abstrakte Zahlen. Was sie konkret bedeuten, sieht man daran, dass weltweit rund 80 Prozent der landwirtschaftlichen Nutzfläche Weideland ist oder für den Futtermittelanbau genutzt wird.[265] So wird in vielen Gegenden Südamerikas hauptsächlich Soja für die Tierzucht in Europa und für Biosprit angebaut. Deshalb steht dort nicht genügend Nahrung für die Bevölkerung zur Verfügung. Der Erlös dieses Exports kommt aber nicht der einheimischen Bevölkerung zugute, sondern Großgrundbesitzern und den Agrokonzernen, die das Soja produzieren, exportieren und vermarkten.

Freihandelsabkommen mit Entwicklungsländern

Einer von mehreren Gründen für diese Zustände sind die „Economic Partnership Agreements" (EPAs) und die Freihandelsabkommen mit der EU: Die Staaten verpflichten sich, alle Beschränkungen beim Landkauf abzuschaffen, etwa durch Agrarkonzerne, die nur für den Export und nicht für die Ernährung der eigenen Bevölkerung produzieren. Außerdem müssen sie viele Importe von Nahrungsmitteln praktisch zollfrei ins Land lassen. Auf diese Weise exportiert die EU vor allem Milch- und Getreideprodukte, sowie Hühnerfleisch nach Afrika. Diese Länder werden von unseren Erzeugnissen, die oft von minderer Qualität sind, regelrecht überschwemmt. Da deren Produktion in Europa und in den USA hoch subventioniert wird, können die einheimischen Bauern nicht mit ihnen konkurrieren.[266] Zwischen 1999 und 2004 wurden dadurch beispielsweise in Kamerun 92 Prozent der lokalen Geflügelproduzenten verdrängt, und etwa 110.000 Arbeitsplätze gingen verloren.[267] Die Bauern in Afrika haben dann nur noch die Wahl, entweder selbst für den Export zu produzieren, oder ihr Land an einen Agrarkonzern zu verkaufen, und dann auf ihrem früheren Grund als unterbezahlte Arbeiter so wenig zu verdienen, dass es nicht reicht, damit eine Familie zu ernähren. Selbst wenn sie ihr Land behalten und für den Export Soja, Weizen, Kaffee, Kakao, Südfrüchte oder Blumen pflanzen, sind sie meistens nicht besser dran, gibt es doch gewöhnlich nur eine einzige, bestenfalls zwei Firmen, die ihre Waren aufkaufen und exportieren und somit den Preis diktieren. Der Autor dieses Buchs hat Ende 2015 an der Zehnten Ministerkonferenz der Welthandelsorganisation in Nairobi teilgenommen. Dort wurden die Bedingungen für die Bauern verschärft, sodass sie sich praktisch nicht mehr in Genossenschaften zusammenschließen können, um Mindestpreise für ihre Produkte festzulegen. Und den Staaten wurde ausdrücklich verboten, Mindestpreise festzulegen. Die Kartellbildung der Exporteure stellte dagegen niemand infrage. Es war eine Schande zu sehen, wie sich die Europäische Handelskommissarin Malmström und der Verhandlungsleiter der US-amerikanischen Delegation Froman (ein Mitglied des Council on Foreign Relations und der Trilateralen Kommission) gegenseitig die Bälle zuspielten.

Die Welthandelsorganisation hat auch den Ländern Südostasiens verboten, große Nahrungsmittelvorräte anzulegen. Diese sind aber nötig, weil dort das Wachstum der Pflanzen davon abhängt, wann der Monsun beginnt. Kommt er zur falschen Zeit, oder fällt er ganz aus, reichen die Ernten nicht aus, um die Bevölkerung zu ernähren; es kommt zu einer Hungersnot. In solchen Fällen können große staatliche Nahrungsmittelvorräte den enormen Preisanstieg verhindern, der mit einer Nahrungsmittelknappheit stets verbunden ist. Das stört aber die Spekulanten, die von den überhöhten Preisen profitieren. Mit dem Verbot der großen Nahrungsmittelvorräte[268] nimmt also die Welthandelsorganisation bewusst Hungerkatastrophen in Kauf. Nach dem heftigen Protest der betroffenen Länder unter der Führung Indiens hat man sich wenigstens darauf geeinigt, dass wegen der Vorräte vorerst keine Schiedsgerichtsverfahren eröffnet werden, bei denen es um Milliarden Euro Schadensersatz an die Spekulanten ginge.

Ein weiteres großes Problem sind die Fischereiabkommen, die die EU mit vielen afrikanischen Ländern abgeschlossen hat. Ein Flüchtling aus Westafrika hat das im deutschen Fernsehen etwa so erklärt: „Eure großen Schiffe fischen unser Meer leer. Für uns bleibt nichts übrig; wir können von unserem Fang nicht mehr leben. Und jetzt kann ich nicht in Deutschland bleiben. Ihr schickt mich als Wirtschaftsflüchtling wieder nach Hause." Die EU zahlt zwar etwas Geld an die Staaten, vor deren Küsten sie fischt. Davon kommt aber so gut wie nichts der Bevölkerung zugute.

Die Freihandelsabkommen bringen für diese Länder noch ein weiteres Problem: Indem Industriegüter zollfrei importiert werden, kann sich keine eigene Industrie entwickeln – außer man würde so viel Geld investieren, dass die Produkte sofort auf dem Weltmarkt konkurrenzfähig wären. So gibt es in den ärmeren Ländern bestenfalls Montagewerke für Industriegüter, in denen man den geringen Lohn der Arbeiter ausnützt.

Vielleicht erinnern sich noch einige ältere Leser, dass in den 1970er-Jahren für damalige Verhältnisse leistungsfähige Computer aus den USA, aber auch aus Deutschland auf dem Markt waren. Zu dieser Zeit erhob Japan so hohe Zölle auf deren Einfuhr, dass sie sich auch große Unternehmen und Institute nicht leisten konnten. Stattdessen mussten sie japanische Produkte verwenden, über die wir damals nur lachten. Der Erfolg dieser Maßnahme ist bekannt: Durch den so erzwungenen heimischen Markt wurde ein ausreichender Absatz erreicht, der die nötigen Erfahrungen und vor allem das für weitere Entwicklungen erforderliche Kapital brachte. Heute sind japanische

Computer aller Art auf den globalen Märkten zu finden. Das wäre sicher nicht möglich, wenn Japan damals wegen eines Freihandels-abkommens keine Schutzzölle erhoben hätte.

In einigen Fällen hat die EU afrikanische Länder geradezu erpresst, ein Freihandelsabkommen abzuschließen.[269] Hätten sie sich gewei-gert, wären sie völlig isoliert gewesen. Selbst der Handel mit ihren Nachbarländern wäre schwierig geworden, weil diese eine weitge-hende Zollunion mit der EU hatten. Heute kann aber kaum noch ein Land völlig autark sein.

Zehn Regeln für Handelsverträge

Handel an sich ist auf jeden Fall etwas Gutes. Erst durch ihn bekom-men wir viele Dinge des täglichen Lebens. Was wir eben gesehen haben, sind nur die Auswüchse neoliberaler Wirtschaft, die über den Umweg von Handelsverträgen ihre Ziele durchsetzen will. Deshalb muss in der Zukunft nicht nur auf den Erhalt unseres Rechtsstaats und der Demokratie, sondern auch auf mehr Fairness gegenüber den wirtschaftlich schwächeren Ländern geachtet werden. Die wichtigs-ten Kriterien dafür sind:

1. Die Öffentlichkeit muss zeitnah und vollständig über die Verhand-lungen zu den Verträgen unterrichtet werden. Die Ergebnisse der Ver-handlungen müssen vom Parlament ratifiziert werden, das genügend Zeit haben muss, die komplizierten Texte durchzuarbeiten.

2. Der Export (wie z. B. Waffenexporte), und der Import (wie z. B. Be-kleidung aus Ländern, in denen ungenügende Arbeitsschutzbestim-mungen oder Sozialstandards gelten) von irgendwelchen Waren darf weder die soziale Lage der betroffenen Bevölkerung verschlechtern, noch zu Menschenrechtsverletzungen führen oder die Umwelt erheb-lich schädigen.

3. Der Handel mit Waren, die im exportierenden oder im importierenden Land verboten sind, muss unterbunden werden.

4. Durch Handelsverträge dürfen Zölle nur in solchen Bereichen der Wirtschaft abgebaut werden, in denen die Entwicklung aller beteiligten Länder ähnlich weit ist. Denn Zölle können nötig sein, um mit wenig Eigenkapital einen Wirtschaftszweig zuerst einmal im eigenen Land aufzubauen.

5. Verträge, die den Agrarbereich (z. B. den Handel oder Anbau von Nahrungs- und Futtermitteln, Blumen, Palmöl) regeln, sind besonders kritisch zu sehen, ebenso wie der Erwerb von großen landwirtschaftlichen Flächen. Hier ist vor allem auf die Sozial- und Umweltstandards, sowie auf den Tierschutz zu achten. Die Verwendung des eigenen Saatguts darf nicht verboten werden.

6. Der Export von Agrarprodukten (Kaffee, Kakao, Futtermittel für Tierzucht in Europa und in den USA usw.) ist so lange zu verbieten, wie die Anbaufläche dafür zur Ernährung der Bevölkerung im eigenen Land benötigt wird.

7. Verträge dürfen die Spekulation mit Nahrungsmitteln nicht unterstützen.

8. Verträge dürfen die Gesetzgebung nicht einschränken. Auf den Erhalt der Verbraucherschutzstandards ist besonders zu achten.

9. Verträge dürfen keine Verpflichtung enthalten, die öffentliche Daseinsvorsorge (Wasser, Abwasser, Strom, Gas, Straßen, Schienennetz, öffentliche Verwaltung etc.) zu privatisieren oder von Privatfirmen durchführen zu lassen.

10. Sonderklagerechte für Investoren darf es nicht geben. Die existierenden Gerichte genügen für den Schutz von Investitionen.

Entwicklungshilfe

Trotz allem darf die Entwicklungshilfe nicht vergessen werden, die viele der reicheren Staaten leisten. Nach Schätzungen des „Spiegels"[270] haben die westlichen Industrieländer bisher mindestens 800 Milliarden Euro allein nach Afrika geschickt, vielleicht auch wesentlich mehr. Davon ist aber nur ein Bruchteil bei der Bevölkerung angekommen. Der Großteil blieb bei den Eliten der jeweiligen Länder hängen. In vielen Fällen hätte sich das durch eine bessere Kontrolle der geförderten Maßnahmen verhindern lassen.

Auch die EU will zusätzlich zu ihren bisherigen Zahlungen eine „Investitionshilfe für Drittländer" (EIP) auflegen, deren erste Säule, „Garantie und Garantiefonds für nachhaltige Entwicklung" (EFSD)[271] genannt, am 14. September 2016 vorgestellt wurde. Durch Garantien und Zahlungen von rund 4,1 Milliarden Euro hofft man, etwa das Zehnfache davon an Investitionen von privaten Anlegern anzustoßen. Nutznießer sollen aber nur diejenigen afrikanischen Länder sein, die das Partnerschaftsabkommen von Cotonou[272] unterzeichnet haben, sowie die Partnerländer der „Europäischen Nachbarschaft" (östlich und südlich der EU),[273] also Länder, die Handelsabkommen mit der EU geschlossen haben. Es handelt sich zwar um viel Geld, aber es wird auch auf viele Länder verteilt. Für einige davon ist das nur ein kleiner Ausgleich dafür, dass wir von ihnen viel zu billige Nahrungsmittel, Kleider oder Rohstoffe[274] einführen. Fairen Handel kann man das nicht nennen. Kurz: Trotz aller Anstrengungen sind diese Gelder keine angemessene Entschädigung für den finanziellen Nutzen, den wir aus vielen Ländern ziehen, aber immerhin besser als nichts.

Es gibt noch einen weiteren Hoffnungsschimmer: Im Juli 2017 wurde auf dem G20-Gipfel in Hamburg ein Pakt der großen Industrieländer mit den sieben afrikanischen Staaten Marokko, Tunesien, Senegal, Elfenbeinküste, Ruanda, Ghana und Äthiopien beschlossen. Auch damit sollen private Investitionen angeregt werden. Da einige dieser Länder kaum Exportgüter haben, die für die Industrieländer von Bedeutung sind, geht es vor allem um billige Arbeitskräfte. Das kann ein guter Ansatz sein, denn schlecht bezahlte Arbeitsplätze sind oft besser als gar keine – vorausgesetzt, der Lohn und die Arbeitsbedingungen ermöglichen ein Leben in Würde. Das ist aber leider oft nicht der Fall.

Solange der Hunger in den ärmsten Ländern nicht besiegt ist, wird der Flüchtlingsstrom nach Europa und speziell nach Deutschland nicht abreißen. Niemand begibt sich freiwillig auf eine Reise, die oft mit dem Leben bezahlt werden muss: auf dem Weg durch die Sahara und über das Mittelmeer oder in den Lagern, in denen es am Nötigsten fehlt. Der Flüchtlingsstrom zeigt die Verzweiflung der Menschen in diesen Ländern.

Die drei K: Klimawandel, Krieg, Korruption

Natürlich ist nicht nur unsere Handelspolitik am Hunger in den ärmsten Ländern schuld. Im Jemen und Südsudan, in Somalia und Nigeria herrscht immer wieder eine katastrophale Dürre. UN-Generalsekretär António Guterres sprach im Februar 2017 von über 20 Millionen Menschen, die dadurch aktuell bedroht sind.[275] Weil sie auf ihren Feldern nichts mehr ernten können oder ihre Viehherden verdurstet sind, sind von November 2016 bis Juni 2017 allein in Somalia 714.000 Menschen in andere Landesteile geflohen. Wegen des Wassermangels und der schlechten hygienischen Bedingungen ist die Gefahr einer Cholera-Epidemie unter den Flüchtlingen groß. Früher schon, im Jahr 2011, kamen in Somalia über eine Viertelmillion Menschen durch eine Dürre und die damit verbundene Hungersnot ums Leben.[276] So wie heute schaffte man es auch damals nicht, genügend Hilfsgelder aufzubringen, um wenigstens das Schlimmste abzuwenden.

Die Liste der von Dürre und Hunger bedrohten Länder in Afrika ist lang. Außer den bereits erwähnten sind es Äthiopien, Dschibuti,

Eritrea, Niger, Kamerun und Tschad. Diese Dürren sind eine Folge des Klimawandels, der durch die Industrieländer zumindest mitverschuldet wird. Die betroffenen Länder haben ihn sicher nicht verursacht. Für die Zukunft muss man sogar damit rechnen, dass solche Dürreperioden infolge der steigenden Temperaturen und der fallenden Niederschlagsmengen noch häufiger auftreten. Das ist vor allem auch für die Viehzüchter ein Problem, deren Herden verdursten, und die deshalb ihre Existenzgrundlage verloren haben, auch wenn es wieder regnet.

In den letzten Jahren haben einige afrikanische Länder reagiert und zum Beispiel die Trinkwasserversorgung ausgebaut und Hilfsprogramme für die besonders gefährdeten Bevölkerungsgruppen aufgelegt. Zusätzlich werden in Äthiopien Bedürftige vom Staat beschäftigt, die manchmal mit Nahrungsmitteln statt mit Geld bezahlt werden. Auch im Norden Kenias werden die in extremer Armut Lebenden finanziell unterstützt. Solche Maßnahmen setzen jedoch voraus, dass der Staat das Geld dafür hat. Leider trifft das für die meisten der von der Dürre betroffenen Länder nicht zu.

Das alles scheint sehr weit weg von uns zu sein. Aber kann es uns wirklich egal sein, ob nur wenige Flugstunden von uns entfernt Millionen Menschen vom Hungertod bedroht sind? Und das nicht zuletzt wegen unserer mangelnden Sorgfalt im Umgang mit den Klimagiften? Schuld am Hunger und an der Not in Afrika sind natürlich auch die Kriege, die dort geführt werden. Daran verdient unsere Rüstungsindustrie, deren Waffen manchmal auf beiden Seiten der Front zum Einsatz kommen. Im Jemen ist es wegen des Kriegs für Hilfsorganisationen praktisch unmöglich, die notleidende Bevölkerung zu erreichen. Das gilt auch für den Süden Somalias, wo in vielen Gebieten die islamistischen Al-Schabaab-Milizen den Zugang unmöglich machen. Im Südsudan trifft die Regierung sogar eine Mitschuld an den katastrophalen Verhältnissen. Mit dem Geld, das sie aus dem Verkauf von Erdöl einnimmt, kauft sie lieber Waffen statt Nahrungsmittel.

Natürlich gibt es in den ärmsten Ländern auch immer wieder Regierungen, die vor allem ihr eigenes Wohl und nicht das ihrer Bevölkerung im Sinn haben. Korruption und Ausbeutung sind dort an der Tagesordnung und stürzen viele Länder ins Chaos. Aber das allein erklärt das Ausmaß der Hungerkatastrophe nicht. Wir in den Industrieländern tragen ganz wesentlich dazu bei.

Agrarkonzerne

Wer die Nahrungsmittelproduktion kontrolliert,
beherrscht die Welt

In der Landwirtschaft geht der Trend eindeutig weg von den bäuerlichen Familienbetrieben, die ihre Erzeugnisse an lokale Geschäfte liefern. Das ist in Deutschland offensichtlich: Zwischen 2001 und 2016 mussten bis zu 80 Prozent der Mastbetriebe die Tierhaltung aufgeben, während gleichzeitig ca. 50 Prozent mehr Fleisch produziert wurde.[277] In Deutschland herrschen trotzdem noch private Betriebe vor, allerdings oft nur für den Nebenerwerb. Weltweit breiten sich dagegen internationale Konzerne immer weiter aus, vom Anbau auf den Feldern über die Verarbeitung der Lebensmittel bis hin zum Einzelhandel.

Zwar liegen heute immer noch 70 Prozent der weltweiten Nahrungsmittelproduktion in der Hand von Kleinbauern mit einer Ackerfläche von weniger als zwei Hektar[278], aber nur 1 Prozent der Bauern bearbeiten 65 Prozent der landwirtschaftlichen Fläche der Welt.[279] Diese ungleiche Landverteilung wird durch die Ansiedelung riesiger Agrarbetriebe in den Schwellen- und Entwicklungsländern verstärkt. Die kleinsten von ihnen haben um die 200 Hektar, die größten mehr als unvorstellbare 200.000 Hektar.[280] Das ist eine Fläche von mehr als 45 x 45 Kilometer! Die meisten dieser industriellen Agrarunternehmen befinden sich in Indonesien mit rund 3 Millionen Hektar, gefolgt von der Ukraine, Russland, Papua Neuguinea und Brasilien. Besonders krass ist die Situation in Kambodscha, das ein Viertel seiner Fläche für Investoren bereitstellt.[281] In der Ukraine kontrollieren zehn Unternehmen sogar die Hälfte der Ackerfläche (2,8 Millionen Hektar). Auch wenn sich die genauen Zahlen schwer ermitteln lassen, kann man sagen, dass weltweit bei solchen Großprojekten der Anbau von Biokraftstoffen wie Palmöl und Zuckerrohr etwa ein Viertel bis ein Drittel der Fläche einnimmt.[282] Er ist eine der wichtigsten Ursachen für Landraub. Denn die Agrokonzerne bekommen ihr Land sehr oft durch Rodungen von Urwäldern oder durch Landraub von den ortsansässigen Kleinbauern. Es ist ein Verbrechen, dass die EU beim Benzin die Beimischung von Biokraftstoffen vorschreibt und dadurch den Anbau in dieser Menge erst möglich macht. Menschenrechte spielen offenbar nur eine untergeordnete Rolle.

Der Landraub geht auch heute noch ungebremst weiter: In der Region Gambella (Äthiopien) wurde eine Million Menschen vertrieben.[283] In Kambodscha sahen sich allein durch den Zuckeranbau 10.000 Menschen ihrer Lebensgrundlage beraubt; viele mussten ihr angestammtes Gebiet verlassen. Der Zucker wird vollständig nach Europa exportiert; die lokale Bevölkerung bekommt nichts vom Gewinn, aber das Land geht für ihre Ernährung verloren.[284] Die Menschen wurden mit Gewalt gezwungen, ihr Land zu verlassen, Wasser wurde auf die Felder umgeleitet und Menschenrechtsaktivisten wurden als Kriminelle verfolgt. Die Deutsche Bank ist über drei verschiedene Fonds an den wichtigsten Unternehmen beteiligt.

Das sind nur zwei Beispiele für den Landraub, der in Afrika und in Asien weit verbreitet ist. Ermöglicht und vorangetrieben wird das nicht zuletzt auch durch die aggressive Handelspolitik der EU. Im Jahr 2011 wurde das Papier „Everything but Arms" (EBA)[285] veröffentlicht, das fordert, mit möglichst allen Entwicklungsländern der Erde Handelsabkommen abzuschließen. Damit soll der zollfreie Import der dort erzeugten landwirtschaftlichen Produkte nach Europa ermöglicht werden, Ziel ist aber auch, den europäischen Firmen neue Betätigungsmöglichkeiten zu erschließen. Insbesondere verlangen die Handelsabkommen, die Gesetze in den Entwicklungsländern so zu gestalten, dass ausländische Investoren Land erwerben können. Am Ende braucht es dann noch das aktive Eingreifen der jeweiligen Regierung, um die Bevölkerung mit Gewalt aus ihren angestammten Gebieten zu vertreiben.

Aber nicht nur europäische Firmen betreiben Landraub. Es sind auch solche aus Malaysia, den USA, Singapur, Saudi-Arabien, Indien und China, um nur einige der wichtigsten zu nennen. Es wäre jedoch falsch zu glauben, dass alle großen Agrarkonzerne ihr Land durch Landraub oder Rodung von Urwäldern bekommen haben. Nach „Land Matrix" gehörten vor dem Erwerb nur 28 Prozent dieser Flächen den Kommunen und nur 15 Prozent waren im Besitz von kleinen Bauern oder anderen Privatpersonen. Allerdings wurden die betroffenen Kommunen nicht einmal in 14 % der Fälle vor dem Verkauf vollständig informiert und stimmten diesem freiwillig zu.[286]

Besondere Besorgnis hat das Projekt ProSavana[287] hervorgerufen, das 2013 zwischen den Regierungen von Mosambik, Japan und Brasilien ausgehandelt worden ist. Damit sollen mehr als 10 Millionen Hektar in 19 Distrikten im Norden von Mosambik für intensive Landwirtschaft mit importiertem (vermutlich gentechnisch verändertem) Saatgut unter Verwendung von chemischem Dünger und Pestiziden bereitgestellt werden. Dort leben etwa vier Millionen Menschen, die bis jetzt keinen festen Landbesitz haben, sondern eine „shifting agriculture" genannte Landwirtschaft betreiben. Bauern, die sich an dem Projekt beteiligen, sollen 5,5 Hektar Land zugesprochen bekommen. Dort können sie aber nicht anbauen, was sie wollen. Der eigentliche Grund für die Maßnahme ist denn auch, das bisher gemeinschaftlich genutzte Land zu privatisieren und ausländischen Investoren zur Verfügung zu stellen. Diese legen in einem „Master plan" fest, welche Bauern was anbauen müssen, und wie das genau zu geschehen hat – natürlich mit Saatgut, das gekauft werden muss, mit Dünger und mit Pestiziden. Für das Kapital der ausländischen Investoren soll eine stattliche Rendite von bis zu 30 Prozent (pro Jahr!) anfallen.

Auch beim Saatgut für Nahrungsmittel spielen einige wenige Konzerne eine immer größere Rolle: Die drei Firmen Bayer-Monsanto, DuPont/Dow Chemical und Syngenta (im Besitz des chinesischen Saatgutkonzerns ChemChina) beherrschen über die Hälfte des kommerziellen Saatgutmarkts[288] und produzieren ebenfalls die Hälfte der Pestizide[289]. Dabei konzentrieren sie sich auf nur vier Produkte: Mais, Soja, Weizen und Reis. Eigentlich ist es erstaunlich, dass der Saatguthandel überhaupt eine so große Rolle spielt. Seit Jahrtausenden haben die Bauern stets einen kleinen Teil ihrer Ernte für die Aussaat im nächsten Jahr aufbewahrt. So waren sie unabhängig. Nach dem Willen der Saatgutkonzerne soll das Vergangenheit sein. Spezielle Züchtungen erlaubten deutliche Ertragssteigerungen. Zunächst durften die Bauern das Saatgut aus den damit erzielten Ernten selbst wieder aussäen. Aber in den 1990er- Jahren wurde dieses Privileg aufgehoben: Die Bauern dürfen das Saatgut jetzt nicht mehr verwenden oder müssen Lizenzgebühren bezahlen. Inzwischen wurde in der EU das sogenannte Saatgutverkehrsrecht[290] erlassen, das vorschreibt, dass nur noch das Saatgut zugelassener Sorten verkauft werden darf, das wiederum aus patentrechtlichen Gründen nur von den großen Saatgutproduzenten geliefert werden darf. Da schwer kontrolliert werden kann, ob die Bauern diese Gesetze auch wirklich einhalten, müssen sie jedes Jahr sehr viele Details über ihren Betrieb melden, nicht nur das verwendete Saatgut. Das führt zum „gläsernen Landwirt", gegen den sich viele Bauen wehren.

Auch in anderen Ländern wurden die Gesetze so verändert, dass kommerziell gehandeltes Saatgut und speziell auch gentechnisch veränderte Pflanzen bessere Marktchancen haben. Auf dem G8-Gipfel wurde 2012 die Gründung der „New Alliance for Food Security and Nutrition" bekannt gegeben, die für zehn afrikanische Länder bereits bestehende Projekte bündelt, unter anderem „Grow Africa", AGRA und die Aktivitäten der „Bill & Melinda Gates Foundation". Mit kräftiger Unterstützung durch USAID und ihrem britischen Pendant DIFID steht sehr viel Geld zur Verfügung, das nicht nur für Entwicklungshilfe eingesetzt wird, sondern auch für eine Verschärfung der Saatgutgesetze und zur Vorbereitung der Agrogentechnik in diesen Ländern.[291]

In Kolumbien hatten die Bauern bisher fast ausschließlich Saatgut aus eigenen Ernten verwendet. Im Rahmen der Verhandlungen zu den Freihandelsabkommen mit der EU und den USA wurde ein Gesetz erlassen, nach dem nur noch zertifiziertes Saatgut verwendet werden darf, das natürlich auch dort von den großen internationalen Saatgutherstellern stammt. Da sich viele Bauern nicht daran hielten, konfiszierte das Militär zwischen 2010 und 2012 etwa 4.200 Tonnen Kartoffelsetzgut, Reis- und Weizensaatgut und zerstörte es; den betroffenen Bauern drohten Haft- und Gefängnisstrafen. Aufgrund der heftigen Proteste wurde das Gesetz schließlich so abgeändert, dass es heute nicht mehr für bäuerliches Saatgut gilt.[292]

Das weltweite Kartell dieser Firmen fällt kaum auf, da das Saatgut meist nicht unter deren Namen verkauft wird, sondern unter dem von kleineren Zwischenhändlern. Trotzdem hat es Auswirkungen, die wir nicht wollen – denn wer das Saatgut kontrolliert, beherrscht die Welt. Tatsächlich war der Einfluss dieser Lobby etwa bei den Verhandlungen zu den Freihandelsabkommen TTIP und CETA sehr bestimmend. Auch die oben beschriebenen neuen Gesetze in Afrika und in Kolumbien kamen ja nicht zustande, weil das alle Politiker für gut befanden. Eine weitere Folge dieser Konzernmacht ist die Einführung der Grünen Gentechnik in Europa, die sich vermutlich langfristig nicht mehr verhindern lässt.

Auch bei den Landmaschinen konzentriert sich der Markt weltweit auf immer weniger Firmen, die allerdings ihre Produkte mit unterschiedlichen Namen anbieten. Die sechs bedeutendsten Konzerne sind: John Deere (USA), AGCO (USA), CHN (GB/NL), Claas (D), Mahaindra (Indien)und Kubota (Japan).

Der internationale Handel mit Nahrungs- und Futtermitteln beschränkt sich ebenfalls auf immer weniger Firmen. So wurden im Jahr 2003 rund 73 Prozent des weltweiten Getreidehandels von nur vier Unternehmen beherrscht, nämlich Archer Daniels Midland, Bunge, Cargill und Dreyfus, den sogenannten „ABCD".[293] Ihr Einfluss steigt ständig. In den letzten Jahren hat allerdings der chinesische Staatsbetrieb Cofco zu ihnen aufgeschlossen. Sie kaufen das Korn billig in den Entwicklungsländern ein und verkaufen es mit Gewinn als Futtermittel in den reicheren Ländern, wo weit höhere Preise dafür bezahlt werden. Ähnlich geht es mit Soja. Dabei spielt es keine Rolle, dass die Felder in den Herkunftsländern dringend für die Versorgung der eigenen Bevölkerung benötigt werden. Der Gewinn der Produzenten und der Handelsfirmen ist ausschlaggebend, und der lässt sich nun einmal mit der Produktion für den Export weit einfacher erzielen.

Nicht nur die Herstellung von und der Handel mit Nahrungsmitteln, sondern auch deren Verarbeitung geht immer mehr in die Hände einiger weniger internationaler Konzerne über. Das Gleiche gilt für die Vermarktung. In Westeuropa entfallen fast 50 Prozent des Umsatzes im Einzelhandel von Nahrungsmitteln auf nur zehn Handelsketten, davon vier deutsche, vier französische und zwei britische[294]. Dadurch entstehen Monopole, die bestimmen, welche Produkte verkauft werden, und wer sie liefern darf. Bei den Zulieferern und den Erzeugern diktieren sie die Qualität und die Preise. In einigen Bereichen wie der Milchwirtschaft bleibt den Bauern kaum noch ein Gewinn. Auch bei Eiern und Fleisch geht die Produktion immer mehr auf eine industriell betriebene Landwirtschaft über mit allen Problemen für die Umwelt und die Gesundheit. Tiere, die in qualvoller Enge gehalten werden, stecken sich beim kleinsten Infekt gegenseitig an und müssen deshalb häufig mit Antibiotika behandelt werden. Dabei überleben nur Antibiotika-resistente Bakterien, die sich ungehindert ausbreiten können.[295] Die Weltgesundheitsorganisation WHO gibt an,[296] dass weltweit jährlich 700.000 Menschen an Infektionen mit solchen Keimen sterben, in Deutschland sind es mindestens 10.000 – mit steigender Tendenz.

Diese Konzentration auf immer weniger Großkonzerne gibt es natürlich nicht nur bei den Nahrungsmitteln. Die Folge: Arbeitsplätze werden vernichtet, und die verbleibenden selbstständigen Betriebe müssen sich mit Nischen zufriedengeben, die die Großen nicht besetzen wollen, oder sind als Zulieferer völlig von ihnen abhängig.

Spekulationen

Das Aufkaufen von Land ist nicht nur für die großen Agrarkonzerne wichtig. Vor allem seit der Finanzkrise 2008/2009 wird Land immer mehr als eine sichere und rentable Geldanlage angesehen. Dabei werden die so erworbenen Flächen für die industriell betriebene Landwirtschaft verwendet. Das gilt nicht nur für weit entfernte Länder; auch in Brandenburg kaufen Investoren, beispielsweise aus China, immer mehr Land auf. Im internationalen Geschäft verdienen auch deutsche Unternehmen wie die Allianz Global Investors und die zur Deutschen-Bank-Gruppe gehörende DWS Investments GmbH an den immer knapper werdenden Ressourcen, oder, anders ausgedrückt, am globalen Hunger. Denn das verfügbare Ackerland für Nahrungsmittel geht wegen des Klimawandels, der Ausbreitung der Städte und wegen des Anbaus von Bio-Kraftstoffen stark zurück. Andererseits steigt der Bedarf an Nahrungsmitteln rapide, vor allem an Fleisch, das im Vergleich zu Weizen oder Reis ein Vielfaches an Ressourcen verbraucht. Das verspricht ein gutes Geschäft für Anleger und Spekulanten. Ethische Bedenken dagegen, dass man Kleinbauern von ihrem Land vertreibt und dieses dann für den Export nach Europa und in die USA statt für die Ernährung der einheimischen Bevölkerung nutzt, bestehen offenbar nicht.[297] Anders als früher wird das heute aber nur noch recht verklausuliert ausgedrückt. In der Werbung für den Fonds „DWS Global Agribusiness A2" heißt es: *„Er* *investiert in vielversprechende Unternehmen für Landerwerb und Plantagen, Saatgut und Dünger, Anpflanzungen, Ernten, Pflanzenschutz und Bewässerung, Betriebe zur Verarbeitung und Herstellung von Nahrungsmitteln, um den Investoren die Möglichkeit zu geben, an verschiedenen Punkten entlang der ganzen Kette der Ernährung zu verdienen.*"[298] Die deutsche Allianz hat den Agrarfonds „RCM Global Agricultural Trends" aufgelegt, der unter anderem in den weltgrößten Palmöl- und Agrospritproduzenten Wilma International aus Singapur und in den führenden brasilianischen Zucker- und Ethanol-Produzenten Cosan investiert.[299]

Die Finanzwirtschaft spielt hier noch eine andere wichtige Rolle: Für manche Bauern ist es bequem, wenn sie ihre Ernte verkaufen, noch bevor sie auf den Feldern gewachsen ist, übernimmt so doch der Käufer das gesamte Risiko von Unwettern und Preisschwankungen. Ein großer Investor, der entsprechende Mengen aufkauft, kann die Ware zurückhalten, solange sie billig ist, und dadurch den Preis hochtreiben. Außerdem wird er in den meisten Fällen die Ware dort kaufen, wo sie am billigsten ist, und dort verkaufen, wo sie den größten Gewinn einbringt. Das ist aber selten da, wo sie die Menschen am nötigsten haben. Ein Beispiel: Im Krisenjahr 2008 hungerte ungefähr eine Milliarde Menschen. Die Preise für die Nahrungsmittel erreichten unglaubliche Höhen. Dadurch steigerten sich auch die Gewinne der Spekulanten,[300] der großen Produzenten und der Händler. Der Profit von Cargill wuchs zwischen 2006 und 2008 von gut 1,5 Milliarden Dollar auf knapp vier Milliarden; auch bei anderen Firmen war der Anstieg gewaltig.[301] Die Hungerkatastrophe 2008 wurde also durch die Spekulanten und die Handelsmonopole noch wesentlich gesteigert. Aber auch in den Jahren mit normalen Ernten vergrößern die Nahrungsspekulationen den Hunger in den ärmeren Ländern, weil die Waren dort verkauft werden, wo sie den größten Gewinn bringen.

Flüchtlingsströme

Kein Wunder also, wenn in vielen Ländern die Not der Menschen so groß wird, dass sie ihren einzigen Ausweg in der Flucht nach Europa sehen. Dabei ist es nicht nur der Hunger, der sie außer Landes treibt, und an dem wir in Europa und in den USA, eine erhebliche Mitschuld haben. Auch die Kriege in Afghanistan, im Irak und in Teilen Afrikas haben Zerstörung und Chaos gebracht, die für viele Menschen das Leben dort unerträglich machen. Der Krieg in Syrien, der 2015 zu den großen Flüchtlingsströmen geführt hat, war zwar zu Beginn ein Aufstand der Bevölkerung gegen den Diktator Baschar al-Assad. Nach den ersten großen Erfolgen der Aufständischen mischten sich aber zunehmend ausländische Mächte ein, indem sie einzelne Gruppen finanzierten und so die Bewegung spalteten. Das waren vor allem die USA, Saudi-Arabien, Katar und Frankreich, aber auch etliche andere.[302] Bei all diesen Kriegen darf man nicht vergessen, dass der Westen durch Waffenlieferungen prächtig verdient hat und immer noch verdient. Das gilt natürlich auch für das Chaos, das nach dem Ende der Kriege in Afghanistan, Libyen und im Irak herrscht; auch hier werden ständig Waffen aus Europa eingesetzt.

Nachdem der Westen zu all dem Elend erheblich beigetragen hat, haben wir die Verpflichtung, wenigstens diejenigen Flüchtlinge in Europa aufzunehmen, die es zu uns geschafft haben. Um die vielen Tausende von Toten im Mittelmeer und der Sahara zu vermeiden, müsste man aber unseren Botschaften in den betroffenen Ländern erlauben, Einreiseanträge von Menschen anzunehmen, die Fluchtursachen nachweisen können. Deren Angaben könnten vor Ort oft besser geprüft werden als von Europa aus. Außerdem könnten auf diese Weise auch Mütter mit Kindern, Alte und Kranke Anträge stellen, die die mörderische Reise nach Europa nicht antreten können, aber vielleicht mehr Hilfe brauchen als die kräftigen jungen Männer, die die Flucht überleben. Menschlicher wäre es aber, den Hunger direkt in den betroffenen Ländern zu bekämpfen und die Flüchtlingslager in Jordanien und Libanon so weit zu unterstützen, dass die Menschen dort in Würde leben können. Denn die meisten Flüchtlinge wollen wenigstens in ihrem Kulturkreis bleiben und hoffen auf eine baldige Rückkehr. Es ist unverständlich, warum wir so wenig vor Ort helfen, obwohl es nicht nur humaner, sondern auch wesentlich billiger wäre, als die Flüchtlinge bei uns zu integrieren. Das, was die EU hier jedoch tut, ist ein Skandal: Sie verwendet Gelder, die als Entwicklungshilfe deklariert waren, um Flüchtlinge mit Gewalt an der Flucht nach Europa zu hindern.

Noch einmal: Die Verpflichtung, die Flüchtlinge, die bei uns sind, auch aufzunehmen, darf schon allein wegen unserer Mitschuld an den Fluchtursachen nicht angezweifelt werden. Trotzdem bleiben Fragen: Warum wurden 2015 die Flüchtlinge bei ihrer Ankunft in Deutschland nicht sofort registriert? Viele von ihnen bekamen nach ihrer Ankunft ein Begrüßungspaket mit etwas Essen und einem Getränk. Dabei wäre eine kurze Registrierung des Namens, des Herkunftslands, eines Fingerabdrucks und der biometrischer Daten leicht möglich gewesen. Dazu hätte man sogar die Fotoautomaten benützen können, die an vielen Orten aufgestellt sind. Spätestens bei der Ankunft in einem Flüchtlingsheim hätte sich das ohne großen Material- und Zeitaufwand machen lassen, nachdem einige dieser Daten für die Zuteilung von Wohnraum und Essen ohnehin erfasst werden mussten. So aber war es eine Einladung an kriminelle Banden, die besonders aus Nordafrika zu uns kamen und als Flüchtlinge getarnt im Schutz ihrer Anonymität große Probleme machten.

Außerdem erfordert eine Zuwanderung von etwa einer Million Menschen auch zusätzliche Polizeikräfte. Man stelle sich vor, eine Stadt wie München mit einer ähnlich großen Bevölkerung, wie sie allein die 2015 neu angekommenen Mitbürger darstellen, hätte keine Polizei! Die konsequente Durchsetzung unserer Gesetze ist besonders wichtig, weil die Flüchtlinge aus anderen Kulturkreisen mit anderen Gesetzen kommen, die teilweise unseren entgegenstehen. Man denke nur an den völlig anderen Begriff der Ehre im Vorderen

Orient, an den Umgang mit unbegleiteten Frauen und Mädchen oder an den Übertritt vom Islam zum Christentum – darauf steht in Ländern wie Pakistan, sowie in Teilen von Afghanistan die Todesstrafe.[303] In vielen anderen muslimischen Ländern werden sogar alle Christen als Menschen zweiter Klasse behandelt. Es ist wichtig von vorneherein klarzumachen, dass in Europa andere Regeln gelten, und diese auch durchzusetzen. Angriffe von Flüchtlingen auf ihre Landsleute wegen der Verletzung eines uns fremden Ehrbegriffs oder aus religiösen Motiven dürfen nicht toleriert werden.[304] Es ist nicht hinnehmbar, dass unsere Polizei und unsere Gerichte immer wieder schwere Straftaten als kulturell oder religiös bedingt entschuldigen. Ebenso schlimm ist es aber, wenn Flüchtlinge von Deutschen tätlich angegriffen oder wegen ihrer Fremdartigkeit beleidigt werden.

Warum war die Regierung so untätig? Sie hat doch genügend kluge Mitarbeiter, die diese Aufgaben gesehen haben. Die Folgen der Versäumnisse sind überdeutlich: Ein Anwachsen der Kriminalität, wie es der Bericht des Bundeskriminalamts von 2016[305] schildert, und nicht zuletzt das Erstarken einer ausländerfeindlichen Rechten. Warum die Bundesregierung wider besseres Wissen nichts dagegen unternommen hat, wird wohl immer ein Rätsel bleiben.

Flüchtlingspolitik und das Beispiel von Mecheln

Wie alle diese Probleme gut gelöst werden können, kann man von der belgischen Stadt Mecheln lernen, in der der Anteil an Migranten besonders hoch ist. Bürgermeister Bart Somers hat dort zwei Regeln eingeführt: Alle, die dort wohnen wollen, müssen die Amtssprache Flämisch lernen. Außerdem wird auf die strikte Einhaltung aller Gesetze geachtet. Im Übrigen werden alle Kulturen und Gebräuche geschätzt und willkommen geheißen. Das schließt natürlich insbesondere auch die Wertschätzung der Traditionen der alteingesessenen Bevölkerung ein. Mit diesen Regeln scheint die Bevölkerung sehr gut zurechtzukommen. Wegen des erfreulich guten Miteinanders der Bewohner von Mecheln wurde sein Bürgermeister 2016 mit dem „World Mayor Prize" ausgezeichnet.

Das allein löst aber unsere Probleme nicht. Wie bereits erwähnt, ist es dringend nötig, dass alle Flüchtlinge in einem System registriert werden, dessen Datensätze in Europa ausgetauscht werden können – so, wie das für jeden anderen Bürger gilt. Außerdem darf man nicht nur darüber reden, dass Fluchtursachen beseitigt werden müssen, man muss es auch tun. Dazu müssen zu allererst die Waffenexporte gestoppt und die Freihandelsabkommen abgeändert werden, die viele Länder regelrecht ausbeuten. Außerdem kann man Tausende von Leben retten, wenn man den Menschen die Flucht durch die Sahara und über das Mittelmeer erspart, indem man dafür sorgt, dass in den Flüchtlingslagern im Mittelmeerraum und um die Sahelzone menschenwürdige Bedingungen herrschen. Dort sollte man Büros einrichten, die die Einreise in die EU ermöglichen. Nur in solchen Büros registrierte Flüchtlinge sollten Asyl erhalten.

Aber selbst das genügt bei Weitem nicht. Der Westen muss endlich aufhören, einzelne militärische Gruppen zu unterstützen. Das größte Problem ist aber, dass sich die Bevölkerung Afrikas von derzeit rund einer Milliarde Menschen bis 2050 auf zwei Milliarden verdoppeln wird.[306] Jetzt schon reichen die Nahrungsmittel nicht aus, und der Klimawandel verschlimmert die Situation noch. Der einzige[307] Weg, diese verhängnisvolle Entwicklung abzumildern, ist, jetzt sofort den Lebensstandard anzuheben. Denn Erfahrungen in vielen Ländern haben gezeigt, dass Geburtenkontrolle kaum greift, wenn die Bevölkerung unter extremer Armut leidet – selbst wenn man die Mittel dazu kostenlos verteilt. Erst ein Minimum an Bildung und an sozialer Sicherheit im Alter ermöglicht es, die Geburtenzahl wesentlich zu verringern.

Seit dem Höhepunkt des Flüchtlingsstroms nach Deutschland im Jahr 2015 hat sich die Situation gewandelt. Merkel musste ihre Politik ändern, weil es sogar aus der eigenen Partei zu viel Kritik gab. Sie erreichte schließlich, dass die Zahl der Flüchtlinge, die nach Deutschland kamen, im Jahr 2016 massiv zurückging. Einerseits wirkte das Abkommen mit der Türkei, die die Fluchtroute über das Ägäische Meer nach Griechenland praktisch unpassierbar machte. Ungarn ließ keine Flüchtlinge mehr ins Land, und auch andere europäische Länder machten ein Durchkommen schwieriger. Andererseits blockierte Marokko die Fluchtrouten nach Europa, nahm aber selbst viele afrikanische Flüchtlinge auf.

Wie groß aber muss die Not der Menschen sein, um zuerst das Geld für die Schlepper aufzubringen, und dann auf kleinen, absolut seeuntauglichen Booten zu versuchen, das Mittelmeer zu überqueren? Zehntausende fanden dabei den Tod. Die meisten afrikanischen Flüchtlinge hatten vorher schon den Weg durch die Sahara genommen, auf dem vielleicht noch mehr umgekommen sind als im Mittelmeer.

Nachdem die Fluchtrouten über die Türkei und über Marokko geschlossen waren, blieb noch der Weg von Libyen übers Mittelmeer nach Italien oder Malta. 2016/17 begannen die deutsche Bundesregierung und die EU Verhandlungen mit der libyschen „Einheitsregierung", die immerhin große Teile des von einem Bürgerkrieg geschüttelten Lands unter ihrer Kontrolle hatte. Deutschland und andere EU-Staaten rüsteten die libysche Marine so weit auf, dass sie – unter Missachtung internationalen Rechts – die Flüchtlingsboote auch noch in internationalen Gewässern aufbringen und zur Umkehr nach Libyen zwingen kann. Dort werden die Menschen als Gefangene in Lager gebracht, in denen es zu unvorstellbaren Menschenrechtsverletzungen kam. Nicht wenige der Flüchtlinge wurden sogar als Sklaven verkauft.[308] Bundeskanzlerin Merkel hat selbst zugegeben, von den Verbrechen in den Flüchtlingslagern zu wissen, sah aber keine Veranlassung, ihre Politik zu überdenken.[309] Deutschland und andere EU-Staaten rüsteten sogar Diktaturen wie den Tschad und Eritrea militärisch auf, damit sie die Flüchtlinge schon früher auf ihrem Weg nach Europa aufhalten können. Diese militärische Hilfe bewirkt natürlich auch, dass die Regierungen besser gegen die Opposition im eigenen Land vorgehen können. Aber selbst die unmenschlichsten Maßnahmen können auf Dauer die Flüchtlinge nicht von Europa fernhalten, solange sich ihre Lebensbedingungen zu Hause nicht grundlegend ändern. Die „Festung Europa" ist auf alle Fälle keine Lösung.

Armut bei uns?

Deutschland und Österreich gehören zu den reichsten Ländern der Welt. Der Aufschwung nach der Katastrophe des Zweiten Weltkriegs war nur möglich, weil die gesamte Bevölkerung daran Anteil hatte. Deshalb lohnte sich harte Arbeit sowohl bei den Unternehmern, als auch bei den Arbeitern. Dieses Prinzip wurde in den letzten Jahrzehnten jedoch Schritt für Schritt aufgehoben.

Das erschließt sich nicht sofort aus den Statistiken. Denn von der guten Wirtschaftslage haben nicht nur die Unternehmer und die Aktionäre profitiert, sondern auch ein großer Teil der Bevölkerung: Zwischen 1991 und 2015 sind zwar die Löhne im Mittel (inflationsbereinigt) nur um etwa 10 Prozent gestiegen[310]. Das ist deutlich weniger als der Zuwachs der Wirtschaftserträge. Man muss hier aber beachten, dass die Zahl der Arbeitsstellen stark angestiegen ist und deshalb die Erträge auf mehr Personen verteilt wurden. Das drückt sich auch darin aus, dass die Zahl derer, die Sozialleistungen beziehen mussten (u. a. „Hartz IV"-Empfänger), sich verringert hat, wie Bild 2 zeigt: Trotz der Finanzkrise 2008/09 und des Zustroms von Flüchtlingen ist sie immer noch geringer als 2006. Besonders erfreulich ist, dass bei der enormen Mechanisierung und Digitalisierung der Anteil der Löhne und Gehälter der Arbeitnehmer am Volkseinkommen zwar großen Schwankungen unterworfen, aber im Vergleich zu 1991 etwa gleich geblieben ist.[311]

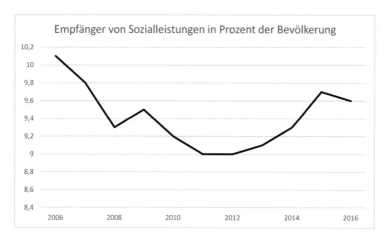

Bild 2   Prozentsatz der Empfänger von Sozialleistungen (wie Hilfe zum
        Lebensunterhalt, Grundsicherung im Alter und bei Erwerbsminde-
        rung, Arbeitslosengeld II (Hartz IV), Kriegsopferfürsorge und
        Leistungen für Asylbewerber) in der deutschen Bevölkerung.

Quellen: Statistisches Bundesamt: Statistisches Jahrbuch Deutschland 2016, Tabelle 8.4.1 und www.
destatis.de/DE/ZahlenFakten/GesellschaftStaat/Soziales/Sozialberichterstattung/Glossar/Mindestsi-
cherungsquote.html, www.destatis.de/DE/PresseService/Presse/Pressemitteilungen/2017/11/
PD17_429_228.html, beides aufgerufen am 30.3.2018

Diese positiven Ergebnisse sind aber nur Durchschnittswerte. Sie
täuschen über die Tatsache hinweg, dass bei uns die Kluft zwischen
Arm und Reich immer größer wird. Der Grund dafür ist, dass immer
mehr Menschen schlecht verdienen – zwar gerade noch so viel, dass
sie kein Geld vom Arbeits- oder Sozialamt beziehen müssen, aber
doch nur knapp darüber. Um diese Tatsache besser beschreiben zu
können, hat man einen Begriff mit dem schwierigen Namen „Armutsrisikoquote" geprägt. Er gibt an, welcher Anteil der Bevölkerung
weniger erhält als 60 Prozent des mittleren Einkommens.[312] Er
bezeichnet also nicht die Zahl derer, die in Armut leben; sondern
den Anteil der Bevölkerung, die im Vergleich zum „Normalverdie-
ner" sehr viel schlechter gestellt sind. Die Armutsrisikoquote in Bild

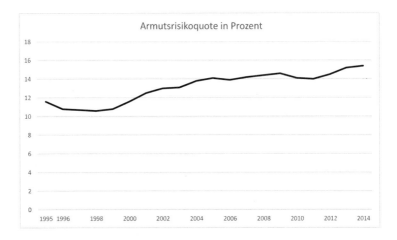

Bild 3   Armutsrisikoquote von 1995 bis 2014. Sie ist definiert als der Prozentsatz der deutschen Bevölkerung, die weniger als 60 % des Durch-
schnittslohns (genauer: weniger als 60 % des Medians aller Nettoäquivalenzeinkommen) verdient.

Quellen: Bundesministerium für Arbeit und Soziales: Armuts- und Reichtumsbericht, SOP-Daten www.
armuts-und-Reichtumsbericht.de/DE/Indikatoren/Armut/Armutsrisikoquote/armutsrisikoquote.html,
aufgerufen am 30.3.2018

3 beschreibt daher, wie weit die „Schere zwischen Arm und Reich"
aufgegangen ist. Praktisch gibt die Armutsrisikoquote beispielsweise
im Jahr 2013 den Anteil der Bevölkerung an, der mit weniger als
979 Euro im Monat als auskommen musste.[313] Das kann in Groß-
städten wie München manchmal sogar weniger sein als die Zahlung
des Sozialamts. Bild 3 zeigt, dass diese Quote zwischen 1995 und
2014 von 11,6 Prozent auf 15,4 Prozent angestiegen ist. Das bedeutet, dass heute fast jeder Sechste von (relativer) Armut bedroht ist –
oft trotz eines anstrengenden Vollzeitjobs. Deshalb ist es nicht verwunderlich, dass ein immer größerer Teil der Bevölkerung mit
seinem Lohn unzufrieden ist. Wenn aber trotz der sehr guten wirtschaftlichen Entwicklung die „armutsgefährdete" Bevölkerung
wächst, dann birgt das eine große Sprengkraft für unsere Demo-

kratie – besonders dann, wenn sich die Wirtschaftslage einmal verschlechtert.

Noch problematischer ist, dass auch die Renten nicht an die allgemeine wirtschaftliche Entwicklung angepasst wurden. Die durchschnittliche Altersrente betrug am 31. Dezember 2011 in den alten Bundesländern für Männer 1.052 Euro und für Frauen sogar nur 521 Euro. In den neuen Bundesländern waren es für Männer nur 1.006 Euro, und für Frauen 705 Euro.[314] In Deutschland bekamen 3,7 Millionen Senioren sogar weniger als 300 € im Monat![315] Das bedeutet, dass auch die Altersrenten oft vom Arbeits- bzw. Sozialamt aufgestockt werden müssen. Eine Studie der Bertelsmann-Stiftung hat errechnet, dass sich die Verhältnisse in den kommenden Jahren noch dramatisch verschlechtern werden. Danach wird die Armutsrisikoquote im Jahr 2036 für ostdeutsche Neurentner 36 Prozent betragen. Etwa 11 Prozent der dortigen Senioren werden auf staatliche Hilfen angewiesen sein! Natürlich hängt das damit zusammen, dass in Ostdeutschland viele Menschen in ihrem Berufsleben Zeiten hatten und haben, in denen sie nur wenig verdienen. Aber auch für die gesamte Bundesrepublik sagt diese Studie eine Armutsrisikoquote bei Rentnern Werte zwischen 19 Prozent und 22 Prozent voraus.[316] Diese Zahlen müssten bei den verantwortlichen Politikern in der Bundesregierung und im Bundestag einen Alarm auslösen! Denn in vielen Berufen kann man keine Rente erwarten, die über der Armutsgrenze liegt und zumindest für den Lebensunterhalt ausreicht. Man schuftet ein Leben lang, um dann letzten Endes doch ein sehr kärgliches Dasein zu fristen.

Vorbild Schweiz für eine soziale Mindestsicherung

Ein Fehler in unserer gesetzlichen Altersversorgung ist, dass in die Rentenkasse nur Arbeiter und Angestellte einzahlen, die weniger als einen bestimmten, vom Gesetzgeber festgelegten Betrag verdienen. (Das ist die sogenannte „Beitragsbemessungsgrenze", die 2018 für die „Allgemeine Rentenversicherung" bei einem Einkommen von 6.500 Euro/Monat lag.) Das bedeutet, dass die Spitzenverdiener nicht in die Solidarkasse einzahlen müssen und damit keinen Beitrag leisten, um auch den Geringverdienern einen angemessenen Lebensstandard zu ermöglichen. Zum sozialen Ausgleich tragen sie also nichts bei. Dasselbe gilt für die Beamten und Selbstständigen. In der Schweiz zahlen dagegen alle Bürger in die Rentenkasse ein, und zwar mit allen Einkünften, also auch mit solchen aus Mieten, Gewinnen aus Aktienhandel usw. Das senkt nicht nur die Sozialabgaben beträchtlich, sondern ermöglicht auch eine angemessene Mindestrente. Außerdem gibt es eine Obergrenze für die Renten. Wer mehr will, muss sich privat versichern. Solche Regeln wären auch in Deutschland dringend nötig. Dasselbe gilt natürlich für die soziale Absicherung vor der Verrentung.

Wenn schon in Deutschland, wo die Wirtschaft im Augenblick gut läuft, ein immer größerer Teil der Bevölkerung in ärmlichen Verhältnissen leben wird, wie wird sich dann die Lage in Süd- und Osteuropa entwickeln? Werden wir Zustände wie in den USA bekommen, wo immer wieder gewaltsame Auseinandersetzungen zwischen dem schwarzen und dem weißen Teil der Bevölkerung stattfinden, die durchaus auch eine soziale Komponente haben? Damit in Europa Aufstände und Aufruhr bekämpft werden können, wurde eigens die paramilitärische Polizeitruppe Eurogendfor mit Sitz in Vicenza/Italien gegründet. Damit nähern wir uns dem Bereich von Kontrolle und Überwachung, der expandiert, wie die Unsicherheit infolge der sozialen Verwerfungen durch den Neoliberalismus.

6. Überwachung

Ich will nicht in einer Welt leben,
die so etwas macht.

Edward Snowden

Neue Möglichkeiten

James Bond gibt es nicht mehr. Die Zeit ist vorbei, in der Spitzel auf Regimekritiker angesetzt wurden und Agenten in Fleisch und Blut ihr Unwesen trieben. Das ist heute nicht mehr nötig, denn uns stehen technische Verfahren zur Verfügung, von denen die Stasi und der KGB nicht einmal träumen konnten. Einige davon haben nicht die Geheimdienste entwickelt, sondern Firmen, die Methoden erfanden, wie man Bedürfnisse von Personen erkennt, um sie dann zielgerichteter, „individualisierter" Werbung auszusetzen. Am bekanntesten für das Sammeln solcher Daten ist die Firma Google. Sie wertet jede Anfrage in ihrer Suchmaschine, jeden Aufruf von Google Maps und die Orte, an denen sich ein Smartphone befindet, aus.[317] Wenn ich Google Maps benutze, weiß das Programm, wohin ich will, bevor ich den Ort eintippe – vermutlich, weil ich den Google-Kalender benutze. Außerdem greift Google auf Daten aus den Smartphones zurück, die mit dem Betriebssystem Android arbeiten. Außer den I-Phones sind das fast alle solche Geräte. Das können Sie selbst leicht nachprüfen: Vergleichen Sie einfach Ihre Daten und Nachrichten, die Sie in Ihr Smartphone eingegeben haben, mit der Werbung, die Sie bekommen. Selbstverständlich werden diese Daten nicht nur für die Werbung genutzt.

Darüber hinaus geben viele junge Leute im Internet und in den sozialen Medien Dinge über sich preis, die ihnen später beispielsweise bei einer Bewerbung schwer schaden können. All diese Daten lassen sich mit anderen kombinieren, sodass man ein recht vollständiges Bild über eine Person erhalten kann. Solche Informationen spielen heute in einigen Firmen bei der Anstellung des Personals eine ebenso große Rolle wie die eingereichten Bewerbungsunterlagen.

Die Knotenpunkte im Telefonnetz müssen Anschlussstellen für das Abgreifen von Daten enthalten. Deren Informationen sind sogar international genormt. Die Anschlussstellen werden dazu benutzt, die Verbindungsdaten der Gespräche zu speichern, die die Grundlage für die Telefonabrechnungen bilden. Diese Daten werden auch bei der sogenannten „Vorratsdatenspeicherung" gesammelt und ergeben für staatliche Stellen einen Überblick, wer mit wem wann und wo telefoniert hat.

Selbstverständlich kann man auch ganze Telefonate abhören. Das geschieht vor allem dann, wenn bestimmte Schlüsselwörter im Gespräch vorkommen. In Deutschland ist das Abhören und Aufzeichnen zwar nur mit einer richterlichen Anordnung möglich (außer bei Gefahr im Verzug), etwa um Verbrechen zu verhindern. Aber wie in den letzten Jahren bekannt geworden ist, halten sich Geheimdienste nicht an dieses Verbot. Berühmt geworden ist der Satz von Kanzlerin Merkel, als sie erfuhr, dass der US-amerikanische Dienst NSA ihre Handy-Verbindung angezapft hatte: „Abhören unter Freunden geht gar nicht." In diesem Fall wurde nicht einmal eine Verbindung in einer Telefonzentrale benötigt. Denn Handys arbeiten mit Funkwellen, sodass schon ein empfindlicher Empfänger genügt. Natürlich muss man die empfangenen Signale noch entschlüsseln, was manchmal einen hohen Aufwand bedeutet und nicht immer gelingt.

Die Entrüstung der Bundeskanzlerin war freilich nur geheuchelt. Denn sie muss wissen, dass das Zusatzabkommen zum Nato-Truppenstatut[318] den deutschen und den US-amerikanischen Geheimdiensten ausdrücklich den Auftrag für *„die Sammlung, den Austausch und den Schutz aller Nachrichten"* gibt und außerdem strikte Geheimhaltung festlegt. Auf die Frage, ob dem amerikanischen Geheimdienst NSA bei seinen Schnüffeleien irgendwelche Grenzen gesetzt wurden, antwortete der Zeithistoriker Josef Foschepoth in der Süddeutschen Zeitung:[319] *„Im Prinzip keine. Die NSA darf in Deutschland alles machen. Nicht nur aufgrund der Rechtslage, sondern vor allem aufgrund der intensiven Zusammenarbeit der Dienste, die schließlich immer gewollt war und in welchen Ausmaßen auch immer politisch hingenommen wurde."* Damit ist das Fernmeldegeheimnis praktisch aufgehoben, das immer noch im Grundgesetz verankert ist und einmal als wichtiges Menschenrecht galt. Foschepoth zufolge *„stellt* [dies] *den Grundgedanken unseres Staatsverständnisses auf den Kopf. Der Staat hat die Bürger und ihre Grundrechte zu schützen und nicht diejenigen, die es verletzen. Er hat die Grundrechte zu gewährleisten …"*

Aber nicht nur Prominente wie die Bundeskanzlerin werden abgehört. Weil heute sehr große Datenspeicher billig geworden sind, muss jede und jeder damit rechnen, dass seine Gespräche und Daten aufgezeichnet werden. Diese Erfahrung konnte auch ich machen, als ich mit meiner Arbeit als Abgeordneter im EU-Parlament begann: Einmal diskutierte ich mit einer Assistentin einen ausgefallenen Plan, wie man die Situation im Gaza-Streifen verbessern könnte, obwohl ich im Ausschuss für Auswärtige Angelegenheiten eigentlich mit diesem Teil der Erde wenig zu tun hatte. Etwa eine halbe Stunde später erhielt ich angeblich aus den USA einen Anruf, der mir genau diesen Vorschlag mit kleinen Veränderungen darlegte. Später hörte ich nie wieder etwas von diesem Herrn oder über meinen damaligen Plan. So gehe ich davon aus, dass der freundliche Herr auf der anderen Seite der Leitung mich nur warnen wollte, im Büro mit dem vorsichtig zu sein, was ich sage. Ein zweiter Vorfall war eher humoristischer Art: Von einem Gang im Brüsseler Parlamentsgebäude aus telefonierte ich mit einer Assistentin in meinem Büro, das sich im selben Gebäude befand. Unsere Handys hatten beide deutsche Nummern; auf dem Display der Assistentin wurde jedoch nicht meine, sondern eine US-amerikanische Nummer angezeigt. Diese Nummer war in den USA nicht offiziell registriert.

Um sich gegen das unbefugte Abhören zu schützen, hat man schon vor etwa hundert Jahren begonnen, sichere Verschlüsselungen zu entwickeln, und natürlich auch, solche Verschlüsselungen zu „knacken" – damals selbstverständlich noch nicht mit Computern. Solche Techniken waren und sind vor allem für das Militär wichtig. Die Entschlüsselung der deutschen Chiffriermaschine „Enigma" mithilfe einer der ersten großen Rechenanlagen in England hat den Zweiten Weltkrieg deutlich verkürzt. Personenbezogene Daten werden in Handys verschlüsselt gesendet und gespeichert; das gilt auch für E-Mails, die in den Servern der Provider gespeichert sind. (Beim Senden werden die E-Mails aber nicht verschlüsselt!) Das schützt manchmal, aber nicht immer, denn die „Dienste" versuchen natürlich, die Schlüssel zu bekommen. Bekannt geworden ist, dass das FBI die Verschlüsselung eines Passwort-geschützen I-Phones geknackt hat.[320] Aufsehen erregte auch die Anweisung eines US-Gerichts von 2013 an den E-Mail-Provider Lavabit, den Schlüssel für die Dekodierung herauszugeben, um an Nachrichten von Edward Snowden heranzukommen.[321] Dabei beachte man, dass die Presse meist nur dann berichtet, wenn sich eine Firma wie in diesem Fall öffentlichkeitswirksam weigert, einem Gerichtsbeschluss nachzukommen. Wenn ein Gericht oder ein „Dienst" den Schlüssel bekommt, erfährt man gewöhnlich nichts.

Inzwischen gibt es Schadprogramme, die bei Handys die Gespräche abgreifen, bevor sie verschlüsselt und abgeschickt werden, oder bei ankommenden Gesprächen, nachdem sie wieder entschlüsselt wurden. Das funktioniert auch bei Anwendungen wie WhatsApp, Telegram oder Skype. Im Juni 2017 hat der Deutsche Bundestag beschlossen, dass die Polizei solche Programme nach einem richterlichen Beschluss einsetzen darf, wenn der Verdacht auf bestimmte Straftaten geäußert wird.[322] Dabei muss es sich nicht um schwere

Verbrechen handeln; ein bloßer Verdacht auf Steuerhinterziehung oder auf Betrug bei Sportwetten genügt.[323]

Aber nicht nur die Bundesbehörden sind oft an unseren privaten und geschäftlichen Daten interessiert. William Binney, der ehemalige technische Direktor der NSA, sagte am 3. Juli 2014 vor dem NSA-Untersuchungsausschuss des Bundestags über seine Behörde: *„Sie wollen Informationen über alles haben. Das ist wirklich ein totalitärer Ansatz, den man bisher nur bei Diktatoren gesehen hat. … Nach dem 11. September gab es so etwas wie Privatsphäre nicht mehr.*"[324]

Weil für die private Kommunikation ein „Abtauchen" in das Deep-Web oder das Dark-Web zu aufwendig ist, sollte man seine E-Mails auf jeden Fall durch eine gute Verschlüsselung schützen. Das gilt sowohl beim Verschicken, als auch beim Speichern auf dem eigenen Computer. Denn der Aufwand für die Entschlüsselung lohnt sich nur, wenn es sich um entsprechend wichtige Nachrichten, Firmengeheimnisse etc. handelt. Aber die beste Verschlüsselung hilft natürlich nichts, wenn die Passwörter, die den Zugang zu den entschlüsselten Bereichen ermöglichen, leicht zu erraten sind oder gestohlen werden. Sie hilft auch nichts gegen Schadprogramme, die die Eingabe über die Tastatur vor der Verschlüsselung abgreifen.

Eine besonders unangenehme Form der Datensammlung sind Schadprogramme, die in geschützte Bereiche von Computern eindringen, und während des Betriebs die Datenspeicher bzw. den Datenverkehr auslesen und weiterleiten. Viele kleine Zusatzprogramme, sogenannte Add-ons, versprechen dem Nutzer wertvolle Erweiterungen eines Programms und werden deshalb gern aus dem Netz heruntergeladen. Aber manche von ihnen haben zusätzlich eine Spionagefunktion, das heißt, sie schicken Daten aus dem Computerspeicher an eine fremde Adresse. Auch hier ist es ein ständiges Spiel von denjenigen, die immer neue derartige Programme entwickeln, und den Software-Firmen, die Schutzmaßnahmen dagegen anbieten.

Bekannt geworden ist der „Bundestrojaner", der nach dem oben erwähnten Gesetz vom Juni 2017 von Bundesbehörden eingesetzt werden darf. Er durchsucht den gesamten Speicher des Computers bzw. Smartphones und sendet die gewünschten Informationen an die Ermittlungsbehörden weiter. Allerdings darf er nur nach einem richterlichen Beschluss und nur zur Aufklärung schwerer Straftaten oder zur Abwehr einer „dringenden Gefahr" eingesetzt werden. Dieser Begriff ist jedoch sehr schwammig, sodass er in einer Vielzahl von Fällen als Begründung gelten kann.

Die Schadprogramme können auch so programmiert werden, dass sie die Kamera über dem Bildschirm eines Rechners aktivieren und das so Gefilmte weiterleiten. Letzteres scheint jedoch eher ein Feld für Voyeure zu sein. Trotzdem ist es ratsam, die Kamera seines Computers abzudecken, solange sie nicht gebraucht wird. Das gilt auch für die Kameras in den Flachbildschirmen der neueren Fernseher, die dazu da sind, Bedürfnisse des Benutzers zu erkennen, um dann gezielt Werbung schalten zu können. Auch hiermit kann viel Missbrauch getrieben werden.

Wer Windows nutzt, sollte die Datenschutzerklärung von Microsoft[325] lesen. Dort schreibt die Firma: *„Weitere Daten erhalten wir, indem wir Ihre Interaktionen mit unseren Produkten aufzeichnen ..."* Wer also ein Microsoft-Produkt gebraucht, erlaubt dem Unternehmen, alle seine Daten, die in diesen Programmen benutzt werden, abzugreifen und weiterzugeben – bei Windows also den gesamten Inhalt des Computers! Im nächsten Absatz dieser Datenschutzerklärung steht: *„Wir verwenden jedoch weder Ihre Inhalte aus E-Mails, Chats, Videoanrufen und Voicemails noch aus Ihren Dokumenten, Fotos oder anderen persönlichen Dateien, um damit auf Sie gezielte Werbung zu senden."* Wozu denn dann, wenn nicht für personalisierte Werbung? Ein Schelm, wer dabei Böses denkt.

Noch dreister ist Whatsapp. Bevor man diese Funktion benutzen kann, muss man den Nutzungsbedingungen[326] zustimmen. Dort erlaubt man der Firma, sämtliche Daten aus dem Adressbuch des Smartphones abzugreifen, damit sie diese frei benutzen und weitergeben kann. Gleichzeitig bestätigt man, dass man autorisiert ist, alle diese Kontaktdaten und Telefonnummern weiterzugeben. Das ist aber kaum möglich, denn dazu müsste man doch jede einzelne Person um Erlaubnis fragen, die im Adressbuch aufgeführt ist. Man darf also nicht mehr die Nummer eines Anrufers kurz speichern, um zurückzurufen. Aber ehrlich: Ist nur WhatsApp so schlimm? Schauen Sie, wo die Kontaktdaten auf Ihrem Handy gespeichert werden: auf der Google „Cloud" – zumindest wenn Sie nicht sehr fit sind und das umgehen können.

Trägt man ein eingeschaltetes Handy mit sich, wird die Funkzelle[327] registriert, in der man sich gerade befindet, und meist zusätzlich noch die unmittelbar angrenzenden Zellen. Aus dem Verhältnis der Signalstärken kann man so den Standort recht präzise bestimmen – mit Spezialgeräten sogar auf wenige Meter genau.[328] Damit ist es den Israelis schon vor vielen Jahren gelungen, Terroristen in einem fahrenden Auto zu identifizieren und zu erschießen. Ausgeschaltete Handys können ferngesteuert eingeschaltet werden. Außerdem lassen sich dabei auch das Mikrofon und die Kamera aktivieren, sodass man eine funkende Wanze mit sich trägt.[329] Will man daher sichergehen, dass man nicht abgehört und der Standort nicht registriert wird, muss man den Akku aus dem Gerät nehmen, soweit das überhaupt möglich ist. Einfacher ist es, bei wichtigen Verhandlungen das Smartphone in eine Abschirmtasche zu stecken, die es gelegentlich zu kaufen gibt. Dann ist es durch keine Funkwelle erreichbar und kann auch nicht senden.

Nach dem deutschen Gesetz über die Vorratsdatenspeicherung müssen alle Verbindungsdaten von Telefongesprächen,[330] SMS, Internetaufrufen oder Ähnlichem für die Dauer von zehn Monaten aufbewahrt werden.[331] E-Mails sind ausgenommen. Google geht noch weiter: Es führt bei Handys ständig eine Standortbestimmung durch und speichert diese sowie weitere Daten für unbegrenzte Zeit. Die wenigsten Nutzer schalten diese Funktion aus.

Eine ganze Reihe von autoritär regierten Ländern setzt eine derartige Überwachungstechnik ein, um die Opposition im eigenen Land zu unterdrücken. Dabei wird auch Technik verwendet, die aus

Europa importiert wurde. Ein paar Beispiele: In Bahrain wurden Aktivisten mithilfe einer solchen Methode verhaftet und anschließend gefoltert – geliefert von Siemens-Nokia.[332] Ein „Trojaner" der italienischen Firma Hacking Team wurde in Marokko gegen Journalisten und in Äthiopien gegen Landsleute eingesetzt, die im Exil in den USA lebten. Auch die Vereinigten Arabischen Emirate verwendeten Produkte einer italienischen und einer finnischen Firma.[333] Inzwischen ist die EU tätig geworden, um wenigstens den Export der hier beschriebenen Geräte und Programme einzuschränken, die in autoritären Regimen zur Überwachung dienen können.[334]

Auch in Europa werden an einigen Orten die Nummern der vorbeifahrenden Autos fotografiert und gespeichert. Der Aufenthaltsort von Personen kann oft auch durch die zahlreichen Überwachungskameras ermittelt werden. Solange große Teile des Gesichts unverhüllt sind, liefern die biometrischen Daten, die in den Meldeämtern gespeichert werden, eine Möglichkeit, die abgebildeten Personen zu identifizieren. Auch das hat schon in den Golfstaaten zur Verhaftung von Regimekritikern geführt. Diese „automatische Gesichtserkennung" bringt natürlich auch Bequemlichkeiten mit sich: An vielen Flughäfen gibt es bei der Einreise für EU-Bürger keine langen Warteschlangen mehr. In einer Glaskabine wird das Bild, das eine Kamera aufnimmt, mit den biometrischen Daten im Pass verglichen. Stimmen beide überein, und liegt gegen die betreffende Person nichts vor, öffnet sich die Tür zum Ausgang.

Besonders problematisch ist die Bezahlung mit Scheck- oder Kreditkarten. Dabei wird nämlich meist nicht nur der Geldbetrag gespeichert, sondern auch der gekaufte Gegenstand. Demselben Zweck dienen die Kundenkarten von Kaufhäusern. Diese Daten sagen viel über den Kunden aus. Sie können benutzt werden, um gezielt Werbung zu machen – aber sicher nicht nur dafür. Auch aus diesem Grund ist die oft diskutierte Abschaffung des Bargelds höchst problematisch.

Relativ neu ist die Möglichkeit, Informationen über die „intelligenten Stromzähler" oder „Smart Meter" zu sammeln, die nach einer

EU-Richtlinie[335] bis 2020 die alten Stromzähler ersetzen sollen. Aus dem zeitlichen Verlauf des Stromverbrauchs kann man ermitteln, welche Geräte wann benutzt werden.[336] Auf diese Weise erhält man sehr detaillierte Informationen über die Gewohnheiten der Verbraucher. Zwar sollen die Daten an den Stromversorger verschlüsselt übermittelt werden, und dieser darf nur die für ihn wichtigen Informationen auslesen. Aber halten sich wirklich alle daran? Besonders fragwürdig ist es, dass die meisten Stromversorger aus Bequemlichkeit darauf bestehen, die Daten per Funk zu übertragen. Damit kann jeder, der den Code für die Übertragung kennt, alle Informationen abgreifen. Dagegen kann man sich zumindest in Deutschland wehren, denn für die Datenübertragung zu den Stromanbietern und Wärmelieferanten gibt es auch andere Wege (Telefon/Internet oder Power-Line, im Prinzip auch LAN=Breitbandkabel),[337] und das einschlägige Gesetz[338] legt keine spezielle Übertragungsform der Daten fest.

Weitere Daten über die Bewohner eines Hauses kann man künftig vermutlich auch aus „intelligenten" Rauchmeldern bekommen, in deren Entwicklung Google hohe Summen investiert hat. Sie funken nicht nur, wenn die Gefahr eines Brands entsteht, sondern übertragen alle möglichen weiteren Daten. Die meisten der gegenwärtig in Deutschland verkauften Rauchmelder haben jedoch noch keine Funkverbindung.

Auch das „Internet der Dinge" bringt erhebliche Datenschutzprobleme mit sich. Es will in einem Haushalt alles untereinander, mit dem Internet und mit den Telefonleitungen verbinden – sogar Spielzeug. Der Vorteil: Ihre Waschmaschine sagt Ihnen, welches Teil vermutlich demnächst kaputtgeht, und fragt, ob der Elektriker, der sie gewöhnlich repariert, jetzt schon verständigt werden soll. Auch bekommen Sie auf Ihr Handy eine Nachricht, was in Ihrem Kühlschrank lagert und was Ihnen für die Mahlzeiten, die Sie gewöhnlich essen, noch fehlt. Der Nachteil: Das alles erfahren nicht nur Sie. Dieses Wissen für sich allein ist zwar uninteressant. Aber kombiniert mit allen anderen Informationen, die über Sie gespeichert werden (können), ergibt sich ein recht vollständiges Bild von Ihrer Person, und dies, wie im nächsten Abschnitt deutlich wird, nicht nur für den jeweiligen Augenblick.

Überwachung hat es immer schon gegeben, auch wenn sie früher viel aufwendiger war als heute. Neu ist, dass es jetzt möglich ist, auch ohne irgendeinen Verdacht Daten von allen Bürgern zu bekommen und auszuwerten. Das kann nicht mit Terrorismusbekämpfung entschuldigt werden. Gegen eine gezielte Fahndung hat wohl niemand etwas einzuwenden. Aber das Sammeln all dieser Daten wäre nur dann zu rechtfertigen, wenn sichergestellt würde, dass es nur auf richterlichen Beschluss und nur zu dem dabei angegebenen Zweck geschieht. Das ist zwar für die staatlichen Stellen in unseren Gesetzen so vorgesehen, sie werden aber offensichtlich nicht so richtig ernst genommen. Außerdem sollen die jetzt schon viel zu schwachen Datenschutzgesetze durch die „Freihandelsabkommen" weiter aufgeweicht werden, weil persönliche Daten in den USA und in anderen Ländern als eine normale Handelsware gelten. Die Freihandelsabkommen versuchen, die Standards verschiedener Länder aneinander anzugleichen, wobei der niedrige Datenschutz in den USA für Investoren besonders lohnend ist.

Soweit die Theorie. Praktisch werden selbst unsere schwachen Gesetze umgangen, indem der Bundesnachrichtendienst mit ausländischen Diensten wie dem NSA kooperiert, die sich nicht an deutsche Gesetze halten. Besondere Vorsicht ist geboten, wenn sich der Server eines Internetanbieters in einem Land außerhalb der EU befindet, denn dann gelten die Gesetze dieses Landes. Das trifft auch zu, wenn eine „Cloud" nicht von der EU aus betrieben wird.

Von der Wiege bis zur Bahre

Einzelne Datensätze, etwa die Aufzeichnung von Gesprächen, nützen meist wenig. Erst durch das Zusammenspiel unterschiedlicher Daten kommt man zu einem schlüssigen Bild. Deshalb war es früher nicht gestattet, mehr als eine Handvoll Angaben über eine Person elektronisch zu speichern. Das ließ sich aber durch den fortschreitenden Einsatz von Computern nicht mehr aufrechterhalten.

Ein neuer Erdenbürger wird schon bei der Geburt datenmäßig erfasst. Dabei werden die wichtigsten Angaben auf dem Weg über die Gesundheitskarte der Mutter gesammelt und an die Kassenärztliche Vereinigung des entsprechenden Bundeslands übermittelt. Nur bei Privatpatienten erfolgt die Speicherung der Daten nicht zentral, sondern in der zuständigen Versicherung.[339] Das alles ist bei gesunden Kindern kein Problem. Aber nicht jede und jeder will, dass seine Daten auf diese Weise aufgezeichnet werden, so etwa bei Erbschäden. Früher war die Gefahr eines Missbrauchs sehr viel geringer, da die Daten der Krankenkasse nur für einen kleinen Kreis von Angestellten zugänglich waren. Die zentrale elektronische Speicherung ermöglicht wesentlich mehr Menschen eine Einsicht, besonders wenn sie in der Lage sind, Passwörter oder ähnliche Sicherungen zu umgehen. In einem solchen Zentralregister werden dann im Laufe des späteren Lebens natürlich auch alle Krankheiten und die verschriebenen Medikamente gespeichert, einschließlich sehr persönlicher Angaben, beispielsweise wann welche Verhütungsmittel gekauft wurden.

Als Nächstes im Leben eines Kindes folgt die Schülerdatei. Sie ist in den Bundesländern nicht einheitlich und nicht überall Pflicht. Problematisch wird sie erst, wenn Personen außerhalb der Schulen Zugriff haben, was offenbar in einigen Bundesländern der Fall ist.[340]

Die deutsche Polizei zeigt eine richtige Sammelwut für Gentests. Das ist gut, solange diese Daten nur bei der Verbrechensbekämpfung und dabei nur zum Vergleich verschiedener Genstrukturen verwendet werden. Schwierig wird es, wenn man anfängt, aus den Daten bestimmte Merkmale der getesteten Personen zu ermitteln. Denn in den Genen sind sehr viele Eigenschaften eines Menschen codiert. Heute ist es zwar nicht erlaubt, die Besonderheiten einer Person aus diesen Gen-Datenbänken abzulesen. Das könnte sich jedoch ändern. Aber auch jetzt schon ist es nicht auszuschließen, dass hier Missbrauch getrieben wird. Auf jeden Fall ist es ein ungutes Gefühl zu wissen, dass wesentliche Charakter- und Gesundheitsmerkmale wie in einem offenen Buch bei den Behörden gespeichert werden. Mit Verbrechensbekämpfung hat das nichts mehr zu tun. Deshalb wäre es dringend notwendig, alle eingesammelten Genproben nach einer bestimmten Frist, spätestens aber nach der Klärung des entsprechenden Kriminalfalls, zu löschen oder mindestens zu anonymisieren. Eine andere Möglichkeit bestünde darin, nur einige charakteristische Gensequenzen zu speichern, die für die Ermittlung von Tätern besonders wichtig sind.

Fasst man die Informationen aus allen Quellen und Dateien zusammen, ergibt sich ein recht vollständiges Bild über jede Person. Die Werbeindustrie erzielt schon mit weit weniger Daten Erfolge: Wichtig sind ihr vor allem der Wohnort, der finanzielle Spielraum, Alter, Geschlecht und Interessen (die man etwa aus den Einkäufen über Kundenkarten oder aus den angeklickten Internetseiten herausfindet). Je mehr Informationen vorhanden sind, desto gezielter läuft die Werbung. Das zu ermöglichen ist ein Geschäftsmodell von Google, Amazon, Facebook und anderen. Aber selbstverständlich können die Daten nicht nur dafür benutzt werden.

Einen Versuch, mehrere große Dateien für eine Bewertung ihrer Bürger zusammenzufassen, unternimmt die chinesische Regierung mit ihrem „Social Credit System".[341] Die ersten Pläne dafür wurden 2014 veröffentlicht; 2016 folgten detailliertere Anweisungen. Das Projekt durchläuft gerade eine Probephase in der ostchinesischen Stadt Rongcheng. Offenbar soll es bis 2020 einsatzfähig sein. In der Erklärung von 2014 zu diesen Plänen hieß es, das Projekt „ist eine wichtige Komponente … des sozialen Lenkungssystems". Man will also die Bevölkerung in die von der Regierung gewünschte Richtung lenken. In China gibt es bisher schon ein Register, das Details eines jeden Haushalts sammelt, und ein weiteres, das jeden Bürger erfasst und Berichte über die Schulzeit und die Arbeit enthält, auch über Fleiß, Fehlzeiten und Gehälter. Selbst jede Beschwerde gegen eine Behörde wird in einer Datei erfasst, ebenso alle Anfragen mit der chinesischen Suchmaschine im Internet, außerdem die Posts in den sozialen Netzwerken und die Bilder in den zahlreichen Überwachungskameras, die mithilfe der biometrischen Gesichtserkennung ausgewertet werden. Außerdem wird über soziale Tätigkeiten Buch geführt. Besonderes Augenmerk wird auf das Verhalten im privaten Bereich gelegt, auf den Lifestyle oder so einfache Dinge wie das Nichtbefolgen einer ärztlichen Anweisung. Wenn jemand vom Land in eine große Stadt zieht, wird er verpflichtet, ständig ein Smartphone mit sich zu führen, auf dem seine biometrischen Daten gespeichert sind, und das als elektronischer Ausweis gilt. Damit erfahren die Behörden automatisch rund um die Uhr, wo sich jeder von ihnen aufhält; natürlich werden auch die Gespräche selbst überwacht.[342] Die Personen mit den meisten Punkten werden mit unterschiedlichen Titeln ausgezeichnet wie „spirituell fortgeschrittenes Individuum" oder „herausragender Kader" und erhalten Geld oder bekommen leichter eine Wohnung. Hat man zu wenige Punkte, hat man kaum eine Chance, in seinem Beruf befördert zu werden. Es kann aber auch ein Verbot zur Folge haben, Häuser oder sogar Flugtickets zu kaufen. Besonders problematisch ist, dass auch Verstöße gegen die „normale soziale Ordnung" und „ernsthaftes Zersetzen der Ordnung der Cyberspace-Übertragung" aufgelistet werden. Derart unklare Begriffe provozieren geradezu den Missbrauch der Behörden.

Ein solches Belohnungs- und Bestrafungssystem ist in Europa undenkbar. Hier hat man andere Probleme: Kriminalität und Terrorismus. Dazu hat die EU das Projekt „INDECT" (engl. Intelligent Information System Supporting Observation, Searching, and Detection for Security of Citizens in Urban Environment)[343] aufgelegt, an dem auch mehrere deutsche Forschungsinstitute beteiligt sind. EU-Gelder werden eingesetzt, um mit einer automatischen Auswertung der oben beschriebenen Daten auffällige Verhaltensweisen zu ermitteln. Ziel ist es, Straftaten oder regierungsfeindliche Aktivitäten schon vor ihrer Ausführung zu erkennen und wenn möglich zu verhindern. Ist dies nicht die perfekte Form eines Überwachungsstaats, mit der man auch soziale Unruhen bekämpfen kann, bevor sie überhaupt entstehen? Da hilft es wenig, dass INDECT auch noch eine andere Forschungsrichtung betreibt, die durch eine weiter entwickelte Verschlüsselung und andere Maßnahmen ganz allgemein Daten besser schützen will. Die Horrorvision bleibt: Der Staat weiß mehr über dich als du selbst.

Mit solchen Daten lassen sich Menschen nicht nur überwachen, sondern auch beeinflussen. Bekannt geworden ist das durch den Skandal um Cambridge Analytica. Diese Firma hat Daten aus Facebook benutzt (indem sie die „Likes" ausgewertet hat[344]), um die politische Einstellung und die persönlichen Vorlieben jedes Bürgers zu ermitteln. Dies diente dann als Grundlage dafür, gezielte Argumente für die Wahl von Donald Trump an die betreffende Person zu senden. Dadurch soll Trump zahlreiche zusätzliche Wähler bekommen haben, die sonst nicht für ihn gestimmt hätten.[345] Angeblich soll auch in Großbritannien die Abstimmung über den Brexit durch solche Daten von Facebook beeinflusst worden sein.

William Binney, der ehemalige technische Direktor der NSA, sagte am 3. Juli 2014 vor dem Untersuchungsausschuss des Bundestags zur NSA-Affäre: Ziel sei auch die Kontrolle über den Menschen. Und weiter wörtlich: *„Wir haben uns wegbewegt von der Sammlung dieser Daten* [d. h. bei Terror- und Kriminalitätsverdacht] *hin zur Sammlung von Daten der sieben Milliarden Menschen unseres Planeten."*[346]

Zbigniew Brzezinski hat schon 1970 geschrieben: *„Schon bald wird es möglich sein, eine fast ununterbrochene Überwachung jedes einzelnen Bürgers zu gewährleisten und aktuelle Akten zu führen, in denen sogar die privatesten Informationen über den Bürger verzeichnet sind. Auf diese Akten können die Behörden jederzeit sofort zurückgreifen."*[347]

Genau das wollte das Bundesverfassungsgericht in seinem Urteil zur Vorratsdatenspeicherung verhindern. Es schreibt, dass eine Gesetzgebung *„die auf eine möglichst flächendeckende vorsorgliche Speicherung aller für die Strafverfolgung oder Gefahrenprävention nützlichen Daten zielte, … von vornherein mit der Verfassung unvereinbar"* sei.[348] Später hat es diese Aussage präzisiert: *„Mit der Menschenwürde unvereinbar ist es, wenn eine Überwachung sich über einen längeren Zeitraum erstreckt und derart umfassend ist, dass nahezu lückenlos alle Bewegungen und Lebensäußerungen des Betroffenen registriert werden und zur Grundlage für ein Persönlichkeitsprofil werden können."*[349]

Leider hält sich die Politik nicht an diese Vorgaben. Im Gegenteil: Die Überwachung wird in Deutschland immer weiter ausgebaut. Den Vorreiter macht dabei Bayern mit zwei neuen Gesetzen;[350] andere Bundesländer wollen nachziehen: Das Telefongeheimnis und die Unverletzlichkeit der Wohnung waren früher einmal wichtige Bürgerrechte, die sogar im Grundgesetz verankert sind. Das ist jetzt vorbei. Wie wir es aus Politthrillern über vergangene Diktaturen kennen, kann die Polizei heimlich Wohnungen betreten und verwanzen. Dazu ist nicht einmal eine richterliche Anordnung nötig, falls behauptet wird, es sei „Gefahr im Verzug". Aber nicht nur das: Auch die Überwachung von Personen mit allen gängigen Methoden wie verpflichtend angeordneter DNA-Analyse, die Durchsuchung von Computern und Speichermedien, der Einsatz von Bodycams und Drohnen, auch zur Überwachung von Wohnungen (!), die Verhaltens- und Gesichtserkennung, die Postbeschlagnahmung, das Tracking etc., all dies soll jetzt erlaubt werden. Dadurch werden massive Verletzungen von Persönlichkeitsrechten schon aus relativ geringfügigen Anlässen möglich.[351] Ob diese Gesetze allerdings einer gerichtlichen Überprüfung standhalten werden, bleibt abzuwarten.

Offensichtlich ist, wie wichtig strenge Gesetze wären, die das Abgreifen von Daten nur aus besonders schwerwiegenden Gründen erlauben und das Verbot von Datenmissbrauch auch durchsetzen.

Die Tendenz geht aber dahin, den Datenschutz noch weiter aufzu-
weichen, und zwar nicht nur durch die polizeiliche Überwachung,
sondern auch durch die Freihandelsabkommen. Es liegt an uns das
zu verhindern, damit wir nicht Verhältnisse wie in China bekommen.

Bekämpfung von Terrorismus und Unruhen

> *Wer die Freiheit aufgibt, um Sicherheit zu gewinnen,*
> *wird am Ende beides verlieren.*
>
> Benjamin Franklin

Wegen der wachsenden Zahl von Armen drohen langfristig Probleme, vor allem weil die Wirtschaft ständig wächst und es immer mehr
Superreiche gibt, weil also die Schere zwischen Arm und Reich immer
weiter aufgeht. Nach der Gründung der Bundesrepublik im Jahr 1949
war es ja gerade die Maxime, dass jeder Bürger vom Wirtschaftswun-
der profitieren sollte und es möglichst keine Armen geben dürfe.
Wenn das auch nicht immer erreicht wurde, so wusste die Bevölkerung wenigstens, dass dies das Ziel der Regierung war, die sie gewählt
hatte. Der Name des damaligen Wirtschaftsministers und späteren
Bundeskanzlers Ludwig Erhardt garantierte dafür.

Dieses Bewusstsein hat sich in weiten Teilen der Bevölkerung
gewandelt. Viele fühlen sich ausgenutzt, indem sie etwa ein Leben
lang hart gearbeitet haben und trotzdem nur eine Rente erwarten
können, die unter dem Hartz-IV-Satz liegt. Ähnlich müssen auch
Alleinerziehende empfinden, die statistisch gesehen das höchste
Armutsrisiko tragen. Das alles birgt eine große Sprengkraft.

Darüber hinaus werden die demokratischen Rechte wie gesehen
immer mehr eingeschränkt. Auch die mangelnde Integration von
Zuwanderern schafft Probleme, die zu einer wachsenden Instabili-

tät unserer Gesellschaft führen. Dazu kommt die terroristische Bedrohung. Vor diesem Hintergrund versuchen die EU und die Bundesregierung, mit einer gründlichen Überwachung konkrete Gefahrenpunkte für einen Aufruhr oder einen Anschlag zu ermitteln, noch bevor es zu Gewalttaten kommt. In öffentlichen Stellungnahmen geht es dabei vor allem um den Schutz vor terroristischen Anschlägen, mit dem so manche Überwachungspraktiken und Eingriffe in den Datenschutz begründet werden. Gert R. Polli schreibt dagegen in seinem Buch: *„Betrachtet man die sogenannten Sicherheitspakete und die legalistische Aufrüstung der Sicherheitsbehörden aus einer gewissen Distanz, so kann man sich des Verdachts nicht erwehren, dass sich die Bundesregierung weniger auf terroristische Bedrohungslagen einstellt, als vielmehr zu erwartende soziale Unruhen.“*[352] Auch der Ministerrat der EU erstellt regelmäßig eine Einschätzung der Bedrohungen, denen die Union ausgesetzt ist.[353] Diese Berichte stützen sich unter anderem auf den EU-Geheimdienst „INTCEN" (Intelligence Analysis and Situation Centre, zu Deutsch Zentrum für Informationsgewinnung und -analyse) mit Sitz in der Brüsseler Avenue Cortenbergh.[354]

Um Terroranschläge und soziale Unruhen abwehren zu können, gründeten Frankreich, Italien, Spanien, Portugal, die Niederlande und Rumänien die paramilitärische Polizeitruppe Eurogendfor mit Sitz in Vicenza (Italien), um notfalls Aufstände niederschlagen zu können.[355] Polen ist ein „Partnerland", die Türkei hat Beobachterstatus. Deutschland ist dem Vertrag nicht beigetreten. Die Kerntruppe von Eurogendfor besteht aus 800 bis 900 Personen; zusammen mit der Bereitschaft sind es etwa 2.300.[356]

Unabhängig davon, ob ein EU-Mitgliedsland an Eurogendfor beteiligt ist oder nicht, gilt: Wenn es zu einem Terroranschlag oder einer „Katastrophe" von „großer Tragweite"[357] kommt, mit der ein Mitgliedsstaat allein nicht mehr fertig wird, kann er die EU um Hilfe bitten.[358] Interessant ist dabei, was als Katastrophe definiert wird: Das ist *„jede Situation, die schwerwiegende Auswirkungen auf Men-*

schen, die Umwelt oder Vermögenswerte, einschließlich Kulturerbe, hat oder haben kann".[359] Es kann also auch Privatvermögen geschützt werden, indem die EU ihre eigenen militärischen Mittel wie FRON-TEX oder die ihrer Mitgliedsstaaten[360] im Inland gegen ihre eigenen Bürger einsetzt.[361] Eine Ungeheuerlichkeit! Auch lange andauernde Generalstreiks haben sicherlich „schwerwiegende Auswirkungen auf Vermögenswerte". Hier darf also Militär gegen die Zivilbevölkerung eingesetzt werden!

Und sobald der betroffene Staat im Rahmen dieser Solidaritäts-klausel die EU um Hilfe gebeten hat, übernimmt der Ministerrat der EU das Kommando; der Staat kann bestenfalls im Ministerrat noch Wünsche äußern.[362]

Militärische Aktionen müssen zwar vom Ministerrat einstimmig beschlossen werden.[363] Das gilt aber beispielsweise nicht für den Ein-satz von FRONTEX und ähnlichen Strukturen, die lediglich Agen-turen der EU sind, ebenso wenig für Eurogendfor, eine paramilitä-rische Truppe speziell für die Bekämpfung von Terror und Aufruhr, weil sie kein Instrument der EU, sondern nur von einigen EU-Län-dern ist, die miteinander einen Vertrag darüber abgeschlossen haben.

Bei den EU-Einsätzen zur Krisenbewältigung gilt die Charta der Grundrechte der Europäischen Union.[364] Die Formulierung, die dies festlegt, ist jedoch sehr vage: *„Dieser Beschluss* [gemeint ist die zitierte Verordnung zur Durchführung der Solidaritätsklausel] *achtet die Grundrechte* [welche?], *wahrt die in der Charta der Grundrechte der Europäischen Union anerkannten Grundsätze und sollte im Einklang mit diesen Rechten und Grundsätzen angewandt werden."* Beachte: Nur die „anerkannten Grundsätze" und nicht alle Regeln der Charta selbst sind gemeint, und nicht einmal die müssen eingehalten wer-den – sie sollten es nur. Außerdem heißt das, dass „Tötungen" bei Aufruhr oder Aufstand erlaubt sind, falls sie „unbedingt erforder-lich" sind.[365] Gegen derartige Handlungen kann nicht vor dem Euro-päischen Gerichtshof geklagt werden, denn dieser *„ist nicht zustän-dig für die Bestimmungen hinsichtlich der Gemeinsamen Außen- und*

Sicherheitspolitik und für die auf der Grundlage dieser Bestimmungen erlassenen Rechtsakte".[366] Eventuell sind noch Klagen vor dem Europäischen Menschengerichtshof möglich, der aber weder Strafen noch Entschädigungen für die Opfer anordnen kann.

Das EU-Parlament ist übrigens von einer Beschlussfassung ausgeschlossen, da es für Entscheidungen mit militärischem Bezug nicht zuständig ist.[367]

7. Was tun?

Die Lage ist zu ernst, als dass man
pessimistisch sein dürfte.

Klaus Töpfer[368]

Gegen all diese neoliberalen Praktiken regt sich allmählich Widerstand – bisher offenbar erfolglos, denn die Regierung hat die Lage gut im Griff. Wie wäre es sonst möglich, dass sich kaum ein Protest gegen die wachsende Zahl von Armen in unserem Land regt, aber auch, dass an einem einzigen Tag in Deutschland mehr als 300.000 Menschen gegen CETA und TTIP auf die Straße gehen, und die Regierung kümmert das nicht im Geringsten? Offenbar ist sie sich sehr sicher, dass sie nicht aus dem Amt gejagt wird, und geht sogar davon aus, wiedergewählt zu werden. Kann man überhaupt etwas gegen die wachsende Herrschaft des Kapitals, den Abbau der Sozialsysteme, für den dringend nötigen Umweltschutz und gegen den massenhaften Hungertod in den ärmeren Ländern unternehmen? Dazu muss man zuerst den internationalen Handel und das Wettbewerbsrecht reformieren. Der Wirtschafts-Nobelpreisträger Joseph Stiglitz sagt in einem Interview mit dem „Greenpeace Magazin": *„Weltweit müssen wir Länder und Kommunen dabei unterstützen, faire Gesellschaften zu konstruieren. Auch indem wir die globalen Märkte zähmen, etwa mit einer globalen Wettbewerbsbehörde mit eigenem Wettbewerbsrecht. Denn die werden sonst ihrerseits entscheidend und wenig positiv Einfluss nehmen auf jede einzelne Region. Das sind die zentralen Aufgaben der Zukunft."*[369]
Einer solchen internationalen Behörde müsste auch die EU und damit auch Deutschland zustimmen. Das ist aber mit unseren heu-

tigen Regierungsparteien nicht möglich, die sich den neoliberalen Grundsätzen verschrieben haben.

Ein weiterer wichtiger Schritt wäre es, die politischen Parteien unabhängig vom Geld privater Konzerne zu machen. Dazu müsste ein Verbot von Firmenspenden und Sponsoring erlassen werden. Amtsträger dürften in keinem Aufsichtsrat sitzen, und nach jedem Mandat müsste eine mindestens zweijährige Sperre für einen Wechsel in die Privatwirtschaft gelten.[370] Vor allem müsste die Bestechung von Bundestagsabgeordneten endlich strafbar werden. Erforderlich ist es aber auch, die EU grundlegend zu demokratisieren. Dazu muss die EU-Kommission durch eine demokratisch gewählte Regierung ersetzt werden, das EU-Parlament muss die Rechte bekommen, die ein Parlament in einer Demokratie haben sollte, und die Kompetenzen des Rats müssen so beschränkt werden, dass ihm die Rolle einer zweiten Kammer zukommt. Wichtig ist gerade dies, weil die Lobbyisten der großen Konzerne am effektivsten in der Kommission und im Rat tätig werden. Denn wer im Rat wie abgestimmt hat, wird nur selten bekannt. Auch über die Gesetzesentwürfe der Kommission wird kaum berichtet; sie stellen aber die Grundlage aller EU-Verordnungen und Richtlinien dar. So braucht sich in diesen Gremien kaum jemand für das verantworten, was er getan hat.

Um den wachsenden Einfluss der internationalen Konzerne zu stoppen, sind aber zusätzlich tiefer gehende Reformen nötig. Denn nur eine robuste Demokratie kann dem entgegenwirken. Auch manche Krisen, die wir erleben, erzeugen den Eindruck, dass unsere Demokratie den gegenwärtigen Anforderungen nicht mehr gewachsen ist. Man braucht dazu nur die Entwicklung in der Türkei, in den USA, in Brasilien, Ungarn, Polen und vielen anderen Ländern zu betrachten. Aber auch der Einfluss finanzkräftiger Verbände in Deutschland und in der EU zeigt, dass unsere Form der Demokratie auf Dauer nicht überlebensfähig ist. Entweder sie wird bald grundlegend reformiert, oder sie wird zu einer Scheindemokratie.

Ein Problem bei unseren Wahlen ist, dass zwar immer eine Partei die meisten Stimmen erhält, dass aber trotzdem meistens die Mehrzahl der Wähler gegen diese Partei erhebliche Vorbehalte hat. Nehmen wir eine Wahlbeteiligung von 60 Prozent an; der Rest der Bürger ist oft mit den angetretenen Parteien so unzufrieden, dass er gar nicht erst zur Wahl geht. Nehmen wir weiter an, dass eine Partei bzw. eine Koalition 60 Prozent dieser Stimmen erhält. Obwohl das eine gute Voraussetzung für eine stabile Regierung ist, wurde sie trotzdem nur von 36 Prozent der Stimmberechtigten gewählt (60 % von 60 %). Es ist kaum anzunehmen, dass alle der restlichen 64 Prozent der Bürger damit glücklich sind, von dieser Partei bzw. Koalition regiert zu werden. Im Gegenteil: Vermutlich ist die Mehrzahl unter ihnen mit dieser Regierung nicht zufrieden – sonst hätten sie sie ja gewählt. Unser Wahlsystem schafft also in den meisten Fällen mehr unzufriedene als zufriedene Bürger.

Das bestätigen auch mehrere nicht-repräsentative Umfragen nach verschiedenen Wahlen.[371] Nach einer Wahl konnte man eine der folgenden sieben Antworten ankreuzen: Ich habe eine Partei gewählt,

„A) *weil ich mir gewünscht hatte, von dieser Partei vertreten zu werden,*

B) *weil das Programm dieser Partei meinen politischen Vorstellungen am ehesten entsprach,*

C) *weil mich die Kandidaten oder der Wahlkampf dieser Partei besonders angesprochen hatten,*

D) *weil ich ein persönliches Nahverhältnis zu dieser Partei hatte,*

E) *aus Tradition,*

F) *weil sie für mich das geringste Übel unter den wählbaren Parteien war,*

G) *aus anderen Gründen.*"

Von den Befragten kreuzten jeweils zwischen 50 und 70 Prozent die Antwort F) an. Mit anderen Worten: Die Mehrheit derer, die zur Wahl gegangen waren, war unzufrieden, weil keine der Parteien ihren Wünschen entsprach, sie aber einer Partei ihre Stimme geben mussten. Dazu kommen natürlich noch die Wahlverweigerer, die sich nicht durchringen konnten überhaupt irgendeine Partei zu wählen. In Wirklichkeit wird also die gewählte Regierung noch mehr abgelehnt, als das obige idealisierte Zahlenbeispiel vermuten lässt. Das liegt sicher zum Teil an den konkreten Parteien, die jeweils zur Wahl standen. Aber das dürfte nicht der einzige Grund sein. Auch unser Wahlsystem hat eine Mitschuld. Denn es darf die Bürger nicht derart frustrieren, selbst wenn die zur Wahl angetretenen Parteien ihre Fehler und Mängel haben. Ideale Parteien gibt es nicht.

Einen Frust erzeugt bei vielen Wählern auch die 5-Prozent-Hürde, in deren Folge bei Bundestags- und Landtagswahlen alle Stimmen für Parteien mit weniger als 5 Prozent einfach unter den Tisch gekehrt werden. Das sind insgesamt, also für alle Parteien zusammen, meistens 7 bis 9 Prozent aller abgegebenen Stimmen. Würden die Sitze im Parlament, die diesen Stimmen entsprechen, einfach leer bleiben, wäre das noch erträglicher. So werden sie aber an die anderen Parteien vergeben, die mehr als 5 Prozent bekommen haben, obwohl die Wähler das gerade nicht wollten. Damit wird der Wählerwillen verfälscht, um die Macht der etablierten Parteien zu erhalten.

Denkbar ist eine Änderung unseres Wahlsystems in Anlehnung an eine Idee von Siegfried Schrotta und Erich Visotschnig.[372] Wenn man beispielsweise die Möglichkeit hätte, nicht nur eine Partei anzukreuzen, sondern jeder Partei auf dem Wahlzettel eine der drei Bewertungen „gewünscht", „akzeptabel" oder „unerwünscht" zu geben, so

würden diejenigen Parteien in den Bundestag kommen, die die wenigsten „unerwünscht"-Stimmen erhalten. Der Vorteil dieses Systems
wäre, dass man damit auch über mögliche Koalitionspartner in der
Regierung abstimmt: Denn zu Koalitionsgesprächen würden zuerst
die Parteien eingeladen, deren Kombination am wenigsten abgelehnt
wird.[373] Können sich diese Parteien nicht auf ein Regierungspro-
gramm einigen, so geht – ähnlich wie heute – der Auftrag zur Regierungsbildung an die zweitbeste Kombination von Parteien usw. Ein
weiterer Vorteil dieses Wahlsystems wäre, dass neue Parteien eine
höhere Chance bekommen, weil jeder Wähler sein Urteil über alle
Parteien abgibt. Radikale Bewerber haben dagegen eine geringere
Chance als heute, weil sie von der Mehrheit abgelehnt werden.

Der wichtigste Vorteil dieses Wahlsystems wäre aber, dass es nicht
so leicht gelingen würde, allein durch Spenden an eine oder zwei Parteien das Wahlergebnis zu bestimmen. Denn es ist schwieriger, die
Bewertung aller angetretenen Parteien zu beeinflussen. Natürlich
werden auch bei diesem Verfahren Kleinstparteien, die bisher weniger als 1 Prozent der Stimmen bekamen, kaum eine Rolle spielen,
weil sie den meisten Wählern unbekannt und deshalb weder
„gewünscht" noch „akzeptabel" sind. Es hätte auch keinen Sinn,
wenn ein Wähler alle Parteien außer der einen von ihm bevorzug-
ten als „unerwünscht" ankreuzt, weil er sich dann die Möglichkeit
nimmt, die Koalitionsbildung zu beeinflussen.

Trotz dieser Vorteile bleibt die Frage, warum man nicht die Partei
mit der Regierungsbildung beauftragen soll, die die meisten Stimmen
erhalten hat, sondern die Partei bzw. Koalition, die am wenigsten abgelehnt wird. Die Antwort ist einfach: Das ist die Partei, die sich die meisten Wähler als Regierungspartei entweder wünschen oder die sie zumindest für akzeptabel halten. Sie erzeugt also bei den Wählern den
geringsten Frust. Bei unserem Wahlsystem ist dagegen, wie wir oben
gesehen haben, die Mehrzahl der Bürger unzufrieden. Sie fühlen sich in
dieser Demokratie nicht ernst genommen. Da ist es nicht verwunderlich, dass so viele ein distanziertes Verhältnis zu unserem Staat haben.

Ähnliche Wahlsysteme wie das hier beschriebene haben sich in der Praxis verschiedentlich bewährt, sowohl in Wirtschaftsunternehmen als auch bei politischen Entscheidungen.[374] Trotzdem müssen sie natürlich erst einmal gründlich bei Testwahlen geprüft werden. Dann wird sich zeigen, ob sie wirklich eine Verbesserung darstellen.

Es ist also noch nicht sicher, ob diese Änderung des Wahlverfahrens bei Landtags- und Bundestagswahlen im hier angedachten Sinne erfolgreich sein wird. Dagegen wären die Einführung des bundesweiten Volksentscheids und eines wirksamen Volksentscheids in der EU[375] ein erster wichtiger Schritt und sofort möglich. Hätte es sie gegeben, wären viele Fehlentwicklungen der letzten Jahre verhindert worden, so die Freihandelsabkommen, die Bankenrettung, Glyphosat ... Es wird immer behauptet, das Volk sei nicht informiert genug, um selbst zu entscheiden; es würde zum Beispiel die Todesstrafe wieder einführen und ausländerfeindliche Gesetze beschließen. Diese Befürchtung habe ich nicht. Viele Parlamentarier, mit denen ich zusammenarbeite, sind bestimmt nicht klüger als „das Volk". Sie haben sich nur in der Parteihierarchie hochgedient. Natürlich arbeiten sich alle Abgeordneten in die Sachgebiete ein, mit denen sie sich in ihren Ausschüssen befassen. Aber in der Zivilgesellschaft gibt es meist bessere Fachleute. Man müsste ihnen nur mehr Gehör schenken.

Wenn man bundesweite und echte europaweite Volksentscheide einführen will, ist es allerdings wichtig, den Einfluss großer Konzerne auf die öffentliche Meinung zu beschränken, den sie aufgrund ihrer Kapitalmacht sonst haben würden. Die Schweiz hat dazu gute Regeln entwickelt, die auch bei uns beachtet werden müssten.

Aber selbst wenn einmal das Wahlverfahren geändert wird und es außerdem noch Volksentscheide auf allen Ebenen gibt, ist die jetzige repräsentative Demokratie zu anfällig für die Einflussnahme der internationalen Konzerne.[376] Diese scheuen weder Zeit noch Geld, damit ihre Lobbyisten ständig Druck auf die Politik ausüben. Ein

Beispiel dafür sind die Präsidentschaftswahlen in den USA. Die Kandidaten benötigen das Geld finanzkräftiger Gruppen, die dann natürlich ihre politischen Forderungen durchsetzen wollen. In Europa ist eine solche Einflussnahme zwar nicht so bestimmend, aber doch vorhanden. In manchen Situationen ist die jetzige Form unserer Demokratie auch vor „Heilsbringern" nicht sicher genug. Man denke nur an die Notlage um 1930, in der Adolf Hitler die Rettung versprochen hatte, oder an Erdoğan in der Türkei, der die Wirtschaft, die Lebensumstände und das Selbstwertgefühl in der Türkei verbessert hatte, bevor er sich diktatorische Vollmachten verschaffte. Die repräsentative Demokratie widerspricht außerdem der ursprünglichen Idee der Demokratie, was übersetzt „Volksherrschaft" heißt. Denn wir wählen alle vier oder fünf Jahre und überlassen dann alles andere unseren Volksvertretern.[377] Zwischen den Wahlen haben wir kaum eine Möglichkeit, als „Volk zu herrschen".

Die Entwicklung des Internets hat andere Formen der Demokratie möglich gemacht. So könnten wir vor wichtigen politischen Entscheidungen gefragt werden und die Möglichkeit bekommen, unsere Meinung in einer Art elektronischer Bürgerdiskussion auszudrücken. Damit wären wir in die laufende Politik eingebunden; die Politikverdrossenheit würde zurückgehen. Auch der Einfluss der (neoliberalen) Wirtschaft würde eingeschränkt, und die politischen Parteien würden an Bedeutung verlieren. Ein weiterer ganz entscheidender Vorteil wäre, dass auf diese Weise auch andere Experten zu Wort kämen als die von der Regierung bzw. von den betroffenen Interessensgruppen bestellten. Den Glyphosat-Skandal hätte es in dieser Form nicht gegeben, bei dem in die Entscheidung der EU-Kommission nur fragwürdige Gutachten der Herstellerfirma einflossen und neutrale Fachleute nicht zum Zug kamen. Ähnlich steht es mit der Beurteilung der Gentechnik in Nahrungsmitteln durch die EU-Kommission, bei der keine echten Langzeitversuche berücksichtigt werden. Wenn die Meinung der Bürger bei politischen Entscheidungen in irgendeiner Form beachtet werden müsste, könnte das nicht passieren.

In einigen Politikbereichen gibt es jetzt schon wenigstens eine öffentliche Diskussion. *„Die Europäische Kommission organisiert regelmäßig Bürgerdialoge unter Beteiligung von Mitgliedern der Kommission, des EU-Parlaments und nationaler Regierungen sowie mit Vertretern lokaler und regionaler Behörden und der Zivilgesellschaft.“*[378] Diese Dialoge werden sowohl online, als auch in Versammlungen an vorher bekannt gegebenen Orten durchgeführt. Zwischen 2012 und Mai 2018 fanden fast 700 solcher öffentlicher interaktiver Debatten an mehr als 160 Orten statt.

Aber diese Diskussionen sind völlig unverbindlich. Denkbar ist immerhin, dass sie in Zukunft mehr Gewicht bekommen, wenn sich alle Bürger, die dies wünschen, in einem elektronischen Wählerverzeichnis registrieren. Dessen Nutzung muss dann ähnlich wie beim Online-Banking geschützt werden. Bei wichtigen Entscheidungen der Regierung könnte zu vorher genau formulierten Fragen oder Gesetzesentwürfen eine Online-Abstimmung der Bevölkerung durchgeführt werden, deren Gewicht gegenüber den Parlamenten von der Beteiligung der Bevölkerung abhängt. Andere, ähnliche Vorschläge sind in den bereits erwähnten Büchern von Siegfried Schrotta und Erich Visotschnig zu finden.

Der nächste Schritt ist, dass die Bürger nicht einfach abstimmen, sondern auch bei der Lösung eines Problems oder bei der Formulierung eines Gesetzestextes mitarbeiten. Wenn das allerdings Zig Millionen Wahlberechtigte in Deutschland oder Hunderte Millionen Wahlberechtigte in der EU tun, wird sich meist nicht eine einzige, sondern eine Vielzahl von Lösungen herausschälen. Auch eine noch so große Schar von Beamten dürfte es nicht schaffen, daraus einige wenige Alternativen zu erarbeiten, über die man abstimmen kann. Das muss künftigen Computerprogrammen überlassen werden, die es vermutlich bald geben wird.

Diese Vorschläge sollen nur einige Anregungen dazu sein, wie wir unsere Demokratie verbessern können, damit sie die heutigen Bedrohungen überwinden kann. Auf keinen Fall darf es so weitergehen wie bisher, wenn wir den übermäßigen Einfluss des Kapitals auf unsere Politik stoppen wollen. Dazu muss nicht nur unsere Form der Wahlen und Abstimmungen, sondern der gesamte Politikbetrieb grundsätzlich reformiert werden.

Das Grundübel unserer jetzigen Situation ist das Desinteresse weiter Teile der Bevölkerung. Um die Herausforderungen an unsere Demokratie zu meistern, ist das langfristige Engagement vieler Menschen nötig. Denn mit irgendwelchen schnellen Aktionen kommen wir sicher nicht ans Ziel. Die meisten von uns sind allerdings mit dem jetzigen Zustand ganz zufrieden. Sie bemerken die Probleme nicht einmal. Und wenn sie ihnen beispielsweise mit den Flüchtlingen unmittelbar vor Augen geführt werden, interessiert es sie zu wenig, wodurch das Leid dieser Menschen entstanden ist und was unsere Politik und unser Wirtschaftssystem damit zu tun haben. Solange wir nur materialistisch denken und außer einem guten Leben keine anderen Ziele haben, werden wir diese Entwicklung nicht stoppen können. Nur wenn wir uns empören und aktiv werden, kann sich auch unsere Politik ändern.

Im ersten Kapitel wurde der Satz zitiert: „Wer in der Demokratie schläft, wird in der Diktatur aufwachen." Wir sind bereits eingeschlafen. Hoffentlich schrecken wir noch rechtzeitig auf.

Dank

Mein Dank gilt an erster Stelle meiner Frau Rosemarie, die mich beim Schreiben dieses Buchs ständig unterstützt und mir viele wertvolle Hinweise gegeben hat. Herr Christian Schanz aus Berlin hat mich auf wichtige Veröffentlichungen aufmerksam gemacht, und Frau Florence von Bodisco, Herr Paul Diegel, Frau Dagmar Hirschberg, Frau Angela Jung, Herr Claude Kohnen, Herr Tim-Oliver Kray, Frau Simone Lettenmayer, Frau Paula Stier und Frau Mechthild von Walter haben viele Ideen, Anregungen und Korrekturen beigetragen. Ihnen allen sei herzlich gedankt!

Empfohlene Literatur

Attac (Hrsg.): Konzernmacht brechen! Von der Herrschaft des Kapitals zum Guten Leben für Alle. Mandelbaum, Wien 2016

Zwölf kurze, gut lesbare Artikel über den Einfluss der globalen Konzerne mit vielen wichtigen Fakten.

Klaus Buchner: Unser Land unterm Hammer. Wer regiert uns wirklich? tao.de, Bielefeld 2012

Auf eine kurze historische Einführung folgen Bemerkungen über die internationale Finanzwirtschaft und über Entscheidungen unserer Regierung, die nicht im Sinn der Bürger sind

Fritz R. Glunk: Schattenmächte. Wie transnationale Netzwerke die Regeln unserer Welt bestimmen. dtv, München 2017

Eine wissenschaftlich hieb- und stichfeste Beschreibung von internationalen Netzwerken und ihrem Einfluss auf die Politik. Sie ist eine wichtige Ergänzung zum vorliegenden Buch, das dieses Thema nicht behandeln konnte.

Naomi Klein: Die Schock-Strategie. Der Aufstieg des Katastrophen-Kapitalismus. 4. Auflage, Fischer, Frankfurt/Main 2012

Spannende Schilderung, wie es in einigen Ländern zu einem extremen Kapitalismus kam

Harald Klimenta, Andreas Fishan u. a.: Die Freihandelsfalle. Transatlantische Industriepolitik ohne Bürgerbeteiligung – das TTIP. VSA, Hamburg 2014

Eine sehr kompetente, nur 126 Seiten lange und gut lesbare Übersicht über die wichtigsten Probleme der „modernen" Freihandelsabkommen

Ullrich Mies und Jens Wernicke (Hrsg.): Fassadendemokratie und tiefer Staat. Auf dem Weg in ein autoritäres Zeitalter. Promedia, Wien 2017

Sechzehn kurze Artikel mit interessanten Beiträgen u. a. über die Probleme der repräsentativen Demokratie, der neoliberalen Bildungsreform und der Rolle des Großkapitals in beiden Weltkriegen sowie in den militärischen Auseinandersetzungen der Gegenwart

John Perkins: Bekenntnisse eines Economic Hitman. Goldmann, München 2007

Spannend geschriebene persönliche Schilderung eines Abgesandten der US-Regierung, der mehrere Länder in Schuldknechtschaft führte

Laurence H. Shoup: Wall Street's Think Tank. The Council on Foreign Relations and the Empire of Neoliberal Geopolitics, 1976–2014. Monthly Review Press, New York 2015

Ein sehr kenntnisreiches, gut lesbares Buch über Macht und Einfluss des Council on Foreign Relations

Matthias Weik und Marc Friedrich: Der größte Raubzug der Geschichte. Warum die Fleißigen immer ärmer und die Reichen immer reicher werden. Bastei Lübbe, Köln 2014

Dieses sehr interessante Buch beschreibt eindrucksvoll die Machenschaften der internationalen Finanzwirtschaft

Anmerkungen

Als Quellen werden so weit wie möglich Internetadressen angegeben, weil es bequemer ist, zu Hause am Computer zu sitzen, als in eine Bibliothek zu gehen. Es ist aber möglich, dass seit dem letzten Zugriff, der immer vermerkt ist, Adressen abgeschaltet oder die Inhalte verändert wurden. In diesem Fall findet man oft denselben Beitrag unter einer anderen Adresse. Außerdem sei ausdrücklich darauf hingewiesen, dass die zitierten Internetseiten nicht notwendigerweise die Meinung des Autors wiedergeben. Auch für ihre Richtigkeit kann keine Gewähr übernommen werden.

1   Credit Suisse: Global wealth databook 2015. Total net wealth at constant exchange rate (USD billion), http://publications.credit-suisse.com/tasks/render/file/index. cfm?fileid=C26E3824-E868-56E0-CCA04D4BB9B9ADD5 und https://www.oxfam.org/sites/www.oxfam.org/files/file_attachments/bp210-economy-one-percenttax-havens-180116-en_0.pdf, aufgerufen am 2.1.2017.

2   Attac (Hrsg.): Konzernmacht brechen! Von der Herrschaft des Kapitals zum Guten Leben für Alle. Mandelbaum, Wien 2016, S. 21.

3   Das Wort „Governance" wird nicht einheitlich gebraucht. Hier wird darunter eine Form des Regierens oder besser des Steuerns durch Organisationen verstanden, die nicht gewählt wurden und die ihre Existenz auch sonst nicht demokratisch rechtfertigen können.

4   „But the other side of the coin is that somebody has to take the government's place, and business seems to me to be a logical entity to do that." David Rockefeller, „Looking for New Leadership", Newsweek, 1.2.1999, S. 41. Aufschlussreich ist hier auch http://www.bibliotecapleyades.net/exopolitica/esp_exopolitics_G_4.htm, aufgerufen am 2.1.2017.

5   „… ist der Versuch in der europäischen Einigung, eine neue Form von Governance zu schaffen, wo eben es nicht eine Ebene, die für alles zuständig ist und die dann im Zweifel durch völkerrechtliche Verträge bestimmte Dinge auf andere überträgt, nach meiner festen Überzeugung für das 21. Jahrhundert ein sehr viel zukunftsweisenderer Ansatz als der Rückfall in die Regelungsmonopolstellung des klassischen Nationalstaats in vergangenen Jahrhunderten." Schäuble am 18. 11.2011 auf dem European Banking Congress. Wörtliche, unautorisierte Übertragung der Tonaufnahme in einen geschriebenen Text durch den Autor. Die „eine Ebene, die für alles zustän-

dig ist", und die Schäuble ablehnt, ist jeder souveräne Staat; das wäre wohl auch ein europäischer Bundesstaat.

6   Die in meinen Augen besten Beiträge habe ich unter „Empfohlene Literatur" zusammengestellt; sie sind auch wichtige Quellen für das vorliegende Buch.

7   Andere Aspekte werden in meinem Buch: Unser Land unterm Hammer. Wer regiert uns wirklich? tao.de Verlag, Bielefeld 2012 dargestellt.

8   Mario Draghi, siehe unten im Abschnitt über Goldman Sachs.

9   Also der einmal festgelegte, unveränderliche Umtauschkurs des Dollars in Gold

10 Vgl. M. Weik und M. Friedrich: Der größte Raubzug der Geschichte. Warum die Fleißigen immer ärmer und die Reichen immer reicher werden. Bastei Lübbe, Köln 2014, S. 27 ff.

11 Der genaue Prozentsatz hängt von den jeweils gültigen Regeln ab; zurzeit ist es das sogenannte „Basel III"-Abkommen.

12 Formal geschieht das so: Bei der Vergabe des Kredits bucht die Bank die Überweisung auf das Konto des Kunden als Geldabfluss, d. h. auf der Passivseite (also als Soll). Gleichzeitig hat sie aber eine Forderung gegen den Kunden, die in der Bilanz auf der Aktivseite (Habenseite) erscheint. Bei der Rückzahlung werden die Aktiva und die Passiva gegeneinander ausgeglichen. Der Kredit verschwindet also aus den Büchern.

13 Eine gut verständliche Einführung findet man in Horst Seiffert: Geldschöpfung. Die verborgene Macht der Banken. 3. Auflage, Verlag Horst Seiffert, 2016.

14 Der „Glass-Steagall Act" wurde 1933 nach dem Bankencrash erlassen. Er hatte verboten, dass Banken, die Geschäfte mit Einlagen und Krediten machen, auch Wertpapiergeschäfte betreiben.

15 Spiegel Online vom 12.3.2010, www.spiegel.de/wirtschaft/unternehmen/finanz-crash-lehman-brothers-kaschierte-pleitegefahr-mit-bilanztricks-a-683136.html, aufgerufen am 20.8.2017 und vom 15.9.2009: www.spiegel.de/wirtschaft/unternehmen/lehman-crash-wie-deutsche-Banken-das-desaster-befoerdert-haben-a-647890.html, aufgerufen am 5.1.2017.

16 Es gibt auch Verträge, bei denen keine Ware erworben, sondern lediglich das Risiko der Schwankung des Warenwerts gehandelt wird.

17 www.finanzen.net/nachricht/zertifikate/HebelprodukteReport-Commerzbank-Auf-dem-Weg-zum-Penny-Stock-2324673, aufgerufen am 27.1.2017.

18 www.handelsblatt.com/finanzen/anlagestrategie/zertifikate/nachrichten/optionsscheine-commerzbank-bietet-wette-auf-den-eigenen-untergang/5885692.html, aufgerufen am 27.1.2017.

19 Bank für Internationalen Zahlungsausgleich, zitiert nach www.zeit.de/2013/12/Finanzmarkt-Regulierung-Derivate, aufgerufen am 27.1.2017.

20 SPIEGEL 47/2008: Der Bankraub.

21 www.handelsblatt.com/unternehmen/mittelstand/juergen-heraeus-banken-die-ca-sino-spielen-muessen-auch-pleite-gehen-koennen/4559236.html, aufgerufen am 6.1.2017.

22 www.theguardian.com/business/2017/jan/14/moodys-864m-penalty-for-ratings-in-run-up-to-2008-financial-crisis, aufgerufen am 28.3.2018.

23 www.macrotrends.net/stocks/charts/MCO/market-cap/moodys-corp-market-cap-history, aufgerufen am 28.3.2018.

24 Finance Magazine (Hrsg.): NPL 2006 – Was erwartet uns?, in Newsletter Non Per-forming Loans, Ausgabe 2, 12/2005, zitiert nach Weik und Friedrich: Raubzug, S. 59 und 66 (siehe „Emfohlene Literatur").

25 Susan George: The state of corporations. The rise of illegitimate power and the thre-at to democracy, www.tni.org/sites/www.tni.org/files/download/state_of_corpo-ration_chapter.pdf, aufgerufen am 11.2.2017. Leicht gekürzte deutsche Überset-zung in Attac (Hrsg.): Konzernmacht brechen! (siehe „Empfohlene Literatur").

26 Für die Wiedereinführung dieser Steuer wurden Sätze zwischen 0,01 und 0,05 Pro-zent diskutiert. Nicht einmal das konnte politisch durchgesetzt werden.

27 https://lobbypedia.de/wiki/Investmentmodernisierungsgesetz, aufgerufen am 31.1.2017.

28 www.ec.europa.eu/competition/publications/cpn/2011_3_9_en.pdf, aufgerufen am 3.1.2017.

29 Verordnung (EG) Nr. 1606/2002 des Europäischen Parlaments und des Rates vom 19. Juli 2002.

30 Weik und Friedrich: Raubzug, S. 46 (siehe „Empfohlene Literatur").

31 Handesblatt vom 28.7.2009.

32 https://de.wikipedia.org/wiki/Finanzmarktstabilisierungsfonds, aufgerufen am 3.1.2017.

33 Weik und Friedrich: Raubzug, S. 73 und 101 ff. (siehe „Empfohlene Literatur").

34 L. Gottesdiener (2013): 10 million Americans have had their homes taken away by the banks – often at the point of a gun. www.alternet.org/investigations/10-milli-on-americans-foreclosed-neighborhoods-devastated, aufgerufen am 11.2.2017.

35 www.spiegel.de/wirtschaft/soziales/rekord-arbeitslosigkeit-krise-kostete-welt-weit-34-millionen-jobs-a-674247.html, aufgerufen am 5.1.2017.

36 Wirtschaftskrise; Welthandel erleidet Rekordeinbruch, in Spiegel Online vom 24.2.2010, www.spiegel.de/wirtschaft/unternehmen/wirtschaftskrise-welthandel-erleidet-rekordeinbruch-a-680012.html, aufgerufen am 16.2.2017 und www.finan-zen.net/index/DAX/Hochtief, aufgerufen am 11.11.2017.

37 Ex-Notenbankchef: Wie die Finanzkrise Alan Greenspan entzauberte, Welt On-line vom 4.3.2011, www.welt.de/finanzen/article12699177/Wie-die-Finanzkri-se-Alan-Greenspan-entzauberte.html, aufgerufen am 16.2.2017. Vgl. auch Weik und Friedrich: Raubzug, S. 121 (siehe „Empfohlene Literatur").

38 Kölner Stadtanzeiger vom 11.5.2009: Bürger verlieren 140 Milliarden.

39 Anstelle einer Quellenangabe für jede der genannten Zahlen sei hier auf das schon mehrmals zitierte Buch von Weik und Friedrich: Raubzug, insbes. S. 70 ff. (siehe „Empfohlene Literatur"), und die dort angegebenen Belege verwiesen. Weitere In-formationen findet man in www.focus.de/finanzen/boerse/aktien/deutsche-bank-josef-ackermann-steigert-gehalt-um-580-prozent_aid_490054.html, aufgerufen am 5.1.2017.

40 https://de.wikipedia.org/wiki/IKB_Deutsche_Industriebank, aufgerufen am 5.1.2017.

41 Weik und Friedrich: Raubzug, S. 37 und 117 (siehe „Empfohlene Literatur").

42 https://www.wsws.org/en/articles/2007/10/merr-30o.html, aufgerufen am 5.1.2017.

43 www.focus.de/politik/deutschland/bundesregierung-die-beamten-fluesterer_aid_426462.html, aufgerufen am 5.2.2017. In dem Artikel heißt es sogar, dass die Be-ratung nicht 1,8, sondern insgesamt 12,5 Millionen Euro gekostet habe.

44 Am Finanzmarktstabilisierungsänderungsgesetz und an der Finanzmarktstabili-sierungsfonds-Verordnung: siehe die folgende Fußnote und: Im Feuer geschmie-det, in: Süddeutsche Zeitung vom 20.2.2009.

45 www.focus.de/finanzen/news/wirtschaftsticker/unternehmen-auftragsvergabe-des-finanzministeriums-soll-geprueft-werden_aid_889273.html, aufgerufen am 11.2.2017.

46 Die Darstellung folgt meinem Buch: Unser Land unterm Hammer (siehe „Emp-fohlene Literatur").

47 Goldman-Sachs: Eine Bank lenkt die Welt. Sendung am 4.9.2012 um 20:15 Uhr bei Arte: http://www.arte.tv/de/goldman-sachs-eine-bank-lenkt-diewelt/6891612.html, aufgerufen am 5.1.2017.

48 Ayke Süthoff: Wie Goldman Sachs die Welt regiert, in: News.de vom 29.12.2011: www.news.de/politik/855253251/finanzkrise-papademos-euro-desaster-wie-gold-man-sachs-die-welt-regiert/1/, aufgerufen am 5.1.2017; Jens Bisky: Die Goldmän-ner sind überall, in: Süddeutsche Zeitung online vom 18.4.2012; www.sueddeutsche.de/wirtschaftssoziologie-wolfgang-streeck-ueber-goldman-sachs-die-goldmaen-ner-sind-ueberall-1.1335228, aufgerufen am 5.1.2017; Ex-Mitarbeiter haben Top-Jobs in Politik und Wirtschaft: Eliteschmiede Goldman Sachs, in: Süddeutsche Zei-tung online vom 16.3.2012, www.sueddeutsche.de/wirtschaft/ex-mitarbeiter-haben-top-jobs-in-politik-und-wirtschaft-eliteschmiede-goldman-sachs-1.1311185, aufgerufen am 5.1.2017.

49 Goldman Sachs half Griechen beim Tricksen, in: Der Standard vom 14.2.2010. der Standard.at/1265852180136/Schuldenverschleierung-Goldman-Sachs-half-Griechen-beim-Tricksen, aufgerufen am 5.1.2017.

50 Dabei spielte sicher eine Rolle, dass sowohl Monti, als auch Papidemos bei der einflussreichen Trilateralen Kommission (siehe unten im Abschnitt „Andere wichtige Denkfabriken") aktiv waren, Monti sogar als Vorsitzender von deren Europäischer Gruppe. Außerdem war er Mitglied der Bilderberger, einer weiteren Organisation der internationalen Hochfinanz.

51 de.wikipedia.org/wiki/Loukas_Papadimos, aufgerufen am 5.1.2017.

52 m.faz.net/aktuell/wirtschaft/eurokrise/ratssitzung-ezb-will-ohne-limit-staatsanleihen-kaufen-11880988.html Seite aktualisiert am 6.9.2013, aufgerufen am 11.11.2017.

53 http://presseurop.eu/de/content/article/202631-goldman-heuert-mehr-macht-durch-macht, aufgerufen am 2.1.2017. Vgl. auch de.wikipedia.org/wiki/Petros_Christodoulou, aufgerufen am 2.1.2017.

54 Ayke Süthoff und Jens Bisky und Süddeutsche Zeitung online vom 16.3.2012 (siehe oben).

55 Klage gegen US-Bank: Goldman Sachs fällt in Ungnade, in: Süddeutsche Zeitung online vom 20.4.2010, www.sueddeutsche.de/geld/klage-gegen-us-bank-goldman-sachs-faellt-in-ungnade-1.937923, aufgerufen am 2.1.2017.

56 Thomas Fricke: „Mehr Draghi für Deutschland", in: Spiegel Online vom 23.3.2018, www.spiegel.de/wirtschaft/goldman-sachs-mann-joerg-kukies-ist-eine-gute-wahl-fuers-finanzministerium-a-1199447.html, aufgerufen am 28.3.2018.

57 Süthoff: Wie Goldman Sachs die Welt regiert (siehe Anmerkung 48).

58 „Hank" bittet auf Knien um Unterstützung, in: Tagesanzeiger, aktualisiert am 26.9.2008, www.tagesanzeiger.ch/wirtschaft/unternehmen-und-konjunktur/Hank-bittet-auf-Knien-um-Unterstuetzung/story/19065958, aufgerufen am 5.1.2017.

59 In Trennbankensystem dürfen Banken, die Investment- und Wertpapiergeschäfte betreiben, keine Einlagen von Kunden verwalten und keine Kredite ausgeben. Mit anderen Worten: Robert Rubin hob das oben erwähnte Glass-Steagall-Gesetz auf. Vgl. mein Buch: Unser Land unterm Hammer (siehe „Empfohlene Literatur").

60 Süthoff: Wie Goldman Sachs die Welt regiert (siehe Anmerkung 48).

61 lobbypedia.de/index.php/Goldman_Sachs, aufgerufen am 5.1.2017; hier findet man auch Angaben zu anderen wichtigen Mitarbeitern von Goldman Sachs.

62 All the president's men, in: Manager Magazine vom April 2017, S. 30.

63 Kommentar: Goldman Sachs empfiehlt Wetten gegen Europa, in: Deutsche Mittel-
standsnachrichten vom 4.9.2011, aktualisiert am 15.11.2011 www.deutsche-mittel-
stands-nachrichten.de/2011/09/24129, aufgerufen am 2.1.2017.

64 Das Gesetz führte mit seinen 16 Titeln umfassende neue Regeln für das gesamte
Bankensystem in den USA ein. Unter anderem beschränkte es den Eigenhandel
der Banken, brachte strengere Regeln für den Umgang mit Hedgefonds und schränk-
te das Risiko im Zusammenhang mit Derivaten ein.

65 Sie basieren auf der sogenannten „Blockchain Technology".

66 Art. 8.59 (a ii J) JEFTA.

67 Art. 8.1 und Anhang 8-A JEFTA, dort insbes. Ziff. 2 und 11. Im Abkommen wird
zwar betont, dass die Stabilität des Finanzsystems gewahrt werden soll. Die zitierten Stellen zeigen jedoch, dass die konkreten Vereinbarungen genau das Gegenteil
bewirken.

68 Art. 8.7 (b) JEFTA. Ausnahmen können bei neuen Finanzprodukten gemacht werden: Art. 8.60.2 JEFTA.

69 Karl Christian Friedrich Krause: Entwurf eines europäischen Staatenbundes als
Basis des allgemeinen Friedens und als rechtliches Mittel gegen jeden Angriff wider die innere und äußere Freiheit Europas, 1814, neu herausgegeben von H. Rei-
chel 1920, zitiert nach Rudolf Streinz, Christoph Ohler und Christoph Herrmann:
Die neue Verfassung für Europa, Beck, München 2005.

70 Claude Henri de Saint-Simon und Augustin Thierry: De la réorganisation de la so-
ciété européenne ou de la nécessité du moyens de rassembler les peuples de l'Europe en un seul corps politique en conservant à chacun son indépendance nationale, zitiert in Hans Wehberg: Ideen und Projekte betr. die Vereinigten Staaten von
Europa in den letzten hundert Jahren, in: K.-T. Freiherr zu Guttenberg: Europäische Rechtsgeschichte, 4. Auflage, 1984.

71 H. Wehberg in der vorausgehenden Fußnote und Winfried Böttcher (Hrsg.): Klas-
siker des Europäischen Denkens. Friedens- und Europavorstellungen aus 700 Jahren europäischer Kulturgeschichte, Wiesbaden 2014.

72 Siehe z. B.: Österreichs Eisen- und Stahlausfuhr in die Montanunion. Österreichi-
sches Institut für Wirtschaftsforschung, Monatsberichte Heft 8, 1960, S. 344, www.
wifo.ac.at/bibliothek/archiv/MOBE/1960Heft08_344_348.pdf, aufgerufen am
2.1.2018.

73 Mündliche Mitteilung eines EU-Abgeordneten im Konvent.

74 Streinz, Ohler und Herrmann: Die neue Verfassung für Europa, S. 15 (siehe Anmerkung 69).

75 Spiegel vom 16.6.2003.

76   Zitiert nach Streinz, Ohler und Hermann (siehe Anmerkung 69).

77   Auch in Luxemburg gab es eine Volksabstimmung. Dabei wurde der Verfassungsvertrag jedoch bestätigt.

78   Verhandlung am 10./11.2.2009 zur Beschwerde des Verfassers dieses Buchs und anderer mit dem AZ 2 BvR 1022/08.

79   Mündlicher Beitrag des Bundestagsabgeordneten Peter Gauweiler.

80   Der Europäische Rat wird oft mit dem Europarat verwechselt, dem insgesamt 47 Staaten angehören und der keinen unmittelbaren Einfluss auf die Gesetzgebung und die laufende Politik der EU hat.

81   Art. 15.1 und 16.1 des Vertrags über die Europäische Union (EUV).

82   Mit Ausnahme von Verordnungen, die das Parlament selbst betreffen wie die Einführung einer Prozent-Hürde bei der Wahl; das „Initiativrecht" für Gesetze hat sonst nur die EU-Kommission.

83   Art. 24, 26, 28, 31 und 42.4 EUV.

84   Mit „Gesetz" der EU sind Verordnungen und Richtlinien gemeint. Die Verordnungen gelten überall in der Union sofort, die Richtlinien führen zu einer entsprechenden Gesetzgebung in den Mitgliedsstaaten, die dabei einen gewissen Spielraum haben.

85   Montesquieu verwendet in seinem Buch „Vom Geist der Gesetze" das Wort „Despotismus" (Gewaltherrschaft eines Einzelnen), das heute etwas übertrieben erscheinen mag, mit Blick auf das Verfassungsgefüge und die institutionelle Gewaltenteilung aber die Problematik durchaus klar benennt.

86   www.lemonde.fr/luxembourg-leaks/; siehe speziell auch www.lemonde.fr/economie/article/2017/01/06/comment-engie-a-evite-de-payer-300-millions-d-euros-d-impots-au-luxembourg_5058663_3234.html, aufgerufen am 29.1.2017.

87   www.theguardian.com/business/2017/jan/01/jean-claude-juncker-blocked-eu-curbs-on-tax-avoidance-cables-show vom 1.1.2017.

88   ec.europa.eu/commission/2014-2019/arias-canete_en, aufgerufen am 29.1.2017.

89   Zeit Online vom 1.10.2014, www.zeit.de/politik/ausland/2014-10/eu-kommission-bruessel-kommissare-navracsics-anhoerung, aufgerufen am 11.11.2017.

90   Siehe z. B. https://en.wikipedia.org/wiki/Miguel_Arias_Cañete, aufgerufen am 29.1.2017.

91   www.focus.de/politik/ausland/steven-mnuchin-ex-wall-street-banker-als-neuer-us-finanzminister-vereidigt_id_6641810.html vom 14.2.2017.

92   www.tagesschau.de/meldung125885.html, aufgerufen am 14.2.2017. Damals war Jacques Santer Kommissionspräsident.

93   Art. 6 des Vertrags über die Europäische Union (EUV) legt zwar fest, dass die Union die Rechte anerkennt, die in der „Charta der Grundrechte der Europäischen Union" niedergelegt sind. Dort steht in Art. 1 „Die Würde des Menschen ist unantastbar...." Aber die internationalen Verträge mit der Welthandelsorganisation und die Freihandelsverträge haben einen höheren Stellenwert. Vgl. auch die Anhörung zur Meinung („opinion") 1/17 vor dem EuGH am 26.6.2018.

94   Das Wort „Wettbewerb" kommt im Vertrag über die Arbeitsweise der Union (AEUV) bereits in der Präambel vor, danach taucht es allein oder in Wortkombinationen noch 34 Mal auf.

95   Art 151 des Vertrags über die Arbeitsweise der Union (AEUV), der ein Teil des Lissabon-Vertrags ist. Natürlich darf die Wettbewerbsfähigkeit nicht durch „übertriebene" Sozialgesetze zerstört werden. Hier wird aber festgelegt, dass der Erhalt der Wettbewerbsfähigkeit Vorrang gegenüber allen sozialen Maßnahmen besitzt. Dabei wird nicht genau festgelegt, was mit „Erhalt" gemeint ist. Heißt das, dass der Erhalt einer wie auch immer gestalteten Wettbewerbsfähigkeit garantiert werden soll – in diesem Fall wäre der Hinweis auf den Erhalt unnötig, da selbstverständlich – oder der Erhalt der Wettbewerbsfähigkeit auf dem aktuellen Niveau? In diesem Fall wären überhaupt keine durchgreifenden Änderungen der Sozialgesetzgebung zugunsten der Arbeitnehmer möglich, da diese die Wettbewerbsfähigkeit immer für kurze Zeit mindern. Es bleibt unklar, wie diese Passage zu verstehen ist, sie lässt sich aber immer zur Begründung von Einschränkungen beim Sozialstaat heranziehen.

96   AEUV, Dritter Teil, Titel II.

97   AEUV, Dritter Teil, Titel IV, Kapitel 4.

98   Die Privatisierung staatlicher Aufgaben ist in den Verträgen etwas versteckt: In Art. 1 des Protokolls Nr. 26 zu den EU-Verträgen steht: *„Zu den gemeinsamen Werten der Union in Bezug auf Dienste von allgemeinem wirtschaftlichem Interesse im Sinn des Art. 14 des Vertrags über die Arbeitsweise der Europäischen Union zählen insbesondere ... ein hohes Niveau in Bezug auf Qualität, Sicherheit und Bezahlbarkeit, Gleichbehandlung und Förderung des universellen Zugangs und der Nutzerrechte."* Hier bedeutet „Gleichbehandlung und Förderung des universellen Zugangs", dass alle diese Dienste wie Bildung, öffentliche Verwaltung usw. auch für private Unternehmen offen sein müssen.

99   JEFTA bezieht sich auf alle Unternehmen im Bereich von Dienstleistungen, Investitionen und Elektronischem Handel, insbesondere auf solche in öffentlicher Hand (staatlich, städtisch, gemeindlich usw.) (Art. 8.1 und Art. 8.12.1 JEFTA). Sie sollen „liberalisiert" werden, außer denen, die explizit in einer Liste aufgeführt werden (sog. negative Liste, Art. 8.12.1 JEFTA) Dabei heißt „liberalisieren", dass die gesetzlichen Regeln dafür gelockert werden (mit dem Ziel „unnötige" Gesetze abzuschaf-

fen, d. h., Gesetze, die der Wirtschaft nicht passen und die nicht eine Begründung durch tatsächlich aufgetretene, eindeutig zuordenbare und ernsthafte Schäden haben: siehe Art. 8.1.2 JEFTA über die erlaubte Gesetzgebung). Betriebe, die in öffentlicher Hand sind, sollen möglichst privatisiert werden. Dabei dürfen einmal privatisierte Betriebe nicht mehr zurückgekauft werden: Art. 8.12.1.a.i und 8.12.1 (c) JEFTA („Stand-Still" bzw. „Ratchet-Clause").

100 www.wiwo.de/unternehmen/banken/ex-eu-kommissar-goldman-sachs-macht-barroso-zum-aufsichtsrat/13851240.html, aufgerufen am 29.1.2017.

101 https://euobserver.com/instititional/135227, aufgerufen am 29.1.2018.

102 FAZ Wirtschaft vom 2.2.2011, www.faz.net/aktuell/wirtschaft/wirtschaftspolitik/ehemaliger-eu-kommissar-guenter-verheugen-bekommt-kontaktverbot-1590601.html, aufgerufen am 26.2.2017.

103 Für die Kommissionspräsidenten gelten sogar drei Jahre. Außerdem müssen die Kommissare Aktien und Unternehmensbeteiligungen offenlegen. Vgl. Claude Juncker am 13.9.2017 in seiner „Erklärung zur Lage der Union" vor der Vollversammlung des Europäischen Parlaments und seine früheren Ankündigungen dazu: „Strenger, transparenter", in: Süddeutsche Zeitung vom 2./3.9.2017, S. 8.

104 https://ec.europa.eu/info/sites/info/files/cwp_2017_annex_i_de.pdf bzw. die passende Jahreszahl.

105 Attac (Hrsg.): Konzernmacht brechen!, S. 9 (siehe „Empfohlene Literatur").

106 Nach den EU-Verträgen beauftragt der Ministerrat die EU-Kommission mit der Verhandlung von Handelsabkommen.

107 Attac (Hrsg.): Konzernmacht brechen!, S. 33 (siehe „Empfohlene Literatur").

108 Das Ende vom Mythos 80 Prozent, in: Zeit Online vom 4.6.2009, www.zeit.de/online/2009/24/studie-eu-gesetze-deutschland, aufgerufen am 11.11.2017.

109 Ausnahmen bilden nur Stadt- und Gemeinderäte zum Zweck der Aufsicht über die kommunalen Eigenbetriebe. Siehe auch das Grundsatzprogramm und die Finanzordnung der ÖDP.

110 Siehe z. B. Der Spiegel 39/2010 (25. 9. 2010), www.spiegel.de/politik/ausland/0,1518,719608,00.html oder staseve.worldpress.com/2012/05/04/mitterand-fordcrte-d-mark-ende-abstimmen-nach-grundgesetz-artikel-146-absehbar/, aufgerufen am 25.3.2017.

111 Für die Berechnung von Ausgleichszahlungen legt man meist nicht den Lebensstandard, sondern die finanzielle Situation eines Lands zugrunde. Langfristig sind beide Kriterien meist gut korreliert.

112 Siehe z. B. www.wiwo.de/politik/europa/euro-krise-wie-funktioniert-das-target-system/6277238-3.html, aufgerufen am 26.2.2017.

113 https://de.wikipedia.org/wiki/TARGET2, aufgerufen am 26.2.2017.

114 Heute ist der Schweizer Franken fest an den Euro gekoppelt, weil er vorher gegenüber dem Euro zu stark im Wert gestiegen ist, was sich nachteilig auf die Wirtschaft ausgewirkt hat. Dieses Beispiel zeigt, dass man in einem Land nicht einfach Parallelwährungen haben kann. Das ist nur sinnvoll, wenn die Währungspolitik der beteiligten Länder eng aufeinander abgestimmt ist.

115 Siehe z. B. Spiegel Online vom 6.2.2010. www.spiegel.de/wirtschaft/haushaltskrise-goldman-sachs-half-griechenland-bei-schuldenkosmetik-a-676346.html, aufgerufen am 30.6.2017 oder Der Standard vom 14.2.2010 (gedruckte Ausgabe: 15.2.2012), www.derStandard.at/1265852180136/Schuldenverschleierung-Goldman-Sachs-half-Griechen-beim-Tricksen, aufgerufen am 26.2.2017. Goldman Sachs nutzte zur Verschleierung der Bilanzen ein spezielles Finanzinstrument, das „Cross Currency Swap". Damit wurden Staatsanleihen als Devisenkäufe getarnt.

116 https://de.wikipedia.org/wiki/Griechische_Staatsschuldenkrise#/media/File:GRSchuKrise.png, aufgerufen am 20.3.2017.

117 In Art. 125 Abs. 1 Satz 2 des „Vertrags über die Arbeitsweise der Europäischen Union" heißt es: „*Ein Mitgliedstaat haftet nicht für die Verbindlichkeiten der Zentralregierungen, der regionalen oder lokalen Gebietskörperschaften oder anderen öffentlich-rechtlichen Körperschaften, sonstiger Einrichtungen des öffentlichen Rechts oder öffentlicher Unternehmungen eines anderen Mitgliedstaats und tritt nicht für derartige Verbindlichkeiten ein.*" Um trotzdem einen Euro-Rettungsschirm schaffen zu können, wurde Art. 136 durch einen Absatz 3 ergänzt, der einen Stabilitätsmechanismus und die entsprechenden Finanzhilfen ermöglicht.

118 Der Betrag von 780 Milliarden Euro schließt den Anteil des IWF ein. Der „EFSF Rahmenvertrag" vom 7.6.2010 kann z. B. unter www.staatsverschuldung.de/efsf.pdf heruntergeladen werden. Der „Änderungsantrag", genauer: der „Entwurf eines Gesetzes zur Änderung des Gesetzes zur Übernahme von Gewährleistungen im Rahmen eines europäischen Stabilisierungsmechanismus" erweitert die Kompetenzen des EFSF: Bundestagsdrucksache 17/6916 vom 5.9.2011, www.staatsverschuldung.de/drucksache17-6916.pdf . Der Text des EFSM (Verordnung (EU) Nr. 407/2010 des Rates vom 11. 5.2010 ist verfügbar unter eur-lex.europa.eu/LexUriServ/LexUriServ.do?uri=OJ:L:2010:118:0001:0001:DE:PDF alles, aufgerufen am 26.2.2017.

119 Der „Vertrag zur Einrichtung des europäischen Stabilitätsmechanismus (ESM)" steht in der Fassung vom 25.5.2012 z. B. auf www.staatsverschuldung.de/esm.pdf, aufgerufen am 26.2.2017.

120 EZB will ohne Limit Staatsanleihen kaufen, in: Frankfurter Allgemeine Zeitung vom 6.9.2012, www.faz.net/aktuell/wirtschaft/europas-schuldenkrise/ratssitzung-ezb-will-ohne-limit-staatsanleihen-kaufen-11880988.html, aufgerufen am 26.2.2017.

121 Art. 123 Abs. 1, 125 Abs. 1, 127 Abs. 2 und 282 Abs. 2 des Vertrags über die Arbeitsweise der Union (AEUV). Noch deutlicher in Art. 2, 3 und 21.1 des Protokolls Nr. 4 zu den EU-Verträgen.

122 Deutsche Politiker wettern gegen EZB-Entscheidung, in: Spiegel Online vom 7.9.2012, www.spiegel.de/politik/deutschland/staatsanleihen-deutsche-politiker-wettern-gegen-ezb-entscheidung-a-854480.html, aufgerufen am 26.2.2017.

123 Siehe z. B. european-council.europa.eu/media/639244/04_-_tscg.de.12.pdf oder www.bund-europa-ausschuss.bremen.de/sixcms/media.php/13/TOP_2_Fiskalvertrag %2031 %2001 %202012 %20clean %20endg %20 %20Arbeits %FCbersetzung.pdf, aufgerufen am 5.3.2017.

124 Zahl der arbeitslosen 15- bis 24-Jährigen als Anteil aller Personen in diesem Alter im Januar 2017 nach https://de.statista.com/statistik/daten/studie/74795/umfrage/jugendarbeitslosigkeit-in-europa/, aufgerufen am 20.3.2017.

125 www.handelsblatt.com/politik/international/die-200-euro-generation-griechen-in-der-lebenslangen-armutsfalle/14752804.html, aufgerufen am 20.3.2017.

126 ec.europa.eu/eurostat/statistics-explained/index.php/social_inclusion_statistics/de, aufgerufen am 20.3.2017.

127 www.n-tv.de/ticker/Selbstmordrate-in-Griechenland-steigt-rasant-article11330116.html, aufgerufen am 5.3.2018.

128 Bis zum Auslaufen des dritten „Rettungsprogramms" im Jahr 2018 fließen 70,1 Milliarden Euro an Zinsen und Zinseszinsen an die Gläubiger; vlg. E. Scheunemann: Griechenland: Verordnete Verarmung. Blätter für deutsche und internationale Politik 7'17.

129 Nadine Oberhuber: Wer wäre so dumm, jetzt Steuern zu zahlen?, in: Zeit Online vom 3.7. 2015, www.zeit.de/wirtschaft/2015-07/griechenland-steuern-referendum, aufgerufen am 11.11.2017.

130 https://de.statista.com/statistik/daten/studie/14411/umfrage/bruttoinlandsprodukt-bip-in-portugal/, aufgerufen am 20.3.2017.

131 https://de.statista.com/statistik/daten/studie/17325/umfrage/arbeitslosenquote-in-portugal/, aufgerufen am 20.3.2017.

132 Zeit Online vom 6.10.2016, www.zeit.de/wirtschaft/2016-10/iwf-grichenland-krise-bundesregierung-christine-lagarde-wolfgang-schaeuble, aufgerufen am 26.3.2017.

133 John Perkins: Bekenntnisse eines Economic Hitman. Goldmann, München 2007 (siehe „Empfohlene Literatur").

134 John Perkins: Bekenntnisse, S. 22 f. (siehe „Empfohlene Literatur").

135 Interview in Greenpeace Magazin 2./18, März–April 2018, S. 15.

136 Roger Altmann: We need not fret over omnipotent markets, in: The Financial Times vom 1.12.2011, www.ft.com/content/890161ac-1b69-11e1-85f8-00144feabdc0 Übersetzung nach attac (Hrsg.): Konzernmacht brechen!, S. 73 (siehe „Empfohlene Literatur").

137 Das Wort „Neoliberalismus" wird sehr unterschiedlich gebraucht. Hier wird es in dem oben beschriebenen Sinn verwendet, um eine besonders aggressive Form des Kapitalismus zu bezeichnen.

138 Die Personenwagen-Sparte von Volvo ist in chinesischer Hand. Das ermöglicht es China, indirekt Einfluss auf die EU-Politik und insbesondere auf die EU-Kommission zu nehmen.

139 Diese und weitere Informationen findet man z. B. bei Andrew Gavin Marshall: Konzernmacht in Europa in: Attac (Hrsg.): Konzernmacht brechen! (siehe „Empfohlene Literatur").

140 Persönliche Mitteilung an den Autor dieses Buchs.

141 Bastian Van Apeldorn: Transnational Class Agency and European Governance: The Case of the European Round Table of Industrialists, in: New Political Economy 5/2 (2000), S. 164–165.

142 ERT's vision for a competitive Europe in 2025 – recommendations for policy action, Brüssel 2010, im Internet abrufbar unter www.ert.eu/sites/ert/files/generated/files/document/ert_vision_report_final_2010.pdf, aufgerufen am 14.4.2017.

143 Im Vorwort heißt es: „Our vision is intended to help guide the EU's policy choices in the next decade."

144 S. 5: „Reform social security systems to strike a better balance between social cohesion and financial sustainability, for example by placing greater emphasis on patients' responsibility for healthcare costs."

145 S. 10: „a new understanding of job security – putting less focus on preserving jobs and more on ensuring high levels of productive and sustainable employment – would help Europeans to embrace change. With this kind of flexibility, a well-educated and well-led workforce could help raise European productivity to amongst the highest in the world."

146 S. 15: „Preference should be given to ensuring effective risk management rather than favouring complete risk avoidance, as this would stifle innovation."

147 Diese und die Aussagen über den CFR stammen zum größten Teil aus: L. H. Shoup (siehe „Empfohlene Literatur"), hier S. 103.

148 Shoup: Wall Street's Think Tank, S. 71 und 78 (siehe „Empfohlene Literatur").

149 Brzeziński: Die einzige Weltmacht: Amerikas Strategie der Vorherrschaft. 8. Auflage, Fischer, Frankfurt/Main 2004.

150 Shoup: Wall Street's Think Tank, S. 94 ff. (siehe „Empfohlene Literatur").

151 Diese Darstellung der Verhältnisse in Chile folgt Shoup: Wall Street's Think Tanks, S. 168 ff. (siehe „Empfohlene Literatur").

152 Naomi Klein: Die Schock-Strategie. Der Aufstieg des Katastrophen-Kapitalismus. 4. Auflage, Fischer, Frankfurt/Main 2012 (siehe „Empfohlene Literatur").

153 Vgl. die ausführliche Darstellung in Shoup: Wall Street's Think Tank, Kap. 6, der wir hier im Wesentlichen folgen (siehe „Empfohlene Literatur").

154 Melvin A. Conant: The Oil Factor in the US Foreign Policy, 1980–1990, Lexington, M.A.: A Council on Foreign Relations Book, D.C. Heath, 1982.

155 Shoup: Wall Street's Think Tank, S. 204 (siehe „Empfohlene Literatur").

156 Edward P. Djerejian, Frank G. Wisner, Rachel Bronson und Andrew S. Weiss: Guiding Principles for the U.S. Post-Conflict Policy in Iraq, Report of an Independent Working Group of the Baker Institute for Public Policy, Rice University and the Council on Foreign Relations. Council on Foreign Relations, 2003. Dieser Bericht wurde 2002 formuliert, also ein knappes Jahr vor dem Überfall auf den Irak.

157 Brookings Institution: Iraq Index: Tracking Variables of Reconstruction and Security in Post-Saddam Iraq. Brookings Institution, 2003.

158 Peter Maass: The Way of the Commandos, in: The New York Times Magazine, 1.5.2005.

159 Revealed: Pentagon's Link to Iraqi Torture Centers, in: The Guardian, 6.3.2013.

160 Bei den Verhandlungen zu TTIP, einem Abkommen zwischen den USA und der EU, die allerdings von Donald Trump gestoppt wurden, war das CFR-Mitglied Michael Froman der Chef-Unterhändler der USA. Bei der Welthandelsorganisation WTO spielten auch die CFR-Mitglieder Timothy F. Geithner und Carla A. Hills eine zentrale Rolle. Vgl. auch Shoup: Wall Street's Think Tank, S. 40, 171, 176, 177, und S. 242 ff. (siehe „Empfohlene Literatur").

161 Siehe unten im Kapitel „Freihandelsverträge der neuen Generation".

162 https://de.m.wikipedia.org/wiki/Liste_von_Mitgliedern_der_Atlantik-Brücke, aufgerufen am 16.8.2017.

163 faz.net/aktuell/politik/cdu-csu-merkel-verteidigt-irak-krieg-189806.html, aufgerufen am 7.9.2017; www.spiegel.de/politik/ausland/beitrag-in-us-zeitung-merkels-bueckling-vor-bush-a-237040.html, aufgerufen am 7.9.2017. Dieser Beitrag von Merkel in der New York Times stammt ebenso wie die von der FAZ zitierten Äußerungen aus dem Jahr 2003, also noch bevor Merkel Kanzlerin wurde.

164 https://de.wikipedia.org/wiki/Deutsche_Gesellschaft_f%C3%BCr_Ausw %C3%A4rtige_Politik und https://en.wikipedia.org/wiki/German_Council_on_ Foreign_Relations, aufgerufen am 15.10.2017.

165 Ullrich Mies und Jens Wernicke (siehe empfohlene Literatur) S. 147.

166 Ullrich Mies und Jens Wernicke (siehe empfohlene Literatur) S. 148.

167 Auch zu diesen Themen findet man bei Shoup: Wall Street's Think Tank auf den Seiten 131 ff. eine gute Zusammenfassung (siehe „Empfohlene Literatur").

168 Siehe die offizielle Website der Gruppe unter www.bilderbergmeetings.org. Dort werden auch die jährlichen Treffen mit groben Angaben zu den Inhalten (für das letzte Treffen 2017 auch die Teilnehmerliste) veröffentlicht. Aufgerufen am 15.8.2017.

169 Michael J. Crozier, Samuel P. Huntington und Joji Watanuki: The Crisis of Democracy: Report on the Governability of Democracies to the Trilateral Commission. New York University Press, 1975, S. 93, 106 und 113–115.

170 www3.weforum.org, aufgerufen am 16.8.2017.

171 m.faz.net/aktuell/wirtschaft/weltwirtschaftsforum/welche-teilnehmer-das-weltwirtschaftsforum-2017-anlockt-12033029.html, aufgerufen am 16.8.2017.

172 David Sogge: Mit einem Bein in den globalen Herrschaftszimmern: das Weltwirtschaftsforum in Davos, in: Attac (Hrsg.): Konzernmacht brechen!, S. 52 ff. (siehe „Empfohlene Literatur"); englisches Original: David Sogge: The State of Davos: The Camel's Nose in the Tents of Global Governance, in: Transnational Institute: State of Power, 2014, www.tni.org/en/article/state-corporate-power, aufgerufen am 16.8.2017.

173 World Economic Forum: Everybody's Business. Strengthening International Cooperation in a More Interdependent World. Report of the Global Redesign Initiative, 2010, im Internet unter WEF_GRI_EverybodysBusiness_Report_2010.pdf, aufgerufen am 16.8.2017.

174 Börsenblatt vom 20.2.2011, www.boersenblatt.net/artikel-bertelsmann.415378.html, aufgerufen am 16.8.2017.

175 www.bfna.org/article/bertelsmann-foundation-receives-eu-grant-for-ttip-road show, aufgerufen am 16.8.2017. https://lobbypedia.de/wiki/Bertelsmann_Stiftung, aufgerufen am 16.8.2017.

176 www.lehrerverband.de/aktuell_Dossier_Bertelsmannstudien_Dez_12.html, aufgerufen am 16.8.2017.

177 www.bertelsmann-stiftung.de/de/themen/aktuelle-meldungen/2015/november/das-duale-ausbildungssystem-steht-unter-druck/, aufgerufen am 16.8.2017.

178 In der „Global Redesign Initiative" (siehe oben unter „Weltwirtschaftsforum").

179 Siehe auch Harris Gleckman: Multi-stakeholder Governance. In TNI: State of Power 2016. Vgl. hierzu www.opendemocracy.net/harris-gleckman/multi-stakeholder-governance-corporate-push-for-new-global-governance, aufgerufen am 17.9.2017.

180 Harris Gleckman: Multi-stakeholder Governance: An evaluation of a Component of World Economic Forum's Comprehensive Proposal for a Post-nation-state Governance System, Earth Systems Governance Tokyo Conference on Complex Architectures and Multiple Agents, S. 7 ff. www.tokyo2013.earthsystemgovernance. org/wp-content/uploads/2013/01/0300-GLECKMAN_Harris.pdf, aufgerufen am 24.9.2017. Vgl. auch Attac (Hrsg.): Konzernmacht brechen!, S. 54 ff und S. 152 (siehe „Empfohlene Literatur").

181 Shoup: Wall Street's Think Tanks, S. 161 ff. (siehe „Empfohlene Literatur").

182 Art. 14 AEUV i. V. m. Protokoll Nr. 26.

183 Das Wort „Staatsstreich" wurde von mehreren Medien und auch von Rousseff selbst im Zusammenhang mit dem Amtsenthebungsverfahen gegen sie gebraucht, weil es nicht wegen des Verdachts auf eine Straftat, sondern wegen des Vorwurfs eingeleitet wurde, sie habe den Staatshaushalt ohne Zustimmung des Parlaments verwaltet. Siehe die Quellenangaben in https://de.wikipedia.org/wiki/Dilma_Rousseff, aufgerufen am 24.11.2017, und auch https://amerika21.de/2016/05/152710/ regierung-temer-kritik, aufgerufen am 24.11.2017.

184 https://theintercept.com/2016/09/23/brazils-president-michel-temer-says-rousseff-was-impeached-for-refusing-his-economic-agenda/, aufgerufen am 13.11.2017.

185 Diese Aussage, sowie die meisten folgenden, wurden anhand eines Berichts von Prof. Antonio Andrioli und anderer Quellen am 22.11.2017 im Menschenrechtsausschuss des EU-Parlaments besprochen.

186 Karla Mendes: Brazil's chicken catchers are victims of forced labor: report. www. reuters.com/article/us-brazil-slavery/brazils-chicken-catchers-are-victims-of-forced-labor-report-idUSKBN1DU2ZR (Reuters, 30.11.2017), aufgerufen am 9.3.2018.

187 Institute for Agriculture & Trade Policy (IATP): The rise of big meat: Brazil's extractive industry. Executive summary. www.iatp.org/documents/rise-big-meatbrazils-extractive-industry-executive-summary, aufgerufen am 9.3.2018.

188 Siehe zusätzlich auch Radio Vatikan vom 27.10.2017: de.radiovaticana.va/ news/2017/10/27/brasilien_bischöfe_kritisieren_präsident_temer/1345514, aufgerufen am 13.11.2017.

189 Berit Thomsen: Europa muss Verantwortung übernehmen, in: Bauernstimme 01-18 (2018), S. 6.

190 www.dw.com/de/brasiliens-präsident-michel-temer-will-amazonas-schutzgebiet-verkleinern/a-39705806, aufgerufen am 13.11.2017.

191 http://67035.seu1.cleverreach.com/m/7004384/0-931c50615603786980b7f1146 6b23379, aufgerufen am 10.3.2018.

192 Institute for Agriculture & Trade Policy (IATP): The rise of big meat (siehe oben).

193 Interview mit Prof. Andrioli: „Europa zerstört unsere Natur", schrotundkorn.de/lebenumwelt/lesen/interview-europa-zerstoert-unsere-natur.html, aufgerufen am 9.3.2018.

194 Siehe z. B. den Bericht von Juan Ignacio Pereyra Queles, Damián Verzeñassi und Christiane Lüst über die Anwendung von Glyphosat in Argentinien, der am 24. September im UN-Ausschuss für wirtschaftliche, soziale und kulturelle Menschenrechte in Genf vorgestellt wurde: Informe „paralelo" al 4° Informe del Estado de la República Argentina Sobre cumplimento del Pacto Internacional de Derechos Económicos, Sociales y Culturales Por violación de derechos humanos por el Estado Argentino a partir del incumplimiento de sus „obligaciones estatales" en relación a la protección del medio ambiente por no aplicar la legislación ambiental vigente a la agricultura química o sea la basada en uso intensivo de pesticidas.

195 https://amerika21.de/2017/02/170806/landinternationales-kapital, aufgerufen am 13.11.2017.

196 Institute for Agriculture & Trade Policy (IATP): The rise of big meat (siehe oben).

197 John Bellamy Foster, Robert W. McChesney und R. Jamil Jonna: The Internationalization of Monopol Capital. Monthly Review 63/2, 21 (Juni 2011); David Harvey: A Brief History of Neoliberalism, Oxford University Press, 2005, S. 2.

198 Konkrete Angaben dazu in: Ralph Guth, Elisabeth Klatzer, Alexandra Strickner und Carla Weinzierl: Einleitung: Eine Welt der Konzerne, in: Attac (Hrsg.): Konzernmacht brechen!, S. 17 (siehe „Empfohlene Literatur").

199 Brzeziński: Die einzige Weltmacht (siehe oben im Abschnitt „Das Council on Foreign Relations"); ders.: Game Plan: A Geostrategic Framework for the Conduct of the U.S. Soviet Contest. Atlantic Monthly Press, New York 1986; ders.: The Grand Chessboard: American Primacy and its Geostrategic Imperatives. Basic Books, New York 1997.

200 Shoup: Wall Street's Think Tank, S. 184 (siehe „Empfohlene Literatur").

201 "The hidden hand of the market will never work without a hidden fist. McDonald's cannot flourish without McDonnell Douglas, the designers of the U.S. Air Force F15." Max Boot: The Savage Wars of Peace: Small Wars and the Rise of American Power. Basic Books, New York 2002, S. xvi, xx und 284.

202 Siehe z. B. die beiden folgenden Schriften: Michael Mandelbaum: The case for Goliath: How America acts as the World Government in the 21st Century, Public Affairs, New York 2005 und Walter Russel Mead: Power, Terror, Peace and War: America's Frand Strategy in a World of Risk. Alfred A. Knopf, New York 2004. Beide Bücher werden zitiert in Shoup: Wall Street's Think Tank. S. 187 ff. (siehe „Empfohlene Literatur").

203 Diana Johnstone: Die Chaoskönigin. Hillary Clinton und die Außenpolitik der selbsternannten Weltmacht. Westend, Frankfurt 2016.

204 Gert R. Polli: Deutschland zwischen den Fronten. Wie Europa zum Spielball von Politik und Geheimdiensten wird. FinanzBuch, München 2017.

205 Polli: Deutschland zwischen den Fronten, S. 70 (siehe oben).

206 „Finanzskandale: Banken zahlen 260 Milliarden Dollar Strafe", in: Frankfurter Allgemeine Zeitung vom 24.8.2015; vgl. auch Polli: Deutschland zwischen den Fronten, S. 51.

207 Duncan Campbell: Ehemaliger CIA-Direktor sagt, die Wirtschaftsspionage der USA würde auf „Bestechungsaktionen der Europäer" zielen, in: Heise Online vom 12.03.2000, zitiert nach Polli: Deutschland zwischen den Fronten, S. 42.

208 Georg Mascolo, Hans Leyendecker, John Goetz: Codewort Eikonal – der Albtraum der Bundesregierung, in: Süddeutsche Zeitung vom 4.10.2014. Zitiert nach Polli: Deutschland zwischen den Fronten, S. 80.

209 Kurt Graulich: Nachrichtendienstliche Fernmeldeaufklärung mit Selektoren in einer transnationalen Kooperation; Prüfung und Bewertung von NSA-Selektoren nach Maßgabe des Beweisbeschlusses BND-26. Deutscher Bundestag, 1. Untersuchungsausschuss der 18. Wahlperiode, 23.10.2015.

210 Polli: Deutschland zwischen den Fronten, S. 99.

211 Polli: Deutschland zwischen den Fronten, S. 41, 71 und 74 ff.

212 Internationale Verträge sind nach dem Völkerrecht einzuhalten. Nach Art. 25 des Grundgesetzes gehen sie den deutschen Gesetzen vor.

213 carnegieendowment.org/files/nafta1.pdf, aufgerufen am 17.9.2017.

214 Matthias Fifka: Was bring der Freihandel wirklich?, in: Die Zeit vom 3.4.2014, www.zeit.de/wirtschaft/2014-04/ttip-freihandelsabkommen, aufgerufen am 26.2.2018.

215 Greenpeace Magazin 2/18 (März–April 2018), S. 13.

216 Urteile zu Hormonfleisch aufgrund des SPS-Abkommens im Rahmen der WTO (aufgerufen am 13.4.2017): www.wto.org/english/tratop_e/dispu_e/cases_e/ds39_e. htm, www.wto.org/english/tratop_e/dispu_e/cases_e/ds48_e.htm, www.wto.org/ english/tratop_e/dispu_e/cases_e/ds320_e.htm, www.wto.org/english/tratop_e/ dispu_e/cases_e/ds321_e.htm, www.wto.org/english/tratop_e/dispu_e/cases_e/ ds26_e.htm. Urteile zu Gentechnik aufgrund des SPS-Abkommens im Rahmen der WTO (aufgerufen am 13.4.2017): www.wto.org/english/tratop_e/dispu_e/cases_e/ds205_e.htm, www.wto.org/english/tratop_e/dispu_e/cases_e/ds291_e.htm, www.wto.org/english/tratop_e/dispu_e/cases_e/ds292_e.htm, www.wto.org/english/tratop_e/dispu_e/cases_e/ds293_e.htm.

217 So steht z. B. bei CETA in Art. 21.2.2: *„Die Vertragsparteien verpflichten sich, dafür zu sorgen, dass das Leben und die Gesundheit von Menschen, Tieren und Pflanzen sowie die Umwelt auf hohem Niveau und im Einklang mit dem TBT-Übereinkommen, dem SPS-Übereinkommen, dem GATT 1994, dem GATS und diesem Abkommen geschützt werden."* Es wird also nur ein „hoher" Schutz, nicht der höchste gefordert, wie es nach dem Vorsorgeprinzip nötig wäre. Dieser Schutz wird außerdem durch die zitierten Verträge und andere Regeln, z. B. Art. 21.2.4 des CETA-Abkommens eingeschränkt.

218 Art. 2.2 GG.

219 Diese große Schwankung erklärt sich auch daraus, dass darüber gestritten wurde, ob man in dieser Rechnung nur Säuglinge und Kleinkinder, oder auch Ältere berücksichtigen soll.

220 www.theguardian.com/environment/2015/jun/29/supreme-court-air-pollution-epa-coal-plants, aufgerufen am 27.7.2017.

221 So z. B. bei CETA in Art. 21.2.4: *„Ohne Beschränkung der Möglichkeiten jeder Vertragspartei, ihre Regelungs-, Gesetzgebungs- und Politikgestaltungsaufgaben zu erfüllen, verpflichten sich die Vertragsparteien, die Regulierungszusammenarbeit im Licht ihres gemeinsamen Interesses weiterzuentwickeln, a) um unnötige Handels- und Investitionshemmnisse zu vermeiden oder zu beseitigen, ..."* Man beachte, dass nicht die Gesetzgebung selbst uneingeschränkt bleibt, sondern nur die Erfüllung der „Aufgaben" der Gesetzgebung. Was diese Aufgaben sind, wird bei CETA wohl letztlich durch den „Gemischten Ausschuss" festgelegt (Art. 26.1.5 c und e, Art. 26.3), der auch Vertreter der Wirtschaft anhören und viele Sozial- und Umweltgesetze als „unnötig" bezeichnen kann. Diese Zusammenarbeit ist zwar bei CETA, dem Abkommen zwischen der EU und Kanada, und bei JEFTA, dem Abkommen zwischen der EU und Japan, freiwillig; siehe z. B. Art. 21.2.6 CETA. Aber die Freiwilligkeit bezieht sich nur auf die Zusammenarbeit, nicht auf das Ziel der Gesetzgebung.

222 Siehe z. B. www.zeit.de/wirtschaft/2014-03/investitionsschutz-klauseln-beispiele/seite-2, aufgerufen am 28.7.2017.

223 www.zeit.de/wirtschaft/2015-04/private-schiedsgerichte-verfahren-ttip-deutschland-europa-aerger, aufgerufen am 27.7.2017.

224 https://amerika21.de/2015/11/136361/oxy-urteil-gegen-ecuador, aufgerufen am 27.7.2017.

225 Siehe z. B. www.bund-rvso.de/veolia-wasser-schiedsgericht.html, aufgerufen am 28.7.2017.

226 https://publik.verdi.de/2014/ausgabe-05/gewerkschaft/brennpunkt/seite-3/AO, aufgerufen am 28.7.2017.

227 https://mikenagler1.files.wordpress.com/2017/05/attac-sammlung-fallbeispiele_ schiedsgerichte.pdf, aufgerufen am 28.7.2017.

228 Consolidated CETA Text, veröffentlicht am 26.9.2014, S. 158: Chapter 10: Investment, Section 4, Article X.9.

229 Tagesschau: Vattenfall gegen Deutschland, Stand 22.10.2016. www.tagesschau.de/ wirtschaft/icsid-vattenfall-gegen-deutschland-101.html, aufgerufen am 3.1.2018.

230 Diese Form wird ISDS (Investor State Dispute Settlement) genannt und steht so außer im Entwurf für TTIP und einer frühen Version von CETA noch in einigen anderen Freihandelsabkommen.

231 Bezeichnung: ICS=International Court System statt dem bisherigen ISDS.

232 So z.B. beim „International Centre for the Settlement of Investor Disputes" der Weltbank oder beim Ständigen Schiedsgericht der Wirtschaftskammer Wien.

233 Art. 8.23 CETA, Kapitel 29 CETA, insbes. Art. 29.7 und Art. 29.8, sowie Anhang 29 CETA.

234 Art. 8.12 CETA. Siehe auch Anhang 8-A.3.

235 Art. 8.9 CETA.

236 Wie in Art. 218 (11) AEUV vorgesehen.

237 Roland Reuss: Geheim geht gar nicht, in: FAZ.net, aktualisiert am 19.2.2015, www. faz.net/aktuell/politik/staat-und-recht/freihandelsabkommen-ttip-geheime-verhandlungen-unstatthaft-13436237.html, aufgerufen am 11.11.2017.

238 Art. 25.1 und Art. 25.2 CETA i. V. m. Art. Art. 26.1.5 c und e CETA.

239 Art. 21.4 b und f CETA. Siehe auch Art. 21.7 CETA, zur Beteiligung der Wirtschaft auch Art. 21.8.

240 Art. 21.2.6 CETA.

241 Mehr dazu findet man in dem Artikel von Rainer Mausfeld: Die Angst der Machteliten vor dem Volk. Demokratie-Management durch Soft Power-Techniken (2016); der Vortrag ist im Internet an mehreren Stellen zu finden, auch als Video; so z. B. unter www.kussaw.de/download/politik/Mausfeld_Die_Angst_der_Machteliten_ vor_dem_Volk.pdf (aufgerufen am 14.10.2017).

242 Siehe hierzu auch das Interview mit Walter van Rossum in: Jens Wernicke: Lügen die Medien? Propaganda, Jubeljournalismus und der Kampf um die öffentliche Meinung, Westend Frankfurt/Main 2017.

243 Art. 6 Abs. 1 DSGVO bestimmt: „Die Verarbeitung ist nur rechtmäßig, wenn mindestens eine der nachstehenden Bedingungen erfüllt ist: a) Die betroffene Person hat ihre Einwilligung zu der Verarbeitung der sie betreffenden personenbezogenen Daten für einen oder mehrere bestimmte Zwecke gegeben; b) ... e) die Verarbeitung ist für die Wahrnehmung einer Aufgabe erforderlich, die im öffentlichen

Interesse liegt oder in Ausübung öffentlicher Gewalt erfolgt, die dem Verantwortlichen übertragen wurde; f) ..." Danach haben Personen mit Journalistenausweis
wesentlich mehr Freiheiten als Privatpersonen.

244 Rudolf Speth und Thomas Leif: Lobbying und PR am Beispiel der Initiative Neue
Soziale Marktwirtschaft, in: dies.: Die fünfte Gewalt – Lobbyismus. Bundeszent-
rale für politische Bildung, Bonn 2006, hier S. 311.

245 Speth und Leif: Lobbying und PR, S. 303.

246 Beispiele dazu ebenfalls in dem hier zitierten Artikel von Speth und Leif.

247 Vgl. hierzu auch die Veröffentlichung des Instituts *Swiss Propaganda Research* unter https://swprs.org/die-propaganda-matrix/, aufgerufen am 15.10.2017.

248 Das CFR-Mitglied Deirdre Stanley ist „Executive Vice President, General Council" von Reuters; vgl. www.thomsonreuters.com/en/about-us/executive-team.html,
aufgerufen am 15.10.2017.

249 Dies betrifft CFR-Mitglied Youkyung Lee; vgl. www.linkedin.com/in/youky-
ung-lee-9690b621, aufgerufen am 15.10.2017.

250 Vgl. auch www.heise.de/forum/heise-online/News-Kommentare/Die-weltweite-Ge-
faehrdung-der-Pressefreiheit/Journalisten-Mitglieder-der-Atlantikbruecke/pos-
ting-28519977/show/, aufgerufen am 1.7.2018.

251 Hierzu gibt es inzwischen viel Literatur. Einen Überblick gibt z. B. https://de.wiki-
pedia.org/wiki/Brutkastenlüge, aufgerufen am 20.10.2017.

252 daserste.ndr.de/panorama/archiv/2000/erste7422.html, aufgerufen am 12.11.2017.

253 Persönliche Mitteilung des ägyptischen EU-Botschafters an den Autor dieses Buchs
am 21.12.2017.

254 Die Sendung „Monitor" (ARD) berichtete zwar am 24.8.2017 und am 15.3.2018
über die Flüchtlingslager in Libyen; die übrigen Nachrichtensendungen brachten
bis Herbst 2017 kaum etwas darüber.

255 Über die Bombardierungen von Städten in Syrien mit überwiegend kurdischer Bevölkerung durch die türkische Luftwaffe in den Jahren 2017 und 2018 wurde in unseren Medien dagegen ausführlich berichtet. Das hängt offenbar mit den geänder-
ten Beziehungen zwischen Deutschland und der Türkei zusammen.

256 Barack Obama am 28.5.2014 in einer Rede vor dem Militär: *„our ability to shape
world opinion helped isolate Russia right away."*; s. www.cbsnews.com/news/oba-
ma-u-s-by-lead-the-world-by-example/, aufgerufen am 12.10.2017.

257 www.oxfam.org.nz/reports/2018, aufgerufen am 26.1.2018.

258 www.de.wfp.org/hunger-statistik und www.de.wfp.org/welthungergrafiken, aufgerufen am 5.6.2017.

259 www.spiegel.de/politik/ausland/fluechtlingskrise-verschenken-wir-eine-milliar-de-kommentar-a-1158373.html, aufgerufen am 25.7.2017.

260 Wege aus der Hungerkrise. Die Erkenntnisse des Weltagrarberichts und seine Vorschläge für eine Landwirtschaft von morgen. www.weltagrarbericht.de/downloads/Wege_aus_der_Hungerkrise_2.4MB.pdf, aufgerufen am 25.7.2017.

261 www.weltagrarbericht.de/themen-des-weltagrarberichts/hunger-im-ueberfluss.html, aufgerufen am 17.6.2017.

262 V. Smil: Feeding the world: A challenge for the twenty-first century. MIT Press, Cambridge (Mass.) 2000, zitiert nach J. Lundquist, C. de Fraiture und D. Molden: Saving water: From field to fork – Curbing losses and wastage in the food chain. Stockholm International Water Institute Policy Brief, 2008, online unter www.siwi.org/wp-content/uploads/2015/09/PB_From_Filed_to_Fork_2008.pdf (kein Schreibfehler!) oder von www.siwi.org/publications, aufgerufen am 18.6.2017.

263 Für Milch, Milchprodukte und manche Wurstwaren gibt es bereits halbwegs brauchbare Ersatzprodukte. Unser Proteinbedarf lässt sich gut aus Soja und anderen proteinhaltigen Pflanzen decken, so wie dies in einigen Kulturen seit Tausenden von Jahren üblich ist. In Zukunft könnte Fleisch vielleicht als In-Vitro-Fleisch auf den Markt kommen, das aus Muskelzellen gezüchtet wird. Hier sind allerdings noch viele Probleme wie eine ethisch verantwortbare Gewinnung des Nährmediums, Antibiotikaeinsatz, sowie der hohe Energie- und Wasserverbrauch zu lösen.

264 www.weltagrarbericht.de/themen-des-weltagrarberichts/fleisch-und-futtermittel.html, aufgerufen am 5.6.2017. Siehe auch: Karen Soeters (Hrsg.): Meat for the Future. How Cutting Meat Consumption Can Feed Billions More. Nicolaas G. Pierson Foundation 2015.

265 Weltagrarbericht (siehe oben).

266 EU-Importe torpedieren Afrikas Wirtschaft, in: Süddeutsche Zeitung vom 29.12.2016: www.sueddeutsche.de/wirtschaft/freihandel-eu-importe-torpedieren-afrikas-wirtschaft-1.3314106, aufgerufen am 21.12.2017.

267 C. Weinzierl, F. Forster und J. Fehlinger: Hunger nach Profiten?, in: Attac (Hrsg.): (siehe „Empfohlene Literatur"), hier Fußnote 24 auf S 143/44. Siehe auch C. Weinzierl: Undermining food sovereignty: Free trade and the green revolution – Implications of the global food and trade regime for Europe and Africa. Akademieverlag, Saarbrücken 2014.

268 Genau genommen handelt es sich um ein Subventionsverbot: Indische Kleinbauern haben die Garantie, dass ihr Reis und Weizen vom Staat zu einem Festpreis aufgekauft wird, der meist nur knapp über dem Handelspreis liegt. Diese Waren werden dann zu günstigen Preisen an die ärmere Bevölkerung verkauft. Obwohl diese Subvention geringer ist als z. B. die der USA für ihre Bauern, ist sie nach den WTO-Regeln verboten. Denn dort wird der Unterschied des staatlich festgelegten

Preises zum Durchschnittspreis der Jahre 1986-88 berechnet. Damals waren die Preise in den Entwicklungsländern sehr gering. Genaueres unter www.wto.org/english/tratop_e/agric_e/factsheet_agng_e.htm, aufgerufen am 30.12.2017.

269 Cécile Barbière: Brüssel droht afrikanischen Ländern mit Entzug eines privilegierten Marktzugangs. Euractiv vom 10. 06. 2016 www.euractiv.de/section/entwicklungspolitik/news/bruessel-droht-afrikanischen-laendern-mit-entzug-des-privilegierten-marktzugangs/, aufgerufen am 30.12.2017.

270 www.spiegel.de/politik/ausland/fluechtlingskrise-verschenken-wir-eine-milliarde-kommentar-a-1158373.html, aufgerufen am 25.7.2017.

271 COM(2016)0586 – C8-0377/2016 – 2016/0281(COD): Vorschlag für eine Verordnung des Europäischen Parlaments und des Rates über den Europäischen Fonds für nachhaltige Entwicklung (EFSD) und die Einrichtung der EFSD-Garantie und des EFSD-Garantiefonds.

272 Vertrag zwischen der EU und 79 Staaten aus Afrika und der Karibik, der diesen Staaten freien Zugang zu den Märkten der EU und umgekehrt der EU zu deren Märkten gibt. Außerdem enthält er Bestimmungen zur finanziellen Zusammenarbeit, zu Armutsbekämpfung, zu Menschenrechten und zur Demokratie.

273 COM(2016)0586 – C8-0377/2016 – 2016/0281(COD) (siehe oben), Fußnote 2.

274 Mit Coltan wird sogar ein blutiger Krieg finanziert. Inzwischen schreibt aber die EU in der Verordnung (EU) 2017/821 vor, dass die gesamte Lieferkette für einige Stoffe wie Tantal (aus Coltan), Zinn, Wolfram und Gold nachgewiesen werden muss, wenn diese in der EU verkauft oder verwendet werden. Dadurch sollen speziell die Menschenrechtsverletzungen und die Finanzierung von Kriegen verhindert werden.

275 United Nations Secretary-General, full transcript of Secretary-General's Joint Press Conference on humanitarian crisis in Nigeria, Somalia, South Sudan and Yemen, 22.2.2017.

276 Vgl. auch M. Nitschke: Ostafrika: Hungerkatastrophe mit Ansage. Blätter für deutsche und internationale Politik 7'17, Blätter Verlagsgesellschaft mbH Berlin. S. 21.

277 Barbara Unmüßig, zitiert in „Neuer ‚Fleischatlas 2016 – Deutschland Regional' mit Daten und Fakten aus 16 Bundesländern", www.boell.de/de/2016/01/13/neuer-fleischatlas-2016-deutschland-regional-mit-daten-und-fakten-aus-16-bundeslaendern, aufgerufen am 17.6.2017.

278 etc group: Who will feed us. Communiqué. Questions for the food and climate crisis. ETC-Group, November 2009, www.etcgroup.org/sites/www.etcgroup.org/files/ETC_Who_Will_Feed_Us.pdf, aufgerufen am 10.6.2017. Aus dieser Quelle stammen auch die anderen Angaben in diesem Absatz, soweit nicht explizit auf eine andere Fundstelle verwiesen wird.

279 Wilfried Bommert (2016): Wer ernährt uns eigentlich?, online verfügbar unter https://www.bpb.de/dialog/netzdebatte/230205/wer-ernaehrt-uns-eigentlich, aufgerufen am 17.06.2017.

280 Diese und die folgenden Aussagen sind entnommen aus K. Nolte, W. Chamberlain und M. Giger: Land Matrix. International land deals for agriculture. Fresh insights from the Land Matrix: Analytical Report, Bern, Montpellier, Hamburg, Pretoria: Centre for Development and Environment, University of Bern; Centre de coopération internationale en recherche agronomique pour le développement; German Institute of Global and Area Studies; University of Pretoria; Bern Open Publishing.

281 S. Borras: State of the land: Reconfiguration of the power of state and capital in the global land rush, in: TNI: State of power 2014, online: www.tni.org/files/download/state_of_power_hyperlinked_0.pdf, aufgerufen am 18.6.2017. Siehe auch den oben zitierten Artikel „Hunger nach Profiten?" von C. Weinzierl et al.

282 Nolte, Chamberlain und Giger: Land Matrix, Bild 4 (siehe oben).

283 Borras: State of the land (siehe oben).

284 EU-Kommission, Generaldirektion Außenpolitik, Policy Department: Land grabbing and Human Rights: The involvment of European corporate and financial entities in land grabbing outside the European Union, EP/EXPO/B/DROI/2015/02, 2016.

285 European Commission: Generalized System of Preferences: "EBA" – Everything but Arms Initiative, trade.ec.europa.eu/doclib/docs/2013/april/tradoc_150983.pdf aufgerufen am 2.8.2017; siehe auch: European Union Generalized System of Preferences Regulation 980/2005.

286 Nolte, Chamberlain und Giger: Land Matrix, Fig. 15, 24 und 25 (siehe oben).

287 Siehe z. B. www.grain.org/article/entries/4703-leaked-prosavana-master-plan-confirms-worst-fears, aufgerufen am 2.8.2017 und www.unac.org.mz/english/index.php./our-position-documents/8-unac-s-statement-on-the-prosavana-programme, aufgerufen am 2.8.2017.

288 Weinzierl, Forster und Fehlinger: Hunger nach Profiten?, S. 142 (siehe oben).

289 Vgl. Weinzierl, Forster und Fehlinger: Hunger nach Profiten?, S. 143 (siehe oben) mit dem Beitrag: H. Moldenhauer und S. Hirtz: Saatgut und Pestizide: Aus sieben werden vier – eine Branche schrumpft sich groß, in: Konzernatlas, Daten und Fakten über die Agrar- und Lebensmittelindustrie 2017, hrsg. von Heinrich-Böll-Stiftung, Rosa-Luxemburg-Stiftung, Bund für Umwelt und Naturschutz Deutschland und Oxfam Deutschland.

290 Saatgutverkehrsgesetz vom 20.8.1985, zuletzt geändert am 20.12.2016, www.gesetze-im-internet.de/saatverkg_1985/SaatG.pdf, aufgerufen am 24.6.2017.

291 S. Tanzmann: Last Exit Afrika. Über die Auseinandersetzung um Gentechnik und freies Saatgut in Afrika, in: AgrarBündnis e. V., Konstanz (Hrsg.): Der kritische Agrarbericht 2017, ABL-Verlag, Hamm 2017.

292 A. Banzhaf: Wem gehört die Saat? Über die Kommerzialisierung eines lebenswichtigen Guts. In: Der kritische Agrarbericht 2017 (siehe oben).

293 Neue Züricher Zeitung vom 29.12.2012, www.nzz.ch/finanzen/uebersicht/boersen_und_maerkte/das-abc-des-globalen-getreidehandels-1.17731486, aufgerufen am 1.8.2017.

294 Christophe Alliot und Sylvian Ly in: Barbara Unmüßig (Heinrich-Böll-Stiftung) et al.: Konzernatlas: Daten und Fakten über die Agrar- und Lebensmittelindustrie, 2. Auflage 2017, S. 30.

295 Antibiotika-resistente Keime entstehen auch durch die häufige Verschreibung von Antibiotika für Menschen. Das kann jedoch nicht der Hauptgrund für ihr Auftreten sein, weil man in der Umgebung von Betrieben mit industrieller Massentierhaltung eine enorme Konzentration von solchen Bakterien findet.

296 www.welt.de/gesundheit/article148952086/So-wenig-wissen-die-Menschen-ueber-Antibiotika.html aufgerufen am 2.8.2017; The Guardian vom 24.9.2016: www.theguardian.com/society/2016/sep/24/ants-solution-to-antibiotic-crisis-superbug-bacteria, aufgerufen am 2.8.2017.

297 Das wird in einem alten Prospekt für den DWS Global Agribusiness Fund und für DWS Invest Global Agribusiness Fund ganz unverfroren beworben. Er ist heute nicht mehr im Netz, wird aber noch zitiert in: Land Grabbing: Fallbeispiel: DWS und Allianz, land-grabbing.de/triebkraefte/spekulation/fallbeispiel-dws-und-allianz, aufgerufen am 10.9.2017.

298 „It invests into promising companies in land and plantation, seed and fertilizer, planting, harvesting, protecting and irrigation, food processing and manufacturing companies, offering investors the opportunity to capture value at various points along the 'food chain'". www.dollardex.com/sgn/?current=investUT/fundOverview&p=%24" %2B30 aufgerufen am 10.9.2017. Derselbe Text erscheint leicht gekürzt in anderen Beschreibungen von DWS Agribusiness, z. B. bei www.dbs.com.sg/Resources/personal/docs/investments/additionalinfo/factsheets/dws_global_agribusiness.pdf, aufgerufen am 24.9.2017.

299 land-grabbing.de/triebkraefte/spekulation/fallbeispiel-dws-und-allianz, aufgerufen am10.9.2017.

300 Ein Verdienst für die Spekulanten ergab sich natürlich nur, wenn sie die Hungerkatastrophe und auch deren Ende rechtzeitig erkannten. Das war aber für Firmen wie Cargill kein Problem, weil sie auch in der Nahrungsmittelproduktion tätig sind. Und die großen Produzenten konnten ihre Nahrungsmittel so lange zurückhalten, bis sie sich zu Höchstpreisen verkaufen ließen.

301 www.oxfam.org/sites/www.oxfam.org/files/rr-cereal-secrets-grain-traders-agri-culture-30082012-en.pdf , aufgerufen am 22.9.2017; siehe auch https://link.springer.com/article/10.1007/s10460-016-9681-8 und www.worldhunger.org/world-food-crisis, aufgerufen am 22.9.2017.

302 Die Finanzierung aller dieser bewaffneten Gruppen lief zunächst über eine Organisation namens MOM (türkisch MOK); www.wsj.com/articles/covered-cia-mission-to-arm-syrian-rebels-goes-awry-1422329582 aufgerufen am 1.7.2017. Dieses „Joint Operation Center" arbeitete mit elf Geheimdiensten unter der Führung der USA zusammen. MOM verteilte die Gelder und tätigte die Finanztransfers dieser Staaten, auch an den ISIS. Im Jahr 2015 hatte MOM sogar eine eigene Website. Weitere Informationen erhielt der Autor von Riad al-Asaad, einem ehemaligen Oberst der Freien Syrischen Armee.

303 Der Koran verlangt in Sure 4,90 Konvertiten zu töten.

304 Der Autor hat Kontakt zu einer Pastorin aus dem Iran, die in Deutschland von einem Landsmann wegen ihres Glaubens mit dem Messer angegriffen und verletzt wurde. Meldungen dieser Art werden von der Presse selten gebracht. Siehe aber z. B. Stern vom 26.3.2016, https://mobil.stern.de/panorama/weltgeschehen/glaeubiger-muslim-wuenschte-frohe-ostern---dafuer-wurde-er-erstochen-6765632.html, aufgerufen am 24.1.2018. Weitere Fälle im Internet.

305 Bundeskriminalamt: Kriminalität im Kontext von Zuwanderung. Bundeslagebild 2016. Herausgeber: Bundeskriminalamt SO 51, 65173 Wiesbaden. Stand April 2017.

306 www.welt.de/politik/ausland/article131157709/2050-muss-afrika-zwei-milliarden-ernaehren.html, aufgerufen am 20.7.2018.

307 Natürlich versucht manchmal auch ein übersteigerter Nationalismus, die Geburtenrate zu erhöhen, wie z. B. im Iran. Auch religiöser Fanatismus fordert nicht selten viele Kinder in einer Ehe. Das geschieht u. a. beim orthodoxen Judentum und vor allem in mehreren Strömungen des Islam, die Europa „mit den Bäuchen ihrer Frauen" erobern wollen (Houari Boumedienne, 1965–1978 algerischer Staatspräsident in einer Rede von 1974). Inhaltlich ähnlich auch Vural Öger, deutsch-türkischer Reiseunternehmer, 2004–2009 für die deutsche SPD im Europaparlament. Quelle: www.focus.de/politik/deutschland/nochmal-wirbel_aid_82849.html.

308 https://edition.cnn.com/2017/11/14/africa/libya-migrant-auctions/index.html und www.tagesschau.de/ausland/fluechtlinge-libyen-111.html, aufgerufen am 21.2.2018.

309 Sendung „Das Duell" am 3.9.2017 zur Bundestagswahl 2017 in mehreren deutschen Fernsehprogrammen, z. B. in der ARD. Dort sagte Kanzlerkandidat Schulz nichts zu diesem Punkt, was als Zustimmung zu Merkels Politik gewertet werden muss.

310 Statistisches Bundesamt: Statistisches Jahrbuch Deutschland 2016, Tabelle 12.1. Hierbei wurde kein Ausgleich für die Inflation eingerechnet, die in diesem Zeitraum insgesamt etwa 56 % betrug.

311 1991 betrug der Anteil des Arbeitnehmerentgelts am Volkseinkommen 69,9 %, im Jahr 2000 erreichte er 71,0 %, und 2016 war er 68,2 %. Dazu die Angaben des Statistischen Bundesamts (siehe oben).

312 Genauer: Die Armutsrisikoquote ist der Prozentsatz derjenigen Einwohner, die weniger als 60 % des Medians aller Nettoäquivalenzeinkommen verdienen. Dadurch, dass der Median und nicht der Durchschnittswert verwendet wird, verringert man den Einfluss der wenigen sehr Reichen.

313 Durchschnittliches und Median-Einkommen nach Alter und Geschlecht, http://appsso.eurostat.ec.europa.eu (Internetadresse mit Zugangsbeschränkung), zitiert nach https://de.wikipedia.org/wiki/Äquivalenzeinkommen, aufgerufen am 31.3.2018.

314 Zitiert nach https://de.wikipedia.org/wiki/Gesetzliche_Rentenversicherung_ (Deutschland)#Höhe_der_Renten aufgerufen am 1.4.2018. Die Daten stammen aus dem Bundesministerium für Arbeit und Soziales, www.bmas.de/SharedDocs/Downloads/DE/rentenversicherungsbericht-2012.pdf?_blob=publicationFile, aufgerufen am 1.4.2018.

315 Wikipedia (siehe oben). Die Originalquelle, www.rente.com/news/167/6-millionen-rentner-erhielten-2012-nur-500-euro-rente, ist inzwischen nicht mehr verfügbar.

316 Deutsches Institut für Wirtschaftsforschung und Zentrum für Europäische Wirtschaftsforschung im Auftrag der Bertelsmann-Stiftung: Entwicklung der Altersarmut bis 2036 www.bertelsmann-stiftung.de/fileadmin/files/BSt/Publikationen/GrauePublikationen/Entwicklung_der_Altersarmut_bis_2036.pdf, aufgerufen am 29.3.2018,

317 Letzteres, indem man ein entsprechendes Programm aufruft, wenn man z. B. mit dem mobilen Navigationssystem eine Route finden will oder nach dem nächsten italienischen Lokal sucht. Es gibt aber eine Funktion, mit der man die Standortermittlung durch Google ausschalten kann. Im Gegensatz zu Google und den meisten anderen Suchmaschinen sammelt die Suchmaschine DuckDuckGo keine Daten über ihre Nutzer. Aber auch damit ist man nicht sicher, etwa dann, wenn das Betriebssystem von Microsoft die Tasteneingabe registriert.

318 Das Zusatzabkommen zum Truppenstatut trat 1963 in Kraft und löste den Truppenvertrag von 1955 ab.

319 Süddeutsche Zeitung vom 9.7.2013, www.sueddeutsche.de/politik/historiker-foschepoth-ueber-us-ueberwachung-die-nsa-darf-in-deutschland-alles-machen-1.1717216, aufgerufen am 10.2.2018.

320 Siehe z. B. www.handelsblatt.com/unternehmen/it-medien/apple-fbi-knackt-iphone-verschluesselung/13373676.html, aufgerufen am 6.1.2017.

321 Siehe z. B. https://techcrunch.com/2016/06/24/ladar-levison-finally-confirms-snowden-was-target-of-lavabit-investigation/, aufgerufen am 6.1.2017.

322 „Gesetz zur effektiveren und praxistauglicheren Ausgestaltung des Strafverfahrens", vom Deutschen Bundestag am 22.6.2017 beschlossen. Siehe z. B. www.rp-online.de/digitales/internet/neues-gesetz-zur-online-ueberwachung-alle-fakten-alle-wichtigen-fragen-aid--1.6898556, aufgerufen am 20.8.2017.

323 www.zeit.de/digital/datenschutz/2017-06/staatstrojaner-gesetz-bundestag-beschluss, aufgerufen am 20.8.2017.

324 Untersuchungsausschuss des Deutschen Bundestags: US-Informant vergleicht NSA mit einer Diktatur, in: Spiegel Online vom 03.07.2014, http://www.spiegel.de/politik/deutschland/william-binney-als-zeuge-im-nsa-untersuchungsausschuss-a-979062.html, zitiert nach Polli: Deutschland zwischen den Fronten, S. 47 (siehe oben).

325 https//privacy.microsoft.com/de-de/privacystatement aufgerufen am 19.3.2917. Die entsprechende Passage lautet: *„Sie stellen einige dieser Daten direkt bereit, beispielsweise wenn Sie ein Microsoft-Konto erstellen, eine Suchanfrage bei Bing einreichen, einen Sprachbefehl an Coptana erteilen, ein Dokument auf Microsoft OneDrive hochladen ein MSDN-Abonnement erwerben, Office 365 registrieren oder wenn Sie sich hinsichtlich eines Supports an uns wenden. Weitere Daten erhalten wir, indem wir Ihre Interaktionen mit unseren Produkten aufzeichnen, wenn Sie beispielsweise Technologien wie Cookies nutzen und wir Fehlermeldungen oder Nutzungsdaten von der Software erhalten, die auf Ihrem Gerät installiert ist. Wir erhalten ebenfalls Daten von Drittanbietern."*

326 www.whatsapp.com/legal/?l=de#privacy-policy-information-you-and-we-share aufgerufen am 19.10.2017. Dort steht: „Über unsere Dienste

Registrierung. Du musst dich für unsere Dienste registrieren und dafür korrekte Daten verwenden, deine aktuelle Mobiltelefonnummer angeben und diese im Falle einer Änderung unter Nutzung unserer In-App-Funktion „Nummer ändern" aktualisieren. Du stimmst zu, SMS und Telefonanrufe mit Codes zur Registrierung für unsere Dienste (von uns und von Drittanbietern) zu erhalten.

Adressbuch. Du stellst uns regelmäßig die Telefonnummern von WhatsApp-Nutzern und deine sonstigen Kontaktdaten in deinem Mobiltelefon-Adressbuch zur Verfügung. Du bestätigst, dass Du autorisiert bist, uns solche Telefonnummern zur Verfügung zu stellen, damit wir unsere Dienste anbieten können." Die Weiterverwendung dieser Daten und auch der Inhalte der WhatsApp-Kommunikationen wird im Absatz „Deine Lizenz gegenüber WhatsApp" weiter unten in diesen Nutzungsbedingungen / Datenschutzrichtlinie erlaubt.

327 Jeder Betreiber eines Handynetzes teilt Deutschland in Funkzellen unterschiedlicher Größe (zwischen einigen Duzend Metern und mehreren Kilometern Durchmesser) auf, die jeweils von einem Funkmasten bzw. einer kleinen Antenne versorgt werden.

328 Zusätzlich gibt es bei den Smartphones noch die Satelliten-Ortung, die man aber leicht ausschalten kann.

329 Zum Handy als Wanze siehe z. B. Stern.de vom 14.7.2007: www.stern.de/digital/ smartphones/ueberwachung-das-handy-als-wanze-3262738.html, aufgerufen am 26.3.2017.

330 Also: die anrufende und die angerufene Telefonnummer, Dauer des Gesprächs, bei Handys auch der Aufenthaltsort.

331 Gesetz zur Einführung einer Speicherpflicht und einer Höchstspeicherfrist für Verkehrsdaten: BGBl 2015 I S. 2218 (Nr. 51 vom 17.12.2015).

332 https://www.bloomberg.com/news/articles/2011-08-22/torture-in-bahrain-becomes-routine-with-help-from-nokia-siemens-networking aufgerufen am 26.2.2017 und www.zeit.de/digital/datenschutz/2017-02/ueberwachung-technik-exporte-europa-kontrolle-versagt, aufgerufen am 26.3.2017.

333 www.zeit.de/digital/datenschutz/2017-02/ueberwachung-technik-exporte-europa-kontrolle-versagt/seite-2, aufgerufen am 26.3.2017.

334 Geplante EU-Verordnung „A Union regime for the control of exports, transfer, brokering, technical assistance and transit of dual-use items (recast)". Der Autor dieses Buchs ist im EU-Parlament der Berichterstatter dafür.

335 2006/32/EG und 2009/72/EG.

336 Dazu wird der zeitliche Stromverlauf beim Einschalten und beim Betrieb der Geräte mittels einer „Fourieranalyse" ausgewertet. Die Stromkunden können dies verhindern, indem sie am Hausanschluss ihren Strom z. B. mit einem Filter „glätten".

337 www.bfs.de/DE/themen/emf/hff/anwendung/smart-meter/smart-meter_node.html, aufgerufen am 6.1.2018.

338 Gesetz zur Digitalisierung der Energiewende vom 29. August 2016.

339 Siehe z. B. https://de.wikipedia.org/wiki/Elektronische_Gesundheitskarte, aufgerufen am 7.1.2017.

340 In Berlin soll sie für jedes Kind u. a. folgende Daten enthalten: Geschlecht, Geburtsdatum, Konfession, Einschulung, Schulwechsel, Sitzenbleiben, versäumte Unterrichtstage mit evtl. erfolgter zwangsweiser Zuführung oder Ordnungswidrigkeit, Fördermaßnahmen, Gewährung bestimmter sozialer Hilfen und bei nicht-deutschen Kindern die Herkunftssprache. Die Daten werden in Berlin nicht zentral gespeichert, sondern in der jeweiligen Schule. Behörden wie Jugendämter, Jugendgerichtshilfe, Bewährungshilfen, Gesundheitsämter und andere können darauf zugreifen. Siehe Schulgesetz Berlin, hier: www.schulgesetz-berlin.de/berlin/verordnung-ueber-die-verarbeitung-personenbezogener-daten-im-schulwesen/sect-16-automatisierte-schuelerdatei.php; vgl. auch https://de.wikipedia.org/wiki/Schüler-ID, aufgerufen am 7.1.2017.

341 Briefing: China's social credit System. The Economist December 17th 2016. China schafft digitales Punktesystem für den ‚besseren' Menschen, in: Heise Online vom 1.3.2018, www.heise.de/newsticker/meldung/China-schafft-digitales-Punktesystem-fuer-den-besseren-Menschen-3983746.html, aufgerufen am 19.3.2018.

342 Deutsche Welle vom 31.3.2017, www.dw.com/en/hello-big-brother-how-china-controls-its-citizens-through-social-media/a-38243388 und die darin unter „DW recommends" angegebenen Artikel, aufgerufen am 11.2.2018.

343 Die Seite www.indect-project.eu ist nicht mehr verfügbar; siehe stattdessen Spiegel Online vom 13.11.2012: www.spiegel.de/netzwelt/netzpolitik/eu-ueberwachungs-projekt-indect-die-volle-kontrolle-a-866785.html, aufgerufen am 9.3.2018 oder den Eintrag in Wikipedia.

344 Sascha Lobo: Der eigentliche Skandal liegt im System Facebook. www.spiegel.de/netzwelt/web/cambridge-analytica-der-eigentliche-skandal-liegt-im-system-facebook-kolumne-a-1199122.html, aufgerufen am 8.4.2018.

345 Michael Seemann: Donald Trump und die Mär von der Daten-Wunderwaffe www.t-online.de/digital/internet/id_83438986/nach-skandal-facebook-braucht-mehr-offenheit-statt-datenschutz.html aufgerufen am 23.3.2018; Zeit Online vom 28.3.2018: Thomas Beschorner und Martin Kolmar: Die Gefahr durch Facebook wurde zu lange ignoriert, www.zeit.de/wirtschaft/2018-03/plattformka-pitalismus-internetplattformen-regulierung-facebook-cambridge-analytica, aufgerufen am 1.4.2018.

346 „Untersuchungsausschuss im Bundestag: US-Informant vergleicht NSA mit einer Diktatur", in: Spiegel Online vom 3.7.2014, www.spiegel.de/politik/deutschland/william-binney-als-zeuge-im-nsa-untersuchungsausschuss-a-979062.html, aufgerufen am 3.3.2018.

347 Zbigniew Brzezinski: Between two Ages: America's Role in the Technotronic Era, The Viking Press 1970 (neueste Auflage 1982). Übersetzung zitiert nach William F. Engdahl: Die Denkfabriken. Wie eine unsichtbare Macht Politik und Mainstream-Medien manipuliert.

348 BVerfG, Urt. v. 02.03.2010, Az. 1 BvR 256/08 u. a., BVerfGE 125, 260, 323.

349 BVerfG, Urt. v. 20.04.2016, Az. 1 BvR 966/09 u. 1 BvR 1140/09, BVerfGE 141, 220, 280 f. Rn. 130 – BKAG.

350 https://www.bayern.landtag.de/www/ElanTextAblage_WP17/Drucksachen/Basis-drucksachen/0000013000/0000013038.pdf aufgerufen am 9.4.2018. www.gesetze-bayern.de/Content/Document/BayVSG/true, aufgerufen am 16.5.2018.

351 Siehe hierzu auch die Stellungnahme des Bayerischen Datenschutzbeauftragten vom 21.12.2017. https://www.datenschutz-bayern.de/1/PAG-Stellungnahme.pdf, aufgerufen am 9.4.2018.

352 Polli: Deutschland zwischen den Fronten, S. 24, vgl. auch S. 21 (siehe oben).

353 Beschluss des Rates vom 24. Juni 2014 über die Vorkehrungen für die Anwendung der Solidaritätsklausel durch die Union (2014/415/EU) Erwägung 16, im Internet: eur-lex.europa.eu/legal-content/DE/TXT/PDF/?uri=CELEX:32014D415&from=DE, aufgerufen am 27.8.2017.

354 Das ergibt sich aus dem Entwurf zum oben zitierten Beschluss des Rats vom 24.6.2014: JOIN(2012) 39 final, 2012/0370 (NLE), S.4 i. V. m. Erwägung 10, Art. 5.1a und c, Art. 8.1. Zu den anderen Aufgaben von INTCEN siehe www.welt.de/politik/ausland/ article157761476/mister-hisbollah-fuehrt-jetzt-den-eu-geheimdienst.html, aufgerufen am 10.1.2017 und www.spiegel.de/politik/ausland/gerhard-conrad-soll-geheimdienste-der-EU-koordinieren-a-1067214.html, aufgerufen am 10.1.2017. Vgl. auch die Kleine Anfrage der Abgeordneten Andrej Hunko u. a., Bundestagsdrucksache 19/304 vom 20.12.2017.

355 Der Vertrag von Velsen, mit dem Eurogendfor gegründet wurde, ist unter www. eurogendfor.org/eurogendfor-library/download-area/official-texts/establishing-the-eurogendfor-treaty abrufbar, aufgerufen am 17.6.2018.

356 www.eurogendfor.eu, aufgerufen am 17.6.2018.

357 Wortlaut im Beschluss des Rates vom 24. Juni 2014 … (siehe oben), Art. 3c: *„eine Katastrophe oder ein Terroranschlag von so großer Tragweite oder politischer Bedeutung, dass eine zeitnahe Koordinierung der Politik und der Reaktion auf der politischen Ebene der Union erforderlich ist."*

358 Das ist in der sogenannten „Solidaritätsklausel" Art. 222 AEUV festgelegt, im Internet: eur-lex.europa.eu/LexUriServ/LexUriServ.do?uri=Join:2012:0039:FIN:DE: PDF, aufgerufen am 10.1.2017.

359 Beschluss des Rates vom 24. Juni 2014, Art. 3 (a) (siehe oben).

360 Art. 222 (1) AEUV (Vertrag über die Arbeitsweise der Europäischen Union).

361 Beschluss des Rates vom 24. Juni 2014, Art. 5.2b und 5.3b (siehe oben).

362 Beschluss des Rates vom 24. Juni 2014, Art. 5.1 (siehe oben).

363 Art. 42.4 EUV.

364 Beschluss des Rates vom 24. Juni 2014, Erwägung 19 (siehe oben).

365 Art. 2 und Art. 52.3 der Grundrechte der Europäischen Union besagen, dass auch Art. 2.2c der Europäischen Menschenrechtskonvention gilt, der dies erlaubt.

366 Art. 275 AEUV.

367 Titel V des EUV (Vertrag über die Europäische Union).

368 Klaus Töpfer bei der Verleihung der Goldenen Schwalbe der Stiftung für Ökologie und Demokratie am 10.9.2017 im Hambacher Schloss.

369 „In einer Welt ohne Regeln siegt der Starke immer über den Schwachen" Interview mit Joseph Stiglitz, in: Greenpeace Magazin 2/18 (März–April 2018), hier S. 15.

370 Diese Forderungen gelten bereits in der Ökologisch-Demokratischen Partei ÖDP und sind deshalb für alle ihre Mandatsträger verpflichtend.

371 Erich Visotschnig: Nicht über unsere Köpfe. Warum ein neues Wahlsystem die Demokratie retten kann. Oekom, München 2018, S. 47.

372 Erich Visotschnig, Nicht über unsere Köpfe (siehe oben).

373 Genauer: Auf jedem Stimmzettel werden alle Kombinationen von Parteien ausgewertet. Diejenige Kombination, die am wenigsten abgelehnt wird, bekommt den (ersten) Auftrag zur Regierungsbildung. Außer den Kombinationen von zwei Parteien muss man selbstverständlich auch Dreierkombinationen betrachten. Das geschieht ja auch heute bei den Koalitionsverhandlungen.

374 Siegfried Schrotta: Mit kollektiver Intelligenz die besten Lösungen finden. Danke Verlag, Holzkirchen 2016.

375 In der EU gibt es zwar eine Bürgerinitiative. Sie hat aber eine sehr hohe Schwelle, da eine Million Unterzeichner erforderlich sind. Trotzdem ist sie ziemlich nutzlos. Denn sie bewirkt nur, dass die EU-Kommission sie veröffentlicht, eine öffentliche Anhörung durchführt und eine kurze Stellungnahme dazu verfasst. Rechtlich bindende Konsequenzen hat die Bürgerinitiative nicht (vgl. Art. 24 AEUV und Verordnung (EU) Nr. 211/2011 des Europäischen Parlaments und des Rates vom 16.2.2011 über die Bürgerinitiative eur-lex.europa.eu/LexUriServ/LexUriServ.do? uri=OJ:L:2011:065:0001:0022:DE:PDF, aufgerufen am 20.10.2017).

376 Vgl. auch den Beitrag von Rainer Mausfeld in Ullrich Mies und Jens Wernicke (Hrsg.): Fassadendemokratie und tiefer Staat. Auf dem Weg in ein autoritäres Zeitalter. Promedia, Wien 2017 (siehe „Empfohlene Literatur").

377 Ein Spaßvogel fragte: „Was verkaufen Staubsauger-Vertreter?" – „Staubsauger." „Was verkaufen Waschmaschinen-Vertreter?" – „Waschmaschinen." – „Und was verkaufen Volksvertreter?"

378 https://ec.europa.eu/germany/news/20180504-eu-buergerdialoge_de, aufgerufen am 4.5.2018.

Widerstand jetzt – aber friedlich

Jürgen Bruhn

Weltweiter ziviler Ungehorsam

Die Geschichte einer gewaltfreien Revolution

200 Seiten • Klappenbroschur
19,95 € [D] • 20,50 € [A]
ISBN 978-3-8288-4118-5

ISBN ePDF 978-3-8288-7018-5
ISBN ePub 978-3-8288-7019-2

Klimawandel, Armut und Hunger: Die Auswirkungen des Raubtierkapitalismus scheinen übermächtig und unaufhaltsam. Was können wir dem entgegensetzen?

Statt auf Gewalt und Gegengewalt setzt Jürgen Bruhn auf zivilen Ungehorsam. Eine Lösung mit Geschichte, denn Streiks, Boykotts und andere Formen des gewaltfreien Widerstands sind keine neuen Reaktionen auf gesellschaftliche Probleme.

Der zivile Ungehorsam weist eine historische Tradition auf, die untrennbar mit der Entstehungs- und Entwicklungsgeschichte der Demokratie verbunden ist. Belebt durch viele geschichtliche Beispiele – vom Widerstand gegen die Sklaverei in den USA über Gandhi bis hin zum Widerstand gegen den Bau der Dakota Access Pipeline – skizziert der Autor die Wurzeln des zivilen Widerstandes und beschreibt neue konkrete Wege und Methoden, die uns dazu anleiten sollen, das Steuer gegen Klimawandel und Raubtierkapitalismus herumzureißen.

Tectum Verlag

Bestellen Sie jetzt versandkostenfrei unter www.tectum-verlag.de,
telefonisch (+49)7221/2104-310 oder per E-Mail email@tectum-verlag.de